U0781279

中国传媒大学"十二五"规划教材编委会

主任： 苏志武　胡正荣
编委：（以姓氏笔画为序）

王永滨　刘剑波　关　玲　许一新　李　伟
李怀亮　张树庭　姜秀华　高晓虹　黄升民
黄心渊　鲁景超　蔡　翔　廖祥忠

网络与新媒体专业"十二五"规划教材编委会

主任： 黄升民　钟以谦
委员：（以姓氏笔画为序）

马　澈　刘英华　芦　影　杜国清　周　艳
赵新利　郭开鹤　黄京华

网络与新媒体专业"十二五"规划教材

移动媒体产业导论

张豪　高山　编著

中国传媒大学出版社

· 北京 ·

图书在版编目(CIP)数据

移动媒体产业导论/张豪,高山编著.—北京:中国传媒大学出版社,2017.10
(网络与新媒体专业"十二五"规划教材)
ISBN 978-7-5657-1839-7

Ⅰ.①移… Ⅱ.①张… ②高… Ⅲ.①移动通信—传播媒介—高等学校—教材
Ⅳ.①G206.2

中国版本图书馆 CIP 数据核字(2016)第 232366 号

网络与新媒体专业"十二五"规划教材

移动媒体产业导论
YIDONG MEITI CHANYE DAOLUN

编　　　著	张　豪　高　山	
责 任 编 辑	吴　磊	
特 约 编 辑	陈　默	
装帧设计指导	吴学夫　杨　蕾　郭开鹤　吴　颖	
设 计 总 监	杨　蕾	
装 帧 设 计	陈　粤　刘欣怡	
责 任 印 制	曹　辉	

出版发行　中国传媒大学出版社

社　　　址	北京市朝阳区定福庄东街 1 号　邮编:100024
电　　　话	86—10—65450528　65450532　传真:65779405
网　　　址	http://www.cucp.com.cn
经　　　销	全国新华书店
印　　　刷	北京艺堂印刷有限公司
开　　　本	787mm×1092mm　1/16
印　　　张	13.5
字　　　数	210 千字
版　　　次	2017 年 10 月第 1 版　　2017 年 10 月第 1 次印刷
书　　　号	ISBN 978-7-5657-1839-7/G・1839
定　　　价	49.00 元

版权所有　　翻印必究　　印装错误　　负责调换

目　录

绪论　树立正确的世界观、历史观与价值观

■ **本章重点**

　　移动媒体的丰富形态、移动媒体的巨大市场、移动媒体的深广影响

学习准备——正确树立"三观"

　　移动媒体产业是伴随着人类实践活动的发展而产生的全新的社会现象和社会行为。伴随着移动媒体的普及而产生的移动媒体产业是一个复杂的有机体。随着时间的变化、审视角度的不同,其所呈现的状态也会发生与之相对应但并不相同的变化。如何认清复杂的移动媒体产业的内部角力、外部拓展? 对于研究者而言,首先要做到的是树立与科研、学习相适应的世界观、历史观与价值观。

一、世界观(普遍联系的世界观)

　　世界观,顾名思义,就是指作为社会个体对于整个客观世界以及人与世界关系的总的看法和根本观点。

　　移动媒体是伴随着人类社会的进步、在技术的支持下所产生的全新的涉及艺术学、社会学、经济学等诸多学科的社会现象和涉及消费、商业、沟通、交通等人类生活方方面面的社会行为的总和。对于身处社会之中的个体而言,无论我

们是否在意,移动媒体已经与我们每一个人都产生了不可分割的联系。不管是在经济上还是生活上,移动媒体的"场景化"趋势都加速了它进入社会个体生活的速度。个体与个体之间、个体与群体之间、群体与群体之间、群体与社会之间潜移默化的全新的"联结"在产生的同时,也在深刻地改变着伴随人类历史而来的"联结""沟通"的概念。

诚如上文所言,移动媒体无论是在理论层面还是在实践层面,对于同时处于研究者和使用者地位的我们而言,都是极为复杂的。我们在尝试认识移动媒体和移动媒体产业的时候,首先应该看到的就是移动媒体和移动媒体产业构成的复杂性及其背后所体现出的物质、能量与信息三者之间的必然联系。

从历史的维度来看,个体对于构成世界的要素的认识是一个动态发展的过程,从最为原始的"鬼神论""以太论"到更进一步的"原子论",再到适应信息时代的"信息论""系统论",究竟是什么构成了我们所熟悉的社会现实? 构成的基本要素之间又有着怎样的联系? 这些联系又是以何种形式呈现在人类社会和生活中的? 如何回答这些问题构成了我们对世界的整体认识和观念的总和。

1948 年,由香农(C. E. Shannon)提出的信息论以概率论为基础和工具,深刻地阐述了关于通信工程的一系列基本理论问题,被称为狭义信息论,而由狭义信息论延伸出的广义信息论的发展对于学术界和人类社会的影响是广泛而深刻的。其中最为重要的是,广义信息论对信息、物质、能量之间的关系进行了梳理,第一次提出将信息作为一种资源,探讨了如何开发、利用、共享信息等基本问题,而学界与业界对于这些基本问题的不断探索与实践构成了信息产业与信息经济的理论基础。

从信息论的视角来看,物质、能量与信息是构成我们所在世界的三大基本要素[①],三者融合共生。人类的生存及社会的发展都离不开对这三个基本要素的持续认识。移动媒体的出现和发展,正是人类对物质、能量和信息的认识水平和开发水平不断深入、高级化的体现。

---

① 物质、能量与信息是构成我们所在世界的三大基本要素的论点在学界比较具有代表性,但仍然存在一定的争议,如认为信息只是生命及其仿生系统对事物及其属性(包括自身的反映和表达形式)的描述等,但在本书中,作者认为这种观点对于移动媒体研究而言是较为贴切的。

（一）物质、能量与信息的基本概念

1. 物 质

物质，顾名思义，指的是物质实体，是由粒子和场构成的、具有或不具有质量的客观存在。哲学上认为物质是不依赖于人的主观意识而又能为人的意识所反映的客观存在，是人类一切实践活动的主客体。在马克思主义诞生之前出现的唯物主义被统称为旧唯物主义，旧唯物主义的特点是坚持唯物主义的基本原则，承认世界的物质性，但是对物质的理解存在较大缺陷，而马克思主义哲学，在总结了哲学、具体科学发展成果和社会实践的基础上，深刻论述了世界的物质性，也更为科学地阐明了物质的概念。

早在 19 世纪 80 年代，恩格斯就对物质概念做出了辩证的说明："实物、物质无非是各种实物的总和，而这个概念就是从这一总和中抽象出来的。"①这一定义已经强调了"物质"是哲学概念，其实质是对各种实物共性的概括。

进入 20 世纪后，列宁进一步发展了马克思主义哲学中物质的定义，他曾在《唯物主义和经验批判主义》一文中写道："物质是标志客观实在的哲学范畴，这种客观实在是人通过感觉感知的，它不依赖于我们的感觉而存在，为我们的感觉所复写、摄影、反映。"②他阐明了物质是不依赖于人的意识而存在，并能被人的意识所反映的客观实在。这一定义立论鲜明，具有重要的哲学意义。

哲学上的物质概念与具体科学中的物质概念是相互联系的。二者研究的都是现实的物质世界，具体科学中的物质概念为哲学中的物质概念提供基础，哲学中的物质概念为具体科学中的物质概念提供了世界观和方法论的指导。

伴随着人类社会的发展，人类对于物质的认识也在不断深化。亚里士多德在其著名的《形而上学》一文中除了提出"存在是什么"这一永恒的课题外，还提出了"实体是什么"的命题。亚里士多德认为实体就是固定不变的，作为其他东西的主体、基础、原因、本质，并先于其他东西而独立存在的东西。从"以大自然

---

① 马克思，恩格斯. 马克思恩格斯选集：第 3 卷［M］. 北京：人民出版社，1972：556.
② 中共中央马恩列斯著作编译局. 列宁选集：第 2 卷［M］. 北京：人民出版社，1972：128.

纯一的物质本源和物质基础,并以之来解释万物的产生和变化",到"万物始基的唯一元素是火",再到"原子论"的诞生,古典唯物主义的发展为现代物质观念提供了基础。

在进入 19 世纪之后,随着自然科学的发展,"原子—分子论"逐渐确立,门捷列夫提出的元素周期表成为"原子—分子论"的最主要证明。"原子—分子论"的确立从事实上和科学上改变了古典唯物主义朴素的、猜测的物质观念和思维方式,人类的物质观念和物质思维也由此达到了一个新的高度。

而伴随着相对论和量子力学的诞生,建立在实体基础上的物质观念和物质思维需要进一步深化。

2. 能量

能量一词源自古希腊语(Ενέργεια),首次出现于公元前四世纪亚里士多德的著作之中。物理学认为能量是物质运动转换的量度。唯物主义哲学认为世间万物是处于不停运动的状态之中的,在物质的一切属性之中,运动是其最为基本的属性,而能量是表征物理系统做功的能力的量度。

能量观念是人们将宇宙万物运动变化的根据作为世界的基石、本源解释的理性认识,构建在这种认识基础上的对宇宙万物运动、变化的根据、原因及方式的思考和与之相关的解释就构成了能量认识方式和能量思维方式。

对于能量的认识在人类社会的初期就已经存在。早在古希腊时期,哲学家们就开始尝试用元素的"稀薄化和凝聚化"①"结合与分离"②等方式来解释和说明事物运动、变化的原因。这种尝试固然是令人尊敬的,但是从实质来看,这些理论都停留在了现象的表面,这些现象背后的、深层的原因仍然需要予以揭示。

在"工业革命"之后,近代科学得到了快速发展,在科学技术发展的支持下,

---

① 阿那克西美尼(Anaximenes,约公元前 570 年—前 526 年),古希腊哲学家、米利都学派的第三位学者,是阿那克西曼德的学生。他继承了前两位米利都学派哲学家的传统,也是该学派最后一位哲学家。他的对于元素和能量的观点的核心在于认为气体是万物之源,不同形式的物质是通过气体聚和散的过程产生的,例如最精纯或"稀薄化"的空气。

② 恩培多克勒(Empedocles,约公元前 495 年—前 435 年),古希腊哲学家、思想家。他的元素和能量观点的核心继承了泰勒斯、阿那克西美尼、赫拉克利特、齐诺弗尼斯等先贤的理论,认为世间万物都是这些物质糅合在一起形成的,区别在于不同的排列组合。当元素在"力"的作用下分裂并以新的顺序重新排列组合时,物质就发生了质变。

我们对于运动现象的解释也进一步深入。在近代科学中的"能量"的概念由英国物理学家托马斯·杨①于1807年首先提出之前,仅仅在18世纪,科学家们就已经提出了各种各样的"无重物质"②,并将这些"物质"用于解释各类物理现象,例如用于解释燃烧的"燃素"、用于解释热的"热质"、用于解释光的波动性的"以太"等。然而随着科学的发展,这些假设都逐渐被弃置和否定了。

真正意义上让近代科学对能量的解释得以科学化的,是对能量守恒与转化问题的表述的突破,而在这之后,"能量场"概念的提出及其理论的逐渐完善再次让科学的能量观念得到了升华。在"熵"的概念提出之后,热力学定律进一步补充了"能量"的科学概念。

在放射性现象的发现,及场论、相对论和量子力学的一系列成果的影响下,自19世纪末20世纪初以来,人类的能量观念和能量思维方式得到了泛化。"古老的物因、动因的二分原则被统而归一,而统一的基础则是能量。"③如何在能量的视野下重新定义物质范畴是当代唯物主义面对的一个重大问题。解决这一问题需要将传统物质观念中对于物质的定义拓展到场态存在、能量存在等客观存在的形式,并将这些全新的存在形式包含进新的物质概念的范畴之中。

3. 信息

信息是信息论中最基本和最重要的概念,它既是信息论的出发点,也是信息论的归宿。信息的本质问题,则一直是信息科学、系统科学乃至哲学中的一个重大的基础理论问题。

从已有文献来看,信息可以被分为三个层次:一是人们日常经验理解的层次;二是实用信息科学的层次;三是哲学的层次。

从信息科学的角度出发,信息有如下两种定义:

其一,信息是系统状态的不确定性的排除,其本质既不是物质,也不是能量。香农在提出信息论时在论文中写道:"信息就是事物运动状态或存在方式

---

① 托马斯·杨(Thomas Young,1773—1829),英国医生、物理学家,光的波动说的奠基人之一。
② 即没有重量的物质。
③ 邬焜. 物质思维·能量思维·信息思维——人类科学思维方式的三次大飞跃[J]. 学术界,2002(2):60-91.

的不确定性的描述。"这一定义的实质是从信息的传递出发,"从信息对信宿的作用的角度对信息所做的一种相对性的量上的功能性的定义"①。

其二,控制论的奠基人维纳(Nobert Wiener)对于信息的理解更加深入,他在《控制论与社会》一书中写道:"人通过感觉器官感知周围世界","我们支配环境的命令就是给环境的一种信息",因此,"信息就是我们在适应外部世界,并把这种适应反作用于外部世界的过程中,同外部世界进行交换的内容的名称"。在这里,维纳把人与外部环境交换信息的过程看作一种广义的通信过程,在这个过程中信息既不是物质,也不呈现为能量,它代表了人与外界交互过程中所交换的内容的名称。

最终,为了克服实用信息论定义中信息概念的狭隘性,哲学家也开始尝试从哲学上对信息进行定义。

从信息的存在方式上看,信息是在表征、表现、外化、显示事物及其特征的意义上构成自身的存在价值的。信息是信息自身所表现的事物特征的间接存在形式。我们可以从之前分析的物质和能量的概念中理解到,物质之间的相互作用必然会引起双方的结构、状态或者性质的改变,以信息传播的基本模型来审视这一变化的话,相互作用的双方就互为信源,同时也互为信宿、互为对方信息的载体。

在此基础上,我们可以对信息的概念划出几个基本的层次:

(1)信息是物质的存在方式,是物质的属性。这是哲学唯物本体论层面上对信息概念的界定。

(2)信息是显示物质的存在方式、状态的物质的属性。这是信息内容和信息存在方式上对信息概念的界定。

(3)信息是物质自身显示自身的属性。

(4)信息是间接存在的标志。

由此,我们可以得到哲学层面上的信息的定义:信息是标志间接的哲学范畴,它是物质(直接存在)存在方式和状态的自身显示。

---

① 邬焜.信息认识论[M].北京:中国社会科学出版社,2002:13.

而与哲学层面相对应的是,现代信息论在现实实践发展的基础上进一步拓展了对信息概念的认识,认为信息存在认识论和本体论层次上的定义。

从认识论的角度来看,信息是认识主体(生物或机器)所感知的或所表述的相应事物的运动状态或机器变化方式,包括状态、形式、含义和效用;从本体论的角度来看,其对信息的定义更为核心也更为宽泛:事物的信息就是该事物运动的状态和状态改变的方式。[1] 认识论层次与本体论层次的信息定义有着本质上的联系,即二者关心的都是"事物的运动状态及其变化方式",但二者的视角并不相同,本体论是从事物本身及其运动的角度出发,而认识论是从认识者的角度出发,以认识作为主体进行理解。

(二)物质、能量、信息三者的区别与联系

在人类漫长的发展历史中,物质、能量、信息三者始终伴随左右,但是由于人类实践活动的阶段不同,三者的关系也处于一个动态的运动过程,而且在不同时期、不同阶段,三者的关系和重要程度也不尽相同。

在农耕时代,尚处于刀耕火种生产体系中的人类更多地依赖于物质,农业社会以农业为支柱产业的经济体系,对于能量和信息的需求都是较低的;工业革命之后,蒸汽机的发明让工业成为人类社会的支柱产业,物质和能量成了工业社会的主要需求,伴随着工业社会到来的还有科学技术的进步,在技术的推动下,社会对信息的需求也开始增加;在现代通信、计算机、无线/有线网络等技术手段出现之后,现代信息产业也随之发端,大量技术在信息领域的出现、发展和应用让人类从社会底层架构的层面进入了依赖于物质、能量和信息的生存状态,信息真正成了一种能为社会个体提供无穷无尽知识的资源。

在这个基础上,人类对于支撑社会构架的力量的认识及思维方式也是不断进步的。在近代科学逐渐形成的过程中,科学思维方式的变化成了隐藏在科学技术进步之后的"暗流"。从物质思维方式到能量思维方式,从能量思维方式再到信息思维方式,伴随着"信息"概念的逐渐崛起,科学界乃至整个人类社会对

---

[1] 唐世伟,刘贤梅.信息论[M].哈尔滨:哈尔滨工程大学出版社,2009:2-3.

于物质世界的认识和思考方式也在逐渐变化。

物质、能量、信息三者构成了一个三位一体的体系,这个体系是随着人类社会的复杂化、系统化而逐渐产生的。没有物质,系统就没有形体,信息也没有依存的条件;没有能量,系统就没有活力,信息也没有传递的可能;没有信息,系统只是一潭死水,物质和能量也无法获得描述。由此可知,三者之间的关系是复杂的,存在着明确的区别和联系。

1. 物质、能量和信息三者的区别

从信息论的角度来看,首先我们需要认清的是信息与物质的区别:

其一,"信息来源于物质,又不是物质本身;它从物质的运动中产生出来,又可以脱离源物质而寄生于媒体,相对独立地存在"①。物质在运动,它的运动状态与方式就是本体论层次的信息;而这种信息一旦被人们所感知或描述,就成了认识论层次的信息。需要注意的是,物质本身并不一定会包含记录自身运动状态及变化方式的信息,这些信息很有可能由另一些充当媒介的物质所捕获,例如人脑、电子器材、网络等。信息是一切物质的普遍属性,信息不能够脱离物质而单独存在。

其二,物质具有最为基本的质量属性,而信息则不然。无论是保存、传递还是接收信息,在这个过程中,信息都不会产生质量,但是信息一定要依托于某些物质媒介才可能呈现出各种形式,例如文学、语言、图像等。

其三,信息的可复制性表明了其在经过传递之后依然有可能在物理层面上在远处得到保留,而物体自身由于物质所遵循的能量守恒定律,一旦发生转移,就必然不会存在于原处了。

接下来,我们来看能量与信息的区别。相对于物质与信息的区别而言,能量和信息之间的区别更为虚化,但更为直接:

其一,从本质上看,信息论认为信息所表现的是事物的运动状态和状态变化的方式,而我们在上文的讨论中就已经看到,能量是表征物理系统做功的能力的量度,二者在根本的定义上存在差别。

---

① 钟义信. 信息科学原理:第三版[M]. 北京:北京邮电大学出版社,2002:61-62.

其二,物理学上能量的转换、变化都需要遵守能量守恒定律,即能量不可复制。而信息则不存在守恒现象,信息自身所固有的属性之中就包括可复制性。

其三,从影响实际事物的层面上看,信息对于实际事物的影响取决于其内容。在产生影响的过程中,信息不消耗能量,其内容取决于信源;能量对于实际事物的影响是直接的,其直接作用于事物本身并引发其变化。

2.物质、能量和信息三者的联系

唯物主义世界观的核心观点是在哲学的基本问题上主张:物质第一性、意识第二性;世界的本源是物质,意识是物质的产物和反映,所有的实体(和概念)都是物质的一种构成或者表达,并且所有的现象(包括意识)都是物质相互作用的结果。在意识与物质的关系上,物质决定了意识,而意识则是客观世界在人脑中的生理反应,也就是有机物对物质的反应。因此,物质是唯一事实上存在的实体,一切统一于物质。

在我们研究物质、能量和信息三者之间的联系时,我们首先要注意的就是这种联系集中体现在三者都统一于物质:物质是第一性的,能量和信息都源于物质并统一于物质。信息和能量都和物质的运动相关,物质做功产生能量,能量转换推动物质做功;信息描述物质的运动和状态。某种意义上可以理解为,信息与能量都是事物运动状态的函数。[①]

爱因斯坦给出的质能关系式标明了质量和能量不可分割的联系和统一,也表明质量并不是物体恒定不变的、固有的量纲或属性。经典物理学所称的质量和能量实质上反映着两种不同的运动状态,即相对静止和明显变动这两种运动状态。静止并非是绝对的不动,而是运动的一种特殊形式。

由上文的辨析可知,物质、能量与信息三者之间应该存在如下的联系:

其一,信息源于物质,物质对信息有决定性。世间万物的运动过程同时也是信息运动的过程,任何离开物质运动探讨信息运动的讨论都是唯心的,任何信息运动的过程都必须有其物质存在的基础。换言之,信息必须依赖于物质而存在。没有电磁波,广播和电视就不存在;没有纸张、竹简,就没有书籍;没有声

① 钟义信.信息科学原理:第三版[M].北京:北京邮电大学出版社,2002:62.

波,语言就会消失。

其二,信息与能量密不可分,由信息的物理本质和存在形式可知,信息与物质、能量是不可分割、高度统一的。具体表现在:信息与物质、能量之间的关系主要体现在信息即物质系统的序上,包括静态结构序和动态演化序;信息对物质、能量有存在形式上的依附性,物理功能上的主导性和相互转化上的守恒性;质能守恒应扩展为质能信守恒。

(1)信息对物质、能量在存在形式上的依附性

信息即物质系统的序,因此信息虽不是物质(能量)系统本身,但必须依赖于物质(能量)系统而存在。信息与物质、能量是不可分的。通常,将信息所依附的物质(能量)系统称为"载体",将载荷有信息的物质(能量)系统称为"信号"(人造符号是信号的一种特殊形式)。任何信息都必须依附于一定的"载体",以"信号"形式存在。这就是信息的依附性。由信息的依附性可导出一系列相关特性:

①可传递(存贮)性。传递(存贮)载荷信息的载体(信号)就可以实现信息本身的传递(存贮)。

②可表达(编码)性。用专门的人造符号(载体)——对应地替代现实的自然信号(载体),使符号序列与信号序列等价,便实现了自然信息的表达(编码)。

③可复制性。将同一信息(信号或符号序列)表达、载荷于多个载体上,便实现了信息的复制。

④可变换性。借助于载体转换进行信息"放映"和信息"录像",就可让静态结构信息与动态演化信息相互变换。

另外,从信息对物质(能量)系统的依附性出发,也可将信息的存在形式分为实体信息和波谱信息两大类,因为波粒二象性是物质(能量)系统的基本存在方式。

(2)信息对物质、能量在物理功能上的主导性

任何物质系统都是由物质、能量、信息三者共同构成的,缺一不可。但是三者在系统中的地位和作用却是不同的。"材料(物质)提供的是形体,能量提供的是活力,信息提供的是灵魂","信息是指挥者,材料(物质)是承载者,能量是

执行者"。物质和能量对于一切物质系统都是一样的，只有量的差别而无质的不同。物质系统会成为该物质系统，就取决于其系统的信息构成。物质系统的信息（序）不同，如实体的结构不同、波的频谱不同，则其物理特性和功能也必定不同。一旦物质系统的信息改变，其物理特性和功能也会相应发生改变。也就是说，信息决定着系统的一切。这就是信息在物质系统中的主导性。

信息的主导性还表现在：

①当不同系统之间具有相同或近似的信息状态时，它们不但会具有相似的物理特性和功能，而且会产生同息感应作用（如谐振）。这就是"物质系统间的同息感应律"，也就是古人所说的"同声相应"。

②当不同系统之间具有相反或互补的信息状态时，它们不但会具有相反的物理特性和功能，而且会产生互补趋合作用（如碱基互补配对法则）。这就是"物质系统间的反息互洽律"，也就是古人所说的"同气相求"（"同气"即"信息互补"之意）。"物以类聚，人以群分""同性相斥，异性相吸"说的也是这两个意思。

（3）信息①与物质、能量的统一与相互转化性

系统的内外部序列关系（信息）一经确定，系统及其元素在整个序列中的"位"（状态）以及由此"位"（状态）而产生的"势"（趋向）也就随之确定了。

可见，系统的"势"是由信息决定的，"势"就是信息的一种外在表现。另一方面，"势"可以被看作一种储存着的能量，它泛指系统具有的采取某种走向的能力，或者从一种状态趋达另一种状态的能力。"势"与能量具有等价性。因此，信息与能量的关系便通过"势"而建立起来。

不但具体、有形的系统信息具有潜在的、可以转化显现的能量（势），如力学势（势能）、热力学势（自由能）、化学势（亲和势）、社会势（权力）、围棋中的棋势，

---

① 信息、消息与信号的概念区分：完成端到端信息传递任务的系统是通信系统，其构成需体现三大要素。

第一，传递的对象是信息（information）。信息的物理表现形式为消息（message），消息可以是文字、符号、语音、图像、数据或其他任何形式；消息的物理载体是信号（signal），信号可以是声、电、光等各种形式。通信系统的任务就是传递由信号承载的消息中包含的信息。

第二，信息的发送者和接受者一定位于相隔一定距离的不同的地点，即信息的传递是异地的传递过程。

第三，传递的信息内容不能发生改变，也就是说接收者收到的信息内容必须和发送者发出的信息内容完全相同。

就连抽象信息(字符、图像、色彩、语言等)也具有潜在的、可以转化显现的能量。例如,我们看到"静"字时心中会产生宁静的感觉,牛看到红色会疯狂,明快清新的画面令人心情轻松愉快,孔子闻韶乐"三月不知肉味",等等。可见,信能统一关系是普遍的,不受信息的具体形态所限制。

由此我们可以得出的结论是:

①移动媒体本身必然包含客观存在的物质。移动媒体是由通信系统、移动系统、传播系统、传播机构系统等子系统构成的大的系统构架。各个子系统之中必然会包含客观存在的物质,并以这些物质之间的关系作为运行的基本规则。所以移动媒体本身必然包含客观存在的物质。

②移动媒体的核心处置对象是信息。移动媒体作为一个由客观存在的物质构成的复合系统,其各个要素之间存在的联系是以信息作为表现形式的。当移动媒体作为子系统成为社会体系的一部分时,它在社会系统中就承担了媒体责任,并以消息的形式向其余社会系统的组成部分转移信息,所以移动媒体的核心处置对象是信息。

③移动媒体依托物质基础,通过对信息的处置,实现能量的传导与演变。移动媒体本身必然包含着客观存在的物质,并以此为基础进行信息的传递;移动媒体自身作为复杂系统时,其各个要素之间的联系以信息作为表现形式。信息与能量的转换贯穿于整个传播系统内部和移动媒体作为子系统时与母系统的交互之间。移动媒体自身通过对信息的处理、转换、传递来实现能量的传递和演变。

要更好地认识和把握移动媒体,需要从更本质的内涵和更宏大的视野去着眼、去运用、去思考。我们在认识移动媒体的过程中,要不断地提醒自己,世界是一个普遍联系的整体。认识移动媒体,不能脱离世界的大背景和基本规律。

二、历史观(传承有序的历史观)

从哲学上说,历史指的是过去的所有事情的发生和演变过程,而这种"历史"中所指代的"过去的所有事情"都已经消失,我们并不能从物理上直接感知到这些已经发生的事情。因此,我们所熟知的历史实际上指的是人从社会层面根据接触到的历史资料（文献、文物等），遵从一定的观念，经过选择和判断所"撰写"出的"历史"，而这种"历史"能够在多大程度上表现出历史本来的面貌，则取决于两件事：一是历史资料的完整和准确程度，二是历史研究者们的主观观念。从理论上而言，后一代人所写出的历史可能比前一代人所写出来的同一时期的历史更加接近于"原本的历史"，这是由历史资料的发掘和考证会随着时间的延续而不断完善的客观性决定的。但从史学研究的历史来看，却并不一定如此，因为社会整体历史观的演进并不一定总是进步与发展的。

历史观，顾名思义，就是指社会个体对于历史的看法。从哲学定义上看，历史观就是关于历史的世界观和认识论的统一体，属于哲学思想的组成部分。

从马克思主义哲学历史的发展来看，马克思从唯心主义向唯物主义的转向就是从历史观开始的。在1843年的《黑格尔法哲学批判》一文中，马克思在导言中提出了"为历史服务的哲学"的观点，他写道："对天国的批判变成对尘世的批判，对宗教的批判变成对法的批判，对神学的批判变成对政治的批判。"①而真正意义上的唯物主义历史观，源于恩格斯在1859年所写的《卡尔·马克思〈政治经济学批判〉》一文。恩格斯认为，马克思主义的经济学"本质上是建立在唯物主义历史观的基础上的"，指出"唯物史观是以一定历史时期的物质生活条件来说明一切历史事件和观念，一切政治、哲学和宗教的"。"这一论述是对唯物主义历史观根本特征的高度概括。"②

人类历史的全部社会生活在本质上都是实践，而历史无非是通过人的劳动而诞生的过程，是历史主体与客体相互作用的过程。"在整个人类社会的历史进程之中，没有一个重大历史事件的起源不能用经济关系来说明；同时，没有一个重大历史事件不为一定的政治因素和意识形态所引导、所伴同、所追随……经济变革通过政治变革来实现，而观念变革又是政治变革的先导，等等。经济、政治、观念的相互作用形成一种立体网络，历史演变正是通过这种网格结构进行的。"③唯物主义历史观要求我们将历史理解为一个整体，理解为一个正处于

① 马克思，恩格斯.马克思恩格斯选集(1)[M].北京：人民出版社 1995：2.
② 杨耕.危机中的重建：唯物主义历史观的现代阐释：第2版[M].武汉：武汉大学出版社，2011：21.
③ 杨耕.危机中的重建：唯物主义历史观的现代阐释：第2版[M].武汉：武汉大学出版社，2011：33.

变化之中并始终处于变化之中的有机体。

移动媒体是一个长期发展演进的领域。认识移动媒体需要从历史的视角去把握其源流。在移动媒体发展的过程之中,学科、领域交叉的痕迹比比皆是,我们今天所熟悉的移动终端、移动传播网络、移动应用等主流形态都是从更原始的形态发展演变而来的,而这种原始的形态往往与我们现在所使用的形态大相径庭。回溯移动媒体的历史,我们大致可以将这个过程划分为三个阶段。

(一)第一阶段(前工业化时代的萌芽阶段:以 1838 年电报发明为标志)

前工业化时代以传统主义为轴心,目的是同自然界竞争。社会的财力、物力主要来自采掘性行业,以土地为主要资源,技术主要根植于原材料处理。社会被设计出来,以与大自然争斗。社会主要方法论源自于常识性经验。

农业社会是前工业化社会的典型形态,人与自然之间保持着一种顺应的关系,因而人们拥有一个优越的生态环境或生存空间;日常生活中的人际交往充满了浓厚的人情味;节奏舒缓的生活使人少有心理的紧张和精神的压抑;伦理型的规范对于抑制一般性的越轨行为有着不可替代的效力。

代表性科技:

1838 年　莫尔斯发明有线电报,人类进入了电通信阶段。

1843 年　莫尔斯修建了从华盛顿到巴尔的摩的电报线路,全长 64.4km。

1851 年　第一条海底电缆开始架设。

1865 年　法、德、俄、意、奥等 20 个欧洲国家的代表在巴黎签订了《国际电报公约》,国际电信联盟(ITU)也宣告成立。

1873 年　英国人 J. C. 麦克斯韦从理论上预言了电磁波的存在,奠定了无线电通信的理论基础。

1875 年　贝尔利用电磁感应原理发明了电话。

1879 年　第一个专用人工电话交换系统投入运行。

1880 年　第一个付费电话系统运营;奥利弗·黑维塞在英格兰取得同轴电缆的专利权。

1884 年　机械式电视出现。

1887 年　德国人 H. R. 赫兹证明了电磁波的存在,证实了麦克斯韦的电磁场理论,为无线电波的应用奠定了基础。

1892 年　加拿大政府开始规定电话频率。

1895 年　意大利人 G. 马可尼进行无线通信的实验,实现了接收莫尔斯电报码的通信。

1915 年　在纽约和旧金山之间开通了第一条跨区电话线。

1938 年　便携式收音机出现。

1941 年　第一台电子计算机出现。

1945 年　英国人阿瑟·克拉克在《无线电世界》杂志上发表论文《地球外的中继站》,提出了利用发射到太空的人造地球卫星作为地面远距离通信中继站的科学设想。

1946 年　贝尔公司推出移动电话系统(MTS)。

(二)第二阶段(工业化时代的奠基阶段:以 1948 年香农提出信息论为标志)

随着工业革命后机器被广泛使用,自然环境被转化为技术环境,人转而与经过加工的自然争斗,经济增长成为社会轴心。在工业社会,机器成为资源,企业主是社会的统治人物。以大机器的使用和无生命能源的消耗为核心的专业化社会大生产占据了社会经济的主导地位。科学技术高度发达,生产效率全面提高。

工业社会是在农业社会长久积累的物质和精神财富的基础之上演变而来的,更是对农业社会的超越,然而,工业社会中人与自然的关系由顺应转为掠夺导致了生态环境的恶化。与此同时,城市化的发展压缩了人们的生存空间;高节奏、强竞争的生活加重了人的心理负担和生理不适;人际交往中的事本主义也导致了人与人之间的隔阂。

代表性科技:

1948 年　香农提出了信息论,建立了通信统计理论。

1950 年　时分多路通信应用于电话系统。

1951 年　直拨长途电话开通。

1956 年　铺设越洋通信电缆。

1956 年　无线电寻呼机出现。

1957 年　发射第一颗人造地球卫星。

1958 年　发射第一颗通信卫星。

1962 年　发射第一颗同步通信卫星,开通国际卫星电话;脉冲编码调制进入实用阶段。

20 世纪 60 年代　彩色电视问世;阿波罗宇宙飞船登月;数字传输理论与技术得到迅速发展;计算机网络开始出现。

1964 年　美国发射世界上第一颗静止卫星——"同步 III 号"卫星;国际卫星通信组织成立。

1965 年　发现摩尔定律。

1969 年　电视电话业务开通。

20 世纪 70 年代　商用卫星通信、程控数字交换机、光纤通信系统投入使用。

(三)第三阶段(工业化向信息化时代跃升的突破阶段:新科技革命后至今)

后工业化时代又称后工业化时代,20 世纪五六十年代电子信息技术获得广泛应用之后,工业社会开始逐渐进入这一时期(需要注意的是,后工业化时代并非指工业化时代的后期形态,而是在新的社会形态尚未与工业化时代形成清晰界限时的过渡称谓)。后工业社会以理论知识为中轴,关注人与人之间知识的竞争,科技精英成为社会的统治人物。科技专家之所以拥有权力,全凭他们受的专业教育与技术专长。

后工业社会有可能掌握进行社会变革的新手段,这就是对技术的发展进行规划和控制。社会依赖技术和创新的程度越高,社会体系中有害的"不确定因素"就会越多。但是,新的预测方法和计划、规划技术的产生,有可能开创经济史上的新阶段,即预先自觉地规划技术变革,从而减少未来经济中的不确定因素。

代表性科技:

1960 年　互联网的前身 ARPA 网出现。

20 世纪 80 年代　开通数字网络的公用业务;个人计算机和计算机局域网出现;网络体系结构的国际标准陆续制定。

1983 年　第一台实用型移动电话系统——摩托罗拉 DynaTAC 8000x 研制成功。

20 世纪 90 年代　蜂窝电话系统开通;光纤通信得到普遍的应用;国际互联网得到发展。

1990 年　铱星系统概念提出。

1993 年　第一台智能手机开始销售。

1997 年　68 个国家签订国际协定,互相开放电信市场。

2006 年　Twitter 开始投入使用。

这三个阶段有序传承,并且呈现出加速度、几何级裂变演进的态势。

三个阶段之间的技术演进呈传承趋势,技术发展的速度和广度随着时代的推进而逐渐加快和延伸;受到技术影响的行业和产业也随着阶段的发展不断增加,新出现的技术本身也逐渐形成了自己的产业格局;新技术影响的社会群体也随之增加,受到新技术的影响并成为新技术受益者的人群占社会总人口的比例随着阶段的发展而井喷式增加。

今天,我们这一代有幸身处移动媒体大发展的时代,既充分享受着移动媒体长期发展带来的繁荣成果,又站在前人的肩膀上创造着移动媒体更诱人的未来。请记住,时间是孕育一切的母体,在时间之矢指向未来的同时,我们应该不时地驻足回望,看看事物发展过程中被时间打上的历史烙印,看清来路,才能更客观地评判当下、展望未来。我们强调,认识移动媒体,需要具备最朴素的历史观。

三、价值观(以人为本的价值观)

价值是我们每个人、每个社群乃至整个人类社会不断追寻的目标与意义。价值观的实质是一种社会意识,是人们在处理价值关系时所持有的立场、观点和态度的总和,这种意识会渗透到社会的政治、经济、道德和文化领域,以及个人生活的方方面面。

作为社会意识的一部分,价值观是受社会客观存在所制约的,是处于一定经济关系中的人群的需要和利益的反映,归根到底是对社会存在的经济基础的反映;价值观具有社会历史性的特点,价值观会随着特定历史条件下社会价值关系的变化而变化;社会意识对于社会存在具有反作用,价值观与社会存在的发展并不总是同步的,不同的价值观念对于社会存在的发展的反作用也并不相同。

马克思主义哲学表明,价值是一个复合概念,客观事物与主观认识是处于同一个价值结构体系之中的,二者紧密联系、相互统一。价值自身是一种综合性的体系、一种主客观相互作用的过程和一种评价与认定的方式。一切人类生存的第一个前提就是一切历史的第一个前提,人们为了创造历史,必须生活,但是为了生活,首先就需要吃喝穿住以及其他一些东西。因此,第一个历史活动就是生产满足这些需要的资料,即生产物质生活本身。这便是价值的客观性。我们每个人、每个社群乃至整个人类社会所追求的目标与意义正是在改造自然和生产物质生活本身的基础上进行价值创造,同时获得源自自身和所属群体的肯定。价值以及形成的相应的价值观是社会发展的必然产物,其客观性也是价值的固有属性。

在现实生活中,具体价值观总属于特定的人群阶层,是其价值心理、价值观念的总和、概况和提升。但是,价值观首先是属于个体的。价值的创造与分享离不开人。

从哲学的层面而言,评价主体、价值主体是人以及与人相关的社会群体,价值客体可以是人或者自然万物,价值目标是独立于人的物质肉体而存在的思想意念。因此,在人进行"概念—判断—推理"的思考方式的时候,价值完全体现出了人的主观性。对于人的依赖是价值理论的核心组成部分,"一切对于客体而言的价值在某种意义上都是对于主体而言的价值"。价值存在客观性,但是在"人"之前或者"人"之外,根本无所谓价值;拒绝"人"这一基本属性,就是在拒绝价值这一概念本身。价值是"人"在社会生活中所创造的,通过"人"的社会活动进行分享。

移动媒体是人创造的有价值的系统,也是人们用来创造和分享价值的工具和手段。

移动媒体自身作为存在依人属性的完整系统和媒体产业的组成部分,已经被证明对于社会体系具有不可或缺的价值。同时,由于其核心的对人的依赖性,移动媒体又必须是人所创造并被人所利用的,在人所主导的价值体系中占有位置。根据物质能量信息一体理论,移动媒体作为社会系统的组成部分,是人作为社会个体在社会系统中传递信息并产生价值的途径,也必然是作为社会个体的个人进行价值创造和分享的重要工具。

重视人的主体性和创造性,是不断开发和释放移动媒体的使用价值和交换价值的关键视角。

根据古典哲学,人的主观能动性是指人的主观意识和实践活动对于客观世界的反作用或者能动作用。作为客观社会系统的组成部分,人的主观能动性表现在:其一,人能动地认识到了物质、能量和信息之间的联系和可转化性,并以自身的主观意识在客观事实的基础上将其理论化;其二,人将理论化后的认识用于能动地指导移动媒体应用过程中的实践活动。在主观能动性指导下发挥创造性,是不断开发和释放移动媒体自身所蕴含的价值的关键性因素。

我们强调,认识和发展移动媒体的价值,需要以人为本,从个人、社群乃至社会的人类系统中去发现价值、释放价值的能量。价值作为一个复合概念,其存在必须依赖于人。对社会个体、社会群体和人类社会本身的依赖性是价值这一概念的核心属性。作为价值属性在移动媒体这一社会系统上的映射,个体在使用移动媒体时必须遵循价值的核心规律和属性。只有人可以发现移动媒体的价值,同时只有在社会个体、社群和社会之中,才能真正发现移动媒体系统的价值。

小 结

学习移动媒体产业,需要明晰三种观念:

1.普遍联系的世界观

世间万物是普遍联系的。联系并不是事物之间暂时的、特殊的关系,而是指一切事物、现象和过程所共有的客观的、普遍的本性；任何事物都不能孤立地存在，都同其他事物发生着联系；世界本身是一个互相联系的统一整体，任何事物都是统一的、联系万物的一部分，体现着普遍的联系。

2. 传承有序的历史观

历史观本质上是对社会历史的根本观点和总的看法，是世界观的组成部分；世界观与历史观是相互影响、相互制约的。历史的发展并不是孤立的，而是由相互传承、相互联系的事件互相影响而形成的；世界自身并不是一成不变的，而是有序可循的、不断发展变化的。

3. 以人为本的价值观

价值观是指一个人对周围的客观事物（包括人、事、物）的意义、重要性的总评价和总看法，包括了价值取向、价值追求、价值尺度、价值准则；客观事物对于个体和社会而言的价值是由人决定的，只有依托于人本身，价值属性才存在意义，价值观必须依托于个体存在；价值观也是不断发展变化的，会随着人员、环境、社会或群体意识的变化而改变。

了解以上三种观念是我们真正对移动媒体产业进行系统性学习的前提，也是学习社会应用型学科需要具备的基本观念。

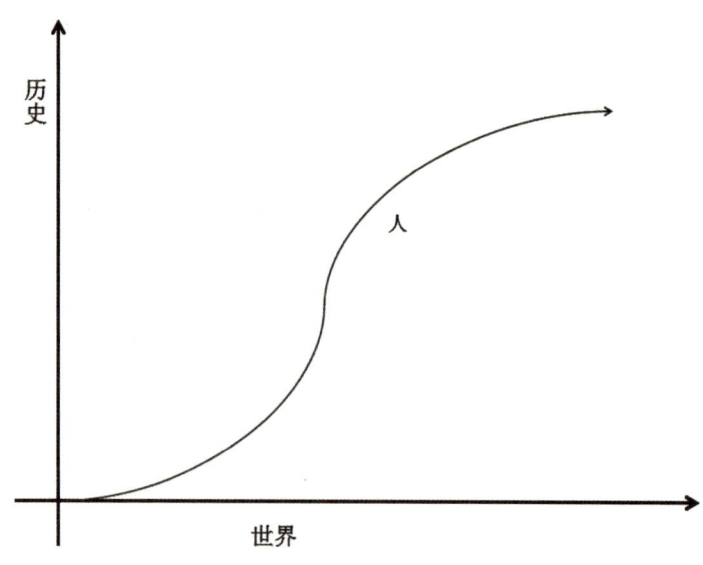

图1 世界的发展与历史的进步都是以人为主的

知识点拓展^①

1. 自然科学

自然科学是研究大自然中有机或无机的事物和现象的科学，是研究自然界物质的形态、结构、性质和运动规律的科学。它包括数学、物理学、化学、生物学等基础科学和天文学、气象学、农学、医学、材料学等实用科学，是人类改造自然的实践经验即生产斗争经验的总结。它的发展取决于生产的发展。自然科学认识的对象是整个自然界，即自然界物质的各种类型、状态、属性及运动形式。认识的任务在于揭示自然界中发生的现象以及自然现象发生过程的实质，进而把握这些现象和过程的规律性，以便解读它们，并预见新的现象和过程，为在社会实践中合理而有目的地利用自然界的规律开辟各种可能的途径。

一般认为，古希腊人泰勒斯、亚里士多德是自然科学的创始人，伽利略·伽利莱是将实验引入自然科学的首倡人。18世纪以前，欧洲自然科学与哲学几乎是不可分的。哲学家同时也是自然科学家，勒奈·笛卡尔、戈特弗里德·威廉·莱布尼茨、约翰·洛克等著名的自然科学家同时也是哲学家。

2. 社会科学

社会科学是用科学的方法研究人类社会的种种现象的科学，如社会学研究人类社会（主要是当代），政治学研究政治、政策及与之相关的活动，经济学研究资源分配。广义的"社会科学"，是人文科学和社会科学的统称，是关于社会事物的本质及其规律的系统性科学，是科学地研究人类社会现象的模型科学，通常指研究社会现象及其规律的科学。它是一个以社会客体为对象，包括法学、经济学、政治学、社会学、历史学等学科的庞大知识体系。

3. 人文学

人文科学是通过观察、分析及批判来探讨人类情感、道德和理智的各门学科（哲学、文学、艺术、历史、语言等）和知识的总称。

_____

① 注：自然科学、社会科学、人文学、艺术学、应用科学的分类辨析。

汉语中的"人文"一词，最早出现在《易经》中贲卦的象辞中："刚柔交错，天文也。文明以止，人文也。观乎天文以察时变；观乎人文以化成天下。"关于这个词的注解有很多，宋代程颐《伊川易传》对此的解释是："天文，天之理也；人文，人之道也。天文，谓日月星辰之错列，寒暑阴阳之代变，观其运行，以察四时之速改也。人文，人理之伦序，观人文以教化天下，天下成其礼俗，乃圣人用贲之道也。"一般认为，中国传统的人文概念是指人的各种属性。

到了近代，"人文"这个词被用来翻译"Humanism"，也就是人文主义，这个词是欧洲文艺复兴时期的一些知识分子在超越和反对中世纪欧洲宗教传统的过程中所使用的。他们以古希腊、罗马文化为学习典范，以此回归世俗，这些人就被称为"人文学者"。到19世纪的欧洲又有所谓的人文科学，20世纪英美的大学里也开始出现人文学科。人文科学的意思不是说人文的东西用一种科学的理论来解释，而是说对于人的各方面的一种求知、对于人的知识的一种探讨。

4. 艺术学

艺术（art）有时被称为精致艺术或美术（fine arts），指凭借技巧、意愿、想象力、经验等综合人为因素的融合与平衡以创作隐含美学的器物、环境、影像、动作或声音的表达模式，亦指和他人分享美的或有深意的情感与意识的、人类用以表达既有感知且将个人或群体体验沉淀与展现的过程。

所谓艺术学，通常意义上是指研究艺术整体的科学，即系统性地研究关于艺术的各种问题的科学。进一步讲，"艺术学是研究艺术实践、艺术现象和艺术规律的专门学问，它是带有理论性和学术性的、有系统知识的人文科学"。

5. 应用科学

应用科学（applied science）研究的方向性强，目的性明确，与实践活动的关系密切且直接体现着人的需求。狭义的应用科学以自然科学和技术科学为基础，是直接应用于物质生产中的技术、工艺性质的科学，与技术科学之间没有绝对的界限。

一般认为，技术有三种形态：一是抽象形态的技术，即技术科学；二是物化形态的技术，即人所创造的工具、设备、仪器等；三是功能形态的技术，指对客体的加工、改造方法。狭义应用科学是对第三种技术形态的概括和总结,技术科学所具有的特征它都有,此外,它更明显地体现着心理学、生态学、美学的内容。工程设计程序、劳动对象成型方法、对工艺可靠性的评估方法、保障优化生产的方法、减轻劳动强度和节约材料的方法等,构成了狭义应用科学的基本内容。广义的应用科学则包括对社会科学以及横向科学的实际运用的研究,如应用社会学、科学管理学、科学政策学、决策方法论、价值分析方法等。

在当代,应用科学正获得越来越丰富的内容,各种应用学科不断涌现,为基础理论的运用开辟着越来越广阔的前景。

第一章　移动媒体现状

■ 本章重点

移动媒体的丰富形态、移动媒体的巨大市场、移动媒体的深广影响（核心是激发学生的兴趣）

移动互联网正在有效地改变着我们的生活。手机已经成为第一上网终端，人们获取信息、社交也都通过手持终端进行；对订火车票、机票、电影票，医院挂号等社会事务的处理，人们也逐渐依赖于移动终端；各种 O2O 服务兴起，连吃饭都依赖于移动终端；网络购物、电子支付、银行服务等都依托于移动终端；甚至一些政府事务也逐渐开始依托于移动终端进行发布。

2014 年对于移动互联网和移动媒体而言是极具变革性的一年，手机首次超过台式电脑和笔记本电脑成为我国网民观看视频节目的第一终端；距离 2013 年底颁布 4G 牌照仅仅过去了一年，我国就已经建成了世界上最大的 4G 网络，同时成为全球最大的 4G 手机生产国和销售国；我国手机网民的数量也首次超过了传统 PC 端网民的数量，目前使用手机或移动终端上网的网民数量依然持续增长。[①]

① 2014 年 6 月，我国联网设备中手机的使用率为 83.4％，12 月时为 85.8％；同年 6 月，传统 PC 端的上网使用率为 80.9％，其中台式电脑为 69.6％，笔记本电脑为 43.7％，12 月台式电脑上网使用率为 70.8％，笔记本电脑为 43.2％。中国互联网络信息中心. 第 35 次中国互联网络发展状况统计报告 [R/OL]. (2015－02－3)[2015－06－18]. http://www.cnnic.net.cn/hlwfzyj/hlwxzbg/hlwtjbg/201502/t20150203_51634.htm.

衡量一种媒体的价值可以使用很多模型,然而在这些模型之中,毫无例外地都会存在用户数量这一参数。用户数量决定了一种媒体的影响力,决定了一种媒体的市场潜力,也决定了一种媒体的生死存亡。对于移动媒体而言,移动互联网的用户规模决定了移动媒体的影响范围,而研究移动媒体,就必须从移动互联网着手。

2015年的政府工作报告提出了"互联网+"和移动互联网的新理念,提出要制订"互联网+"行动计划,推动移动互联网、云计算、大数据、物联网等与现代制造业的结合。这份报告第一次将"互联网+"和移动互联网纳入国家经济发展的顶层设计,对于整个产业而言,无疑是重大的利好消息。互联网与移动化、移动互联网与通信、互联网与服务,在这些概念和技术的重新组合下诞生了即时通信,诞生了新的业务,诞生了电子商务。它与各行各业的叠加,会成为各行各业的助推器,使各行业的中间环节锐减、时间和空间距离缩短、成本降低、效率提升,甚至影响到了这些产业的转型和发展,推动了一系列的社会变化和社会变革的发生。

移动、随时、随身、永远在线,移动终端和移动互联网以自身特有的优势和强大的发展潜力,加速向我们生活的方方面面渗透,从而诞生了一个巨大而不断发展的市场。不同行业、不同性质的领航人都不约而同地开始进入这一领域。马云喊话:阿里 All In(全进入)移动电商,从云端入手建设移动电商的生态;①中国移动总裁李跃提出了以"三新"(新通话、新消息、新联系)为主要内容的转型战略;②俞敏洪在演讲中说,"必须更换我本人的基因,同时更换整个新东方的发展基因"③,将移动互联与培训教育结合起来。

信息平台的概念在互联网普及之后被广泛提及,在现今的形势下,信息平台正在从桌面端走向移动端,人们的信息使用方式和使用习惯也正在向移动智

---

① 马云给员工的内部邮件[EB/OL].(2014-02-28)[2015-06-17].http://www.36kr.com/p/210036.html.
② 中国移动总裁李跃:4G 发展关键方向的解读[EB/OL].(2014-02-26)[2014-09-20].http://labs.chinamobile.com/news/102587.
③ 新东方教育集团有限公司董事长俞敏洪在创业家 5 周年庆典上的演讲[EB/OL].(2013-11-19)[2014-05-27].http://finance.sina.com.cn/leadership/20131121/075217389739.shtml.

能终端转移。游戏、购物、阅读、社交成为人们的刚性需求和强有力的市场增长点,终端和支付系统带领下的移动金融也正蓬勃发展,4G 商用、可穿戴设备成为移动互联网的下一个爆发点,移动互联的演进日新月异,网络连接、移动设备、应用服务之间形成了一个完整的闭环生态系统,形成了一个建立在移动互联网覆盖基础上的服务系统、沟通交流系统和商业生态系统。作为沟通交流系统的组成部分,移动媒体也将产生更深远的影响。

一、移动媒体的形态

在现代社会中,媒体的定义早已不再是传统的电视、报纸、杂志、广播,互联网正在承担着越来越多的媒介的角色。对于生活在现代社会的使用者而言,传统的四大媒介扮演的角色正在生活中逐渐褪色,更多地让位于其他媒介。在 21 世纪早期,互联网成为这些媒介的补充。早期的互联网产品形态,例如门户网站、论坛等承担了一部分媒体的角色,传播信息并扮演了互联网环境中的交流平台的角色。随着技术和硬件的发展,原本局限于固定网络系统的互联网进一步优化,带宽的逐渐增加、设备的逐渐进步、网络技术的逐渐发展为移动互联网的出现提供了可能,而建立在移动互联网基础之上的原本的互联网产品已经不能满足使用者对于信息的需求。在新的技术和理念的支撑下,全新的媒体形态诞生了。尽管形式多样,但是这些新的媒体形态毫无例外地都依托于移动互联网的支撑而得以存在。

从使用者日常接触到的媒体形态来看,移动媒体可以被简单概括为“硬终端、软形态”。与传统的媒体形态不同,移动媒体的形态与接触媒介是分离的,这一点在服务于个人媒体时表现得尤其明显。对于个人使用者而言,接触移动媒体的媒介往往集中于个人的移动终端,如 PDA 、智能手机、平板电脑等,而真正承担媒体形态、满足个体对于信息、沟通的需求的往往是由移动终端所承载的应用和服务,如各类 App、LBS 等。

(一)硬终端

尽管媒体平台提供的信息形态已经逐渐多样化了,但是无论媒体提供的信息如何,都需要终端作为承载物,某种意义上可以说,终端的性能和形态也会限制信息的形态。如早期的大哥大,只能提供简单的语音通话功能,体积庞大,只是一个能移动的电话;20世纪90年代的平板或折叠手机,能依靠GSM网络提供语音通话和文字信息功能,屏幕成为手机上的新宠;21世纪初期,彩信和移动数据网络的出现,让屏幕的大小和颜色还原成为手机厂商的新的竞争点;而在当下,手机已经远远无法用功能概括,作为个人信息终端目前最为广泛的承载物,手机或者说智能手机的作用,似乎只受限于人的想象力而已,甚至有些理论认为,智能手机作为个人信息终端还远远不是进化的尽头,只是一个开始。无论如何,终端终将成为个体进行信息交换的承载物这一点是毋庸置疑的。

在实际应用中,我们所使用的终端可以分为两种:第一种是服务于个人的移动终端,如PDA、智能手机、平板电脑;第二种是服务于大众的公共移动终端,如公共交通广播电视、楼宇/电梯电视。

下面我们将分别对这些终端的形式进行分析,在第四章《移动媒体技术》中会进行更详细的介绍。

1. PDA

现代的消费者对于PDA似乎已经非常陌生了。国人对于PDA的印象似乎还停留在"钱包、手机、商务通,一个都不能少"的广告之中,这其中的"商务通",就是一种PDA产品。

PDA,即Personal Digital Assistant(个人数字助理),俗称"掌上电脑"。世界上第一台具有PDA形态的掌上电脑是由英国Psion公司在1984年正式推出的Organiser系列产品之一(如图1-1)。

以1992年"快译通"的第一款PDA产品开始发售为分水岭,PDA在国内正式开始出现。在1996年微软的Windows CE系统开始部署之后,PDA产品的发展开始进入高速期,文曲星系列、商务通系列、名人系列等产品纷纷出现。1998年时,国内掌上电脑市场估值高达20亿元人民币。

图 1-1　Psion Organiser II

从产品形态上看,PDA 是一种手持数字设备,具有计算、传真、联网等多种功能。与传统电脑相比,PDA 轻便小巧,可移动性极强。在进入发展期之后,PDA 基本都以采用手写笔作为输入设备为特征。[①] 同时,伴随着微电子技术的发展,存储卡也开始充当外部存储介质。在传输方面,多数的 PDA 都具有红外或者蓝牙接口,后期的 PDA 也具有 Wi-Fi 连接和 GPS 定位功能。早期 PDA 的功能集中于商务层面,主要是用于管理个人信息,标志性应用包括通讯录、日历、个人计划、名片扫描等。在中后期,PDA 的功能开始逐渐拓展。以著名的 Windows CE 系统和 Palm 系统为例,在这两种系统诞生后,出现了大量的以这两种系统为平台开发的应用软件,其中包括文字处理、电子书浏览、图像处理、媒体播放、游戏等应用。PDA 的使用也不再局限于个人,伴随着电子商务的拓展,PDA 开始更多地进入商业服务、工业、军事/航空应用等领域。

2. 智能手机

从定义上来看,智能手机是采用独立开放式操作系统,能够加载和卸载第三方应用程序,具有接入移动互联网能力的手机终端。[②] 采用独立开放式的操作系统是智能手机区别于以往的手机终端的根本性特征。具有独立开放式操作系统的手机某种意义上更接近于我们熟悉的电脑,即用户通过加载和运行第三方应用软件,能够达到扩展功能的目的。从市场上看,现在主流的智能手机生产商包括:苹果、三星、华为、小米、中兴、联想等,主流的智能手机操作系统有 iOS、Android。

从历史上看,智能手机的概念可以追溯到 1909 年由特斯拉提出的设备概念,然而直到 21 世纪,智能手机的形态才得以完全固定下来。2000 年,由当时的爱立信通讯集团发布的爱立信 R380 Smartphone 成为第一台明确作为"Smart Phone"为市场所接受的智能手机(如图 1-2);苹果在 2007 年发布了自

---

① 1994 年,Jeff Hawkins 发明了一种名为"Graffiti"的手写输入方法,只需简单的学习,人们就能很快掌握书写规则,在掌上电脑上可以达到几乎和正常手写一样的识别速度和识别正确率,这样便有效地解决了掌上电脑上的手写识别问题。Jeff Hawkins 是著名 PDA 生产商 Palm 的创始人之一。

② 中国电子信息产业发展研究院,赛迪顾问股份有限公司. 中国移动互联网产业发展及应用实践[M]. 北京:电子工业出版社,2014:80.

己传奇一般的 iPhone；仅仅一年之后，HTC 发布了第一款使用 Android 系统的智能手机——HTC Dream，至此，我们所熟悉的智能手机形态开始登上舞台。

图 1-2 爱立信 R380 Smartphone

从进化态势上看，智能手机更注重用户体验的本质特征驱使着智能手机生产厂商、智能手机应用提供商、平台商，始终围绕提升用户体验进行改进。智能手机的整体设计更趋于人性化，操作系统的 UI 设计和人机交互能力不断提升、不断简单化，同时丰富的应用也大幅提升了用户的体验。智能手机应用的生态环境正在由"提供"转向"寻找"，用户获得了使用的"主动权"，这在给应用开发商提供了更多市场细分的机会的基础上，也给应用开发商带来了更为巨大的挑战。

3. 平板电脑

曾几何时，平板电脑的代名词就是 iPad。2010 年，iPad 登陆中国市场，随之也开始带动中国平板电脑市场进入启动和快速增长的时期。2011 年 3 月，苹果发布了 iPad2，进一步刺激了市场的需求，传统的 PC 厂商、手机厂商纷纷开始进入，由此中国平板电脑市场进入了"战国时代"。这同时也带来了爆发式的增长,7寸左右、搭载安卓系统的平板电脑成为市场的新宠,千元以下的平板电脑产品也开始建立起自己的竞争优势,尤其是联想,在2011年推出了"平板电脑普及风暴",以"乐Pad"系列产品为核心,推出了多款千元级的平板电脑,极大地冲击了中低端的平板电脑市场。

尽管相对于智能手机动辄上亿的销量,平板电脑的销售数据似乎不是那么好看,但是值得注意的是,根据Statcounter的数据显示,2013年5月,全球移动互联网的流量占全部网络流量的比例上升到15%,其中平板电脑的流量使用已经超过智能手机流量,平板电脑流量约占8%,智能手机约占7%。再考虑到智能手机的出现比平板电脑早很多这一因素,我们可以看出,平板电脑贡献的网络流量的增幅实际上是远高于智能手机的。

与此同时,由于平板电脑具有便携、直观、操作方便、拓展灵活的特点,它也开始逐渐走出家庭和个人的使用范围,向行业内应用层面发力。自2011年以来,平板电脑在国内餐饮、娱乐、旅游等行业有了初步的应用,部分厂商也看到了这部分潜在的市场,开始了在教育、医疗、金融、电子政务等重点行业的预研和布局。

4. 移动电视

广义上看,移动电视指的是一切以移动方式收看电视节目的技术和应用。根据接收终端的不同,移动电视大致上可以分为两类:其一是"随车看"的车载接收设备,这种车载设备可以是采用预置节目的,也可以是采用联网播放节目的,目前主要用于公共汽车、出租车、商务用车等;其二是手持的个人或家庭用电视接收设备,人们可以通过手机或者特定设备在公共场所收看、收听数字节目。

狭义上看,移动电视可以基本等同于车载移动电视,指在公共汽车、地铁、出租车等可移动交通工具内,通过特定终端移动地收看和收听节目的一种技术和应用。

截止到2008年,我国已经有三十个省、市在公共汽车上安装了25.7万个车载移动电视终端,主要采用的技术包括地面数字电视技术、硬盘预录技术、互联网热点下载技术。

车载电视是电视媒体和户外媒体结合的产物,具有覆盖人群广、收视人群流动性大、传播面广、传播速度快、接触时间长、传播群体结构相对稳定等特点。目前车载电视播出形式主要有以下几种:

其一,广电运营商模式,将移动电视网络直接接入本地有线电视网络,实现电视节目的传输,这种模式下的节目形式一般较为固定,比较接近于传统电视的形式。

其二,合作运营模式,即传媒运营商与电信运营商合作的形式。这种模式下的节目形式较为新颖,由于对技术更为敏感,在终端上也更多地引入了新技术,互动类的形式成为主流。

在市场内,我们可以大致将移动电视运营商分为两类:具有广电背景的移动电视运营商和没有广电背景的移动电视运营商(即民营移动电视运营商)。有广电背景的移动电视运营商的代表企业有上海东方明珠和北广传媒,由上海广电牵头组建的东方明珠公司是中国第一个移动电视运营商;民营移动电视运营商的代表是世通华纳、华视传媒、巴士在线,其中世通华纳称自己为"中国最大的移动电视运营商",华视传媒声称"拥有中国最大的户外公交数字电视广告联播网",巴士在线则着眼于强调自己是"新华社、中央电视台在移动媒体(电视)领域的长期战略合作伙伴,是唯一的全国性电视网络"。竞争态势十会明显。

其中值得一提的是,在大资本和大运营商专注于公共交通电视的运营时,以"触动传媒"为代表的一些高技术企业却将移动电视的概念做了拓展,将原本只能起到广播作用的电视,变成了能够互动的"移动触摸式交互设备"。互动的全新体验加上出租车的封闭环境,使互动移动电视取得了相当大的成功。

现在的媒体市场高度细分化,车载电视在地面和地下公共交通获得成功之后,敏锐的媒介公司开始将移动电视的模式复制到列车媒体上。2005年成立的亿品传媒,致力于中国铁路移动媒体的建设和运用,提出了"动众"的概念,全力打造建立在无线宽带技术和硬盘预录技术上的信息载体平台。2008年,亿品传媒与广源传媒实现了合并,诞生了新的鼎成传媒,标志着中国列车移动电视已经成功整合,也标志着全球最大的列车移动媒体的出现。截至2009年,鼎城传媒以"北上广"为核心,在全国近500列空调列车和高速、动车上安装了超过8

万台高清晰度液晶电视,网络覆盖全国三十个省、自治区和直辖市,日覆盖量超过 150 万人次,年覆盖量超过 6 亿人次,形成了强大的媒体资源。

5. 楼宇电视

楼宇电视是指采用数字电视机为接收终端,把楼、场、堂、馆、所等场所作为传播空间,播放各种信息的新型媒体的统称,这其中既包括只播出商业广告的传统楼宇电视,也包括包含互动技术、以数字直播为主要播出方式的城市电视。伴随着全国范围内城市化进程的继续,CBD 区等概念开始成为城市新城区设计规划中的重要组成部分之一;与此同时,城市化进程的继续带来了城市人口的增加,房地产项目在城市范围内激增。在这种情况下,楼宇电视找到了一个媒介的空隙,正如分众传媒总裁江南春所说:"……我们找到了一个方法……将人们坐电梯的时间变成了有效的广告时间……"[①]这个媒介空隙有着明确的群体,而这一部分群体某种意义上也代表着在城市中收入较高的、消费能力较强的群体,这种优势使得楼宇电视得到了高速的发展。

从 2002 年开始,楼宇电视一直处于两巨头竞争的状态,分众传媒和聚众传媒分别在国内建立了覆盖全国 80 多个城市、总数超过 7 万块的屏幕网络。2006 年,分众传媒收购了聚众传媒,成为我国最大的楼宇电视服务商。此时,新的分众传媒占有了全国楼宇电视产业 98% 的份额,覆盖了全国 75 个城市,拥有 6 万多块显示屏,基本覆盖了全国范围内一百万人口以上的城市。

在这之后,以分众传媒为代表的中国城市电视、楼宇电视服务商也开始了更多的探索。除了将传统的依托于 DVD 或硬盘预录的播放方式更新为依托于无线网络或者 DVB-T 数字电视地面广播技术的全新播出方式以外,还将传统的楼宇电视进一步细分,建立了以高尔夫会所、机场贵宾厅为主的针对高端人士的联播网,以写字楼、商住楼为主的针对商务、白领人士的联播网,由航机电视、机场巴士、机场安检、候机厅、知名宾馆等组成的针对商旅人士的联播网,由覆盖大型超市、KTV、酒吧、健身会所等休闲娱乐场所的针对时尚人士的联播网等。其中值得一提的是,自 2011 年起,分众传媒推出了新一代互动液晶屏和 Q

---

① 选自江南春 2008 年接受《中国广告三十年》系列大型纪录片采访的片段。

卡业务,带领传统楼宇电视由广播走向互动。

(二)软形态

2014 年,我国的移动互联网走过了以通信、社交、购物、娱乐为代表的初步发展期,进入了高速发展的阶段。伴随着终端的进步、市场的全面加速重构,充当移动媒体的“软形态”也在不断拓展。一方面,诞生了许多全新的用于沟通和交流的方式,其中多数都有着充当媒体的潜力或是已经在承担重要的媒体角色了;另一方面,通信、社交、购物、娱乐等多个板块之间相互隔离的状态开始被打破,以 BAT 为主的带头企业在移动端的竞争日趋激烈,其结果就是原本处于较为隔离状态的各种实用板块之间的距离大幅缩短,生态圈开始闭合。由此带来的新的沟通方式也赋予了传统的实用板块更多的充当媒体的可能性。

以“微信”商业化和“微博”市场稳定为标志,以社交为核心的应用形态正在各个领域深刻影响和改变着人们的生活。应用更新的速度越来越快,应用也日渐多元化,并围绕在“社交”的核心概念之中,除了传统的熟人社交,陌生人社交、兴趣社交等新的社交形态也开始涌现。而在新的社交形态涌现的过程中,移动购物、移动支付、移动游戏、移动搜索、移动视频等各种服务都处于持续井喷中,并借助社交元素进行进一步的需求挖掘,应用的平台化、垂直化、融合化正在成为应用的新常态。

正如上文所言,移动媒体的承载物呈现出软硬分离的局面。硬件的进步和拓展为软件的进化和功能的增加提供了可能。应用层面的平台化、垂直化、融合化,为移动媒体提供了更多的接口,也为移动媒体进一步进入人们的日常生活提供了可能。我们将在第六章中进行具体的讨论。

1.移动社交

早在 2002 年,世界上第一家大型社交网站 Friendster[①] 的出现就已经拉开了社交网络的序幕。2004 年,扎克伯格创办了举世闻名的 Facebook,社交网站

---

① Friendster 是 2002 年成立于马来西亚吉隆坡的一家社区化游戏网站。在设计之初,网站就允许用户之间进行沟通,同时允许用户通过分享视频、图片、文字来分享爱好和兴趣,被广泛认为是社交网站的“祖父”。2015 年 6 月 14 日,网站由于经营不善和用户流失而停止服务。

在世界范围内获得了高速的发展。2005 年建立的人人网是我国社交网站的开端。在经历了三个阶段共十余年的发展之后,移动社交正在成为移动应用的核心,基于产品、服务提供商的移动社交网络,如微信、陌陌等正在成为移动社交网络的主流代表。

对于移动媒体而言,移动社交带来的最明显的变化在于传播的去中心化。移动社交以人的需求为导向,传统传播模型中的个体(受众)的需求被明显放大,这使传播圈层中的个体地位也更为平等,网络中的任何一个节点在合适的情况下都可以成为传播的中心。

移动社交带来的另一个明显变化是传播群体的小众化和碎片化。从传统传播模型的视角来看,受众群体的大小决定了传播的力量。从移动媒体的视角来看,其所面对的移动主题更为细化、小众和多样化,以微信、陌陌、微博等移动社交软件用户为主的群体,在年龄分层、社会分层、兴趣分层上都出现了明显的细化、碎片化。这在允许更多的应用成为媒体接口的同时,也为移动媒体带来了更大的挑战,"SoLoMo"[①]模式正在成为移动社交领域众"玩家"争相尝试的新宠。

2.移动视频

近年来,脱胎于网络视频的移动视频成了国内视频行业的主流,我国移动视频用户数量也保持着持续增长的势头。据中国互联网络信息中心统计,截止到 2014 年 12 月,我国手机网民的数量已经达到 5.57 亿,其中 56.2% 的用户会使用手机收看网络视频。[②] 移动视频在网络视频领域中逐渐占据更大的份额。在国内网络视频用户中,使用手机收看网络视频的用户比例达到 71.9%,移动端用户的规模已经超过了传统 PC 端的用户规模。

用户的增加势必促进流量的增长。2014 年初,移动视频的流量反超 PC 端

---

① SoLoMo 由"Social"(社交的)、"Local"(本地的)、"Mobile"(移动的)三个单词的开头两个字母组合而成,连起来说就是"社交本地移动",即"社交+本地化+移动",是由著名风投公司合伙人约翰·杜尔首先提出的概念。

② 中国互联网络信息中心.第 35 次中国互联网络发展状况统计报告[R/OL].(2015—02—03)[2015—06—17].http://www.cnnic.net.cn/hlwfzyj/hlwxzbg/hlwtjbg/201502/t20150203_51634.htm.

的视频流量这一现象已经出现在优酷、土豆等主流视频媒体中。2014年中期，移动端与PC端视频流量比例为6∶4，2014年底进一步扩大到了7∶3。[①] 对于一些热门的综艺节目或热门电视剧，用户使用移动端观看的比例甚至达到了80%。这其中，在2014年底播出的热门综艺节目《奔跑吧兄弟》就是一个经典案例：腾讯视频指数显示，在腾讯视频平台，该节目的80%流量来自移动端；中国网络视频指数也显示，该节目在优酷、土豆平台75%的流量来自移动端。

伴随着技术的进步，用户可以使用多个设备、屏幕收看视频节目，多个屏幕之间的整合和互动成了媒体的共识。在大数据成为网络信息处理的主流思路之后，利用大数据进行精准的广告投放也成为移动视频的发展趋势之一，在这个发展趋势的背后，适用于移动视频的移动广告程序化购买也正在起步。

3. 移动音频

曾几何时，汽车的普及让交通广播电台一枝独秀。环境的变化、发展让媒介发展甚至重获新生的例子比比皆是。伴随着移动互联网和移动终端的发展，原本已经式微的广播获得了新生。丰富多彩的音频应用的出现带动了原本音频资源的盘活，同时也带动了新的音频节目形式和资源的出现。

移动音频应用，顾名思义，就是以移动终端为载体，依托移动互联网，以声音为表现形式的各类移动应用。截至2014年底，移动网络音频类的应用多达千种，这类应用以满足使用者的收听需要为前提，大致包括以下几类：

（1）听书类应用：指将各种文学、艺术作品音频化，以供用户欣赏的应用，此类应用数量较多。

（2）音乐类应用：指专门进行音乐检索、播放、收藏、欣赏的应用，这类应用的拓展在于点播和卡拉OK。

（3）有声资讯类应用：指以声音播报新闻或资讯类消息为主要内容的应用。

（4）音频教育类应用：指提供不同的教育教学内容，根据受众群体实际情况的不同提供语音和文字结合的学习体验的应用。

---

① 陈传洽.2014年移动视频发展分析[M]//官建文,唐胜宏,许丹丹.移动互联网蓝皮书:中国移动互联网发展报告(2015).北京:社会科学文献出版社,2015:253.

(5)语音即时通讯类应用:指以语音聊天功能为主的应用。

某种意义上,移动音频可以被认为是广播媒体在移动互联网领域的延伸。从承担媒体功能的角度出发,这样的理解是恰当的。但值得注意的是,与传统广播或数字广播媒体不同,从起步开始就建立在应用基础上的移动音频具有传统广播媒体所不具有的拓展性。从营销的角度看,移动音频领域的整体发展态势更接近于移动视频。

4. 移动游戏

回想一下,当我们还在使用黑白屏幕手机玩"贪吃蛇"的时候,我们很难预见到手机游戏的效果将可以与电脑游戏相提并论。而现在,这已经成为现实。截至2014年,我国广义游戏市场规模①已经达到1108.1亿元,其中移动游戏的市场规模占到了全行业的24.9%,达到275.9亿元,已经超过了PC浏览器端游戏的产业总规模,成为游戏行业内第二大产业支柱。根据艾瑞咨询的预测,我国游戏市场预计于2018年前后出现拐点,移动游戏的市场份额将会超过PC端游戏,移动游戏将成为最庞大的细分市场。②

硬终端(智能手机、平板电脑)高速普及带来的"人口红利"成为了市场发展的最大助推器。腾讯在2014年1月发布的《中国移动游戏用户洞察报告》一文中指出,中国移动游戏用户中80%拥有智能手机。易观智库的数据则显示,截至2014年,中国移动游戏市场玩家数量达到3.88亿人,已经超过中国移动互联网用户的一半以上。换言之,在使用移动互联网上网的用户中,每两个人中就有一个人会玩移动游戏。因此,移动游戏在国内自2013年起也一直处于高速发展的阶段。

将游戏作为媒体的尝试实际上一直都没有停止过。早在2005年,暴雪娱乐就在其公司旗下的电脑游戏《魔兽世界》的"愚人节特典"中将游戏内容与外

---

① 注:中国网络游戏市场规模统计包括PC客户端游戏、PC浏览器端游戏、移动端游戏。
② 艾瑞咨询. 2015年中国移动游戏行业研究报告[R/OL]. (2015－06－08)[2015－08－19]. http://report. iresearch. cn/report/201506/2387. shtml.

卖点餐进行了结合。① 虽然说这被证明是"愚人节彩蛋",但是依然是游戏媒体化的尝试之一。在移动媒体日趋普及的现在,相对于移动视频、移动应用等的成熟,移动游戏的媒体化趋势较为缓慢,依然停留在传统的游戏内广告的层面上,新颖的媒体应用形式较少。

值得注意的是,由于游戏自身的特点,在特定的话题性游戏周围,一定会有大量的玩家,与单纯游戏的媒体化进展缓慢相比,在移动游戏本身之外,与之相关的移动游戏垂直媒体、移动视频媒体、第三方应用商店获得了极大的发展,在凝聚了大量人气的同时,也产生了相关的视频、音频、应用,进一步拓展了影响范围。

5.移动应用

对用户和移动媒体而言,移动应用包含两个方面:移动应用本身与移动应用平台。两者相辅相成,密不可分。

移动应用平台某种意义上决定了移动应用的来源,由于移动应用平台往往与论坛、移动支付、实名用户等其他信息相绑定,移动应用平台的媒体化成熟度也远高于单纯的移动应用。

在经历了几年的高速增长和大规模洗牌之后,移动应用平台的竞争格局已经趋于稳定。以官方下载平台为核心的 App Store 和 Google Play 依然强势,其应用种类和下载量都远远高于其他第三方下载平台。值得注意的是,随着微软收购诺基亚,开始进军终端领域,在移动应用平台方面,微软也开始布局,其为移动终端和桌面平台开发的打通式操作系统 Win10 也已经投入商业使用。

移动应用,从概念上看包含了所有可以在移动终端上进行工作的应用程序;在广义定义上,移动应用也包含了移动终端所使用的操作系统。对于移动媒体而言,有价值的移动应用集中于以下应用场景:

(1)移动社区类应用:由功能性或服务性的移动应用所带领,在聚集一定使用者之后所自发形成的半封闭社群。在这种应用场景下,移动应用的种类或者

① 2004-2014 暴雪愚人节恶搞合集[EB/OL]. (2015-03-31)[2014-04-01]. http://w. 163. com/15/0331/20/AM2IPIHR00314C3-U_2. html.

名称并不确定,只要是有聚集使用者的能力和用户黏性的移动应用,都可能推动这种自发社区形成。

(2)电子商务类应用:电子商务类应用包括了移动购物、移动支付、移动服务等多个方面,涵盖了商品选择、支付、收取、沟通等多个层面,电子商务类应用的自身特点决定了其媒体化的必然趋势,许多移动社区类应用也与电子商务类应用进行了结合。

(3)其他消费类应用:对于移动应用产品而言,其自身对应细分市场的特点决定了应用本体的专业性,如移动旅游、预定、移动阅读、移动教育等。这些应用往往与移动支付进行绑定,在整个生态圈中承担着入口的作用,在用户进入生态圈之后,还承担着维护用户黏性,并将用户最终引入社区的功能。在这种情况下,这些应用的媒体作用是毋庸置疑的。

二、移动媒体的市场情况

2014 年是我国的 4G 元年,与 3G 元年时 2 500 万的数据相比,4G 元年显然"来势凶猛"得多,全年范围内新增 4G 用户 9 728.4 万人,全年全网净 4G 用户增长达到 1.43 亿人。伴随着移动互联网的发展和"互联网+"的提出,相信在不久的将来,移动数据流量的消费、移动互联网速度的提升、移动流量不清零的愿望也将逐渐实现。

在 4G 大范围普及的带领下,截止到 2014 年 12 月,86％的即时通信用户在使用手机,中国手机网民规模达到 5.57 亿人,中国移动互联网的用户总数达到 8.8 亿人,其中使用手机上网的用户达到 8.39 亿人。[①] 在"人口红利"的影响下,移动互联网和移动媒体从网络、终端到应用等的各项指标都发生了结构性的变化,移动互联网已经成为民众不可或缺的生活必需品,使用手机进行旅行预订的用户数量相比去年同期增长了 194.6％;截至 2014 年 12 月,使用手机观看视频的用户占比达到 71.9％,已经超过了 PC 端观看视频的用户占比。

---

① 工业和信息化部.2015 年 1 月份通信业经济运行情况[EB/OL].(2015－03－20)[2015－07－20].
http://www.mitt.gov.cn/n11293472/n11293832/n11294132/n12858447/16471274.html.

　　在移动流量方面,2014 年移动流量高速增长,手机上网贡献了超过 86.8％的流量。我国移动互联网全年接入流量高达 20.62 亿 G,同比增长 62.9％。手机上网总流量高达 17.91 亿 G,同比增长 95.1％。[①] 在与流量密切相关的移动电商、移动视频、移动游戏等细分领域,移动端的成长也极为明显。

　　2014 年 8 月,国家审议通过了《关于推动传统媒体和新兴媒体融合发展的指导意见》(简称《指导意见》)。而早在该意见出台之前,各类"媒体融合""媒介融合"已经在学界讨论多年,在业内也有所践行,但这次通过的《指导意见》是"媒体融合"首次作为国家战略示人。一方面,网络媒体"攻城略地"的态势已容不得半点忽视,网络媒体已经成为媒体行业所不可或缺的组成部分;另一方面,面对网络媒体咄咄逼人的攻势,传统媒体面临压力,自我转型和自我升级刻不容缓。在传统媒体和新兴媒体深度融合的新阶段中,移动端、移动媒体正是网络媒体试图抢占的制高点、传统媒体自我转型和升级的着力点、各方力量角逐的战略高地。

　　以传统媒体力量最为强大的新闻领域为例,面对网络媒体的攻势,传统新闻媒体——报纸、广播、电视虽然曾"一统天下",但传播形式单一、时效性不强、活跃度不够,这些缺陷在移动互联网快速发展的环境下被无限放大,成为传统新闻媒体在网络媒体面前节节败退的原因。而伴随着"媒体融合"和"媒介融合"的开展,传统新闻媒体也开始转向新媒体。截止到 2015 年 4 月,人民日报社除了拥有传统的 29 种报刊外,还拥有 44 个网站、118 个微博账号、142 个微信公众号、31 个手机客户端,总用户超过 2.5 亿,其中除了"人民日报""央视新闻"等官方"大号"以外,人民日报社还推出了"学习小组""侠客岛(《人民日报·海外版》)""团结湖参考(北京青年报社评论部)"等一批视角独特、笔锋犀利、语言亲民的新型"小号"。上海报业集团也连续推出了"上海观察""澎湃""界面"等新闻客户端。

　　在 2015 年"两会"期间,从全国性媒体到地方媒体,都纷纷开设"两微一

---

① 　工业和信息化部. 2014 年通信运营业统计公报[R/OL]. (2015－01－21)[2015－03－15]. http://www.mitt.gov.cn/n11293472/n11293832/n11293907. n11368223/16415975. html.

端"①，都十分重视网络传播。在报道中既采用传统方式传播，也发微博、微信，还在新闻客户端、手机网发稿，"全媒体报道"已经成为各新闻媒体进行的有效探索和尝试。建立在"媒资管理系统"基础上的"新闻中央厨房"，将一个新闻素材制作成不同形态的新闻产品，通过不同渠道发布。移动端的报道风格和形式也开始发生改变，一个全媒体、全时段、全形态的传播格局已经开始形成。

传统媒体在移动领域的创新尝试，是 2014 年继网络媒体高歌猛进之后的移动媒体领域的新亮点。从中不难看出，微博、微信、独立应用等正在成为决胜融合未来的关键。而伴随着以 BAT 为主的互联网公司在传播领域、内容产业领域布局的加快、加深，结合了"移动互联网＋"的传统媒体与凭移动互联网起家的互联网传播力量、内容力量之间的竞争也会越发激烈。一方面，传统媒体正处于调整期，会进一步主动"拥抱"互联网思维，整合内外部沉睡资源，推进自身向"融合"深水区前进，充分运用新技术开发新产品、新应用以占领信息传播的制高点；另一方面，互联网公司在占据技术、应用、用户三大优势的基础上，继续积极开发内容，补足短板，建立服务于自己的完整生态圈，必然不会将优势拱手相让，双方争夺的焦点将集中在作为入口的移动媒体领域。

在移动应用领域，移动应用是用户感知移动生态的最直接的媒介。根据 Talking Data 统计，2014 年全国平均每部移动设备上安装的移动应用（App）有 34 款，每部设备上用户日均打开的应用有 20 款。在这种情况下，移动应用领域也成为各方角逐的"战场"。移动应用对用户的争夺，是一场存在于各类应用商店之中，发生在开发者、投资者之间的残酷角逐。

BAT 巨头所积累的"人口优势"越发显著，移动应用生态的话语权被这三家牢牢把握。根据数据机构 Talking Data 的调研显示，安卓平台在智能手机中的占比约为 70％，而在安卓平台上的移动应用用户覆盖率排行榜前 20 位中，BAT 系移动应用多达 16 款。

其中，腾讯布局最广泛，横跨社交、视频、应用商店、浏览器、音乐等多个领域，生态圈也最完整，其积攒的"人口红利"也正在逐渐变现，而该公司旗下经过

———————————

① 即微博、微信、应用客户端。

3年多发展,坐拥11.2亿累计用户、4.4亿月活跃用户、853万公众号的微信客户端,正在成为腾讯理想中的"连接一切"的"杀手级应用",对原本稳如泰山的移动支付领域造成了冲击和挑战;而在移动支付领域具有优势的阿里巴巴,则凭借着支付宝钱包、手机淘宝等移动商务应用,在移动商务领域稳定前行,同时在浏览器、网络视频、微博等领域积极布局;百度则依托于百度地图、手机百度,在LBS服务、移动搜索领域继续保持优势。

从趋势上看,伴随着移动应用步入整体稳步发展、领域多元创新的发展阶段,在移动身体管理、移动医疗、移动教育、移动金融等全新领域都有所突破,在围绕"用户""社交"进行的深度挖掘和发展之中,这些新的领域中也必将会诞生新的"圈子",在这些"朋友圈"内,也必然会有新的承载媒体能力的应用出现。移动应用媒体化将成为一个必然的趋势。

与此同时,移动媒体的应用化也在逐渐成为潮流,传统媒体在技术处于劣势的情况下,愈发重视将已有媒介、媒体、内容资源转化为应用以谋求突破。越来越多的政府部门、企业、个人等传统的非媒体机构和个体也正在借助"两微一端""公众号"或多或少地获得媒体属性,拓展了移动媒体的内涵和外延。

在移动营销领域,移动广告是移动媒体变现的最强手段,也是最成功和原始的商业模式。根据eMarketer数据显示,2014年,中国移动广告收入跃居全球第二,超过了英国和日本。2014年中国互联网公司移动广告收入在市场中的份额也有了显著提升,总体约占世界网络广告市场的11%,即160.6亿美元,这其中,阿里巴巴和百度的移动广告已经跃升至全球第三位和第四位。

在蓬勃发展的市场前景下,移动营销领域更是暗流涌动,无论是业务层面、资本层面还是管理层面都出现了新的气象。

一方面,以BAT为核心的互联网巨头开始进入移动广告市场,以其资源、资本为移动广告的进一步发展带来了莫大的助力,腾讯发布了腾讯的移动广告联盟,微信将广告引入了朋友圈,百度推出"直达号",为传统服务行业向移动互联网转型提供了解决方案。各大互联网企业在移动广告领域的探索和实践,会在极大程度上改变目前国内的移动广告市场格局。

另一方面,伴随着移动广告市场的成长,对于移动广告平台的争夺也进入白热化,百事通注资艾德思奇,威朋完成 B 轮融资。资本层面上,移动广告平台的竞争态势显著加剧。

三、移动媒体的影响

伴随着移动互联网的发展,移动媒体正在加速向中国经济、社会、文化、生活等方方面面进行深度的渗透。在全民网络化的现在,移动媒体已经成为一种最贴近大众的沟通和交流渠道,无论是组织还是个体,其工作、生活、娱乐,都已被移动媒体包围。

从移动媒体开始普及到现在也只有短短四年多的时间,而社会中的每个人、每个公司、每个产业都已经无法想象没有无线网络、移动互联网与移动媒体的情景了。由传播技术变革带来的社会变迁,在人类历史上并不罕见,而对人类社会影响如此巨大、如此深入的,基于移动互联网的移动媒体可以说是"一枝独秀"。移动生态的发展不仅仅给传播生态和信息产业带来了变革,更对其他产业、整体经济态势、政治、社会、文化都产生了影响。

(一)对人的影响

媒体和媒介存在的基本目的是沟通——文明与文明的沟通,社会与社会的沟通,不过最终还是要落脚到人与人的沟通。从历史的维度来看,人与人之间沟通进化的历史构成了人类社会通信技术发展的历史。从只能依靠信件、口信乃至歌谣的错时沟通,到依托于无线电通信、有线电话的实时沟通,再到依托于卫星电话、无线通信网络的随时沟通,最后到依托于移动互联网的"随时随地沟通"。

从社会学的角度来看,人是需要社会交往的动物,移动互联网的普及,让社交网络脱离了单纯的硬件或者产业的概念,成为社会学意义上的"社交网络"——人与人、人与群体构成的网络,实体的社交网络。随时随地的沟通的出现,彻底和永久地改变了人与人之间的沟通模式,人作为社会个体彻底成了社交网络中的节点,这个节点还包含着人的身份属性、地理属性、物理属性,将以往社交活动发生的地点作为社交节点的社交模式变为以人为节点,以智能终端、移动互联网为媒介的随时随地的沟通和社交。在这个身份逐渐被实体化的移动互联网环境中,传统互联网的身份识别问题正在被逐渐解决,个体或节点的身份的实体化,带来了更真实的需求、更真实的情感,使移动互联网带来的沟通也更为真实。

社会的本质目的在于满足组成社会的个体的需求,马斯洛的人的需求理论中第三层次的需求,即学习需求、工作需求、娱乐需求、健康需求已经成了在现今社会中生活着的人的真正需求。移动互联网让这些需求成为一个个可实现的场景,场景化的设计在满足了个体需求的同时,还将同样具有这些需求的个体连接在了一起,构成了新的社交渠道和媒体空间。

曾几何时,外出要离线、下班要关机是我们使用 PC 的基本理念。从网络的角度来看,我们在外出、下班或者处于其他户外环境的情况下,时常是处于断网的状态的,而移动互联网和智能终端的出现,使我们可以 24 小时保持在线的状态。对于我们而言,互联网不再是一种产品,而是一种随时保持的生活状态,人在哪儿,网络就在哪儿。工作与休息的界限变得模糊,八小时工作制在移动互联网广泛应用的现在仿佛成了一个笑话;移动智能终端延伸了人的躯体乃至感官,知识的获取变得轻而易举,创造性也得到了提升;沟通的快捷带来了分享成本的降低,思想、知识、智慧的分享让人与人的沟通更为协调,个体的媒体化趋势也得到了显著增强;人始终处于被"定位"的状态下,人的社会性也随之得到加强,个体的隐私开始社会化,个体所受到的社会保护和侵害也随之加强。

(二)对传播的影响

在大众传播的时代,传播是单向的,是广播式的,互动渠道极少,互动活动也极少,同时由于沟通渠道的硬件限制,沟通和互动也是严重滞后的;沟通方式固化于一对多的模式,大众媒体的概念深入人心,大众传播的模式限制着社会各个阶层之间的沟通。而在互联网、Web 2.0 等新的技术和产品模式出现之后,网络改变了传统的传播模式,一对一、一对众、众对众皆有的多元的、可以充分互动的全新的传播模式形成了。

自媒体的概念开始形成,每个人都拥有了发布自己意见的权利和渠道,传统媒体、新媒体、论坛、博客、微博、微信、公众号、各式各样的群组关系、贴吧、众声喧哗,万家争鸣。移动互联网的发展和智能终端的进化加速了传统传播模式的解体,新的传播模式的主导地位正在建立,由此,全新的舆论生态也开始产生。无论是传统的媒体抑或是全新的自媒体,媒体移动化的趋势已经成为必然;无论是直接通过网络,或者是间接通过移动应用,毋庸置疑的是,媒体正在从固定走向移动。

媒体的格局也开始发生变化。传统媒体中的报纸、广播、电视所占的份额连年下降,受众不断流失,曾经作为主流媒介之一的报纸现在日薄西山,甚至出现了有百年历史的报纸全面转向互联网的情况;多屏模式的建立将电视屏、电脑屏融入了移动终端屏,报纸、杂志、图书、游戏、音乐、广播都集中到移动客户端,曾经设想中的富媒体终端已经成为现实。曾经由报刊、广播、电视"三分天下"的局面正在被逐渐瓦解,伴随着互联网和移动互联网力量的崛起,新的竞争和机遇都开始出现,传统媒体向移动互联网的转型,互联网力量向内容产业的转向,双方的竞争已经是建立在移动互联网大环境内的竞争,其结果也必定是依托于移动互联网的。

(三)对社会的影响

全新的移动媒体形态正在改变社会的传播模式,改变整个社会的所有构成力量之间的沟通模式与方法,赋予了所有组织和个人全新的能力,激发并传播新思想,催生了新的社会组织和管理模式,加速了我国社会的整体转型。移动媒体改变的不仅仅是传统媒体的营销和广告领域,更重要的是,移动媒体允许以往相互隔离的社会单元之间发生联系,减少的沟通成本和拓宽的沟通渠道带来了以往所不会出现的全新的跨界合作和融合;促使各个领域都在向着与移动媒体带来的全新的传播形式相适应的方向转变;也对传统思维和观念产生了影响,带来了全新的看待问题的视角和解决问题的途径。

生产部门在利用移动媒体调动社会资源、促进智能化的生产与管理,带动产业升级;行政部门在利用移动媒体搭建更广泛的民意、民智搜集渠道,拉近政者和老百姓之间的距离,同时也在利用移动互联网构建更有效的发声渠道;文化教育部门在利用移动媒体进行更为广泛的宣传,改变传统宣传活动"不接地气"的情况,为实现"服务性政府"的目标构建宣传和舆论的基石,全新的移动媒体也让文化的发展和繁荣具有了新的可能性。

移动媒体给社会的每个个体都带来了前所未有的"发声"的权利,人人有权面对社会发声。这种"发声"已经不单单是一种政治上或者概念上的姿态,而成为一种切切实实的社会存在的体现方式。移动媒体赋予公民的这种"发声"的权利已经成为社会个体确认和强化公民身份的一种形式,通过这种技术赋权的行为,公民参政议政的权利得到了保障,知情权、参与权、表达权、监督权等权利也获得了相应的保障。

更为重要的是,移动媒体的拓展是双向的,在人类社会发展的历史长河中,人类始终在探索自身所存在的世界的边界,而智能终端和移动网络则赋予了每一个个体探索和感知社会并将这种探索的体验和感知的结果分享给全社会的权利。从不同的角落、不同的角度,随着用户队伍的扩张,世界可被感知的部分也不断扩大,最终世界将成为一个透明的网络、开放的生态圈,这种透明和开放将最终成为人权的保证。

第二章　基本概念理解

■ **本章重点**

移动媒体的概念、移动媒体的演进历程、移动媒体的知识系统、移动媒体的研究方法

数字、移动、媒体，数字与模拟，固定与移动，媒介与媒体，新媒体与传统媒体，第几媒体，企业与产业

无论是简单事物还是复杂系统，尽可能简洁、准确、清晰地描述认知对象是帮助我们辨识事物的基础性工作。对于"移动媒体"这样一个动态发展的复杂领域，要给出一个全面、准确、稳定的解释是有困难的。我们所能够做的，应该是从这个领域所牵涉的基本概念入手进行描述与分析。

清楚基本概念，再尝试着进行几个相关的基本概念之间的组合，进而理解其联结的逻辑和整体性的意义指向。下面，我们就尝试运用这种从局部到整体的认知方法，来理解移动媒体这个概念的丰富内涵和宽广外延。

一、基本概念一："移动"与"固定"(有线与无线)

顾名思义，"移动"指的是物体主观上可以运动或客观上可以因力的作用从而产生位移的一种物理状态，而"固定"指的是物体位置相对不发生变化的一种物理状态。当将这两个物理学观念映射到移动媒体领域的时候，就产生了对终

端和通信的全新诠释分野——移动终端与固定终端、移动通信服务与固定通信服务、移动网络和固定网络,进而从技术层面上延伸出了"有线与无线"的概念。

在第一章中,我们明确了对于移动媒体如何进行三观建设的问题,下面我们也要依此进行研究。

移动与固定是相对的概念,移动媒体必须依托于物质基础,通过对信息的处置,实现能量的传导和演变,从详细技术的角度看,分别是:

(1)移动/固定通信网络技术;

(2)移动/固定互联网技术;

(3)移动/固定多媒体技术。

移动媒体概念中的"移动"与"固定",从实际层面上说基本都取决于技术设备或者终端。终端从大型化到微型化、从固定到移动的历史演进过程几乎就等同于移动媒体的发展过程。而从更深层次上说,移动网络和固定网络是我们在终端层面对移动与固定进行划分的物理支撑。

从应用层角度来看,移动和固定的概念可以被细分为以下四种情况:

(1)固定信源——移动终端;

(2)移动信源——固定终端;

(3)移动信源——移动终端;

(4)固定信源——固定终端。

(一)移动/固定通信网络技术

搭载着公共交换电话网络(PSTN,Public Switched Telephone Network)的固定网络是历史最为悠久的通信网络。在百余年的发展历程中,固定网络从步进制、纵横制交换发展到数字程控交换,从模拟信令发展到更为成熟和灵活的数字信令,增值业务也由智能网实现。

每一次技术进步,都使网络建设、运行、维护等成本大幅下降,比如单一用户线成本已由原来的数千元降至数百元。特别是软交换技术的出现,打破了固网交换机垂直集成的封闭结构,取而代之的是水平分层的开放结构。该结构将固网交换机的功能分离为可以独立发展的网络部件,各个网络部件之间的通信协议遵从公共的开放标准,实现了业务与呼叫控制的分离、呼叫与承载的分离,网络结构也实现了扁平化。在承载层,该结构采用分组网替代电路网。这些特点使得新业务的开发更加灵活,是网络走向融合的技术基础。

承载移动通信业务的移动网络是发展最快的通信网络。经过数十年的发展,移动网络经历了从模拟技术到数字技术(第一代移动通信到第二代)、从支持话音业务到支持数据传输业务(第 2.5 代)的发展。在 3GPP 和 3GPP2 等标准组织的不断努力下,第三代移动通信系统(3G)和第四代移动通信系统(4G)都已经投入使用,第五代移动通信系统(5G)也即将进入实验性商业运行阶段,特别是近年来提出的 IMS(IP Multimedia Subsystem),可能将成为固定网络和移动网络实现全面融合的基础架构。而移动与固定运营商分别在移动网络与固定网络上为用户提供服务则是我们从服务角度划分的移动与固定定义的外延表现。

在 20 世纪 90 年代,固定网络与移动网络融合(FMC,Fixed Mobile Convergence)的思路被逐步提出,在 FMC 的发展过程中,其发展重点一直在不断变化。在发展初期,FMC 强调依靠智能网进行业务层面的融合,而现在 FMC 则更强调依靠 NGN 整体进行研究和部署。以 ITU-T 为代表的一系列标准化组织在开展 NGN 标准化工作的时候,都将 FMC 放在了 NGN 技术标准化的核心位置。其对 FMC 的定义可以简述为:FMC 关注的是独立于接入技术的网络和业务能力,并不一定指网络物理层面的融合,FMC 关注融合的网络能力和支撑标准;这些标准可以支持一系列连续的服务,而这些服务可以通过固定、移动、公共或私有的网络提供。

从技术层面上讲,FMC 强调的是独立于接入技术之外的网络和业务能力,以固定或移动的方式接入固定或移动、公共或专用网络,提供一系列连续的业务。从用户体验的角度讲,就是用户用一个终端、一个可辨识账号/号码就可以享受全网提供的服务,并且在服务提供的过程中不会感受到网络切换带来的延迟或者停滞,因为网络间的切换将在后台无缝完成。

(二)移动/固定互联网技术

互联网技术发端于 20 世纪 60 年代,在迄今为止的五十年发展过程中,互联网历经了三个主要技术阶段,即从 20 世纪 60 年代开始的 ARPANET 网络起步,到 TCP/IP 模型体系的建立,再到宽带网络技术和下一代网络技术的发展。

由于其早期的互联网技术条件的限制,互联的两端均为大型计算机,同时以有线电缆的方式相连接,双方的位置相对固定,是固定互联网络的发端。目前,我们所使用的通用意义上以网线为连接介质的互联网,基本都可以被划分为固定互联网络,其终端、传输结构等均为固定的。

无线网络技术开始于 20 世纪 90 年代,以无线局域网(Wireless LAN 或 WLAN)技术和无线城域网(Wireless Man 或 WMAN)技术为代表,在经过二十余年的发展后,已经进入应用阶段。目前正在向无线自组网和无线传感器网络方向发展和延伸。

(三)移动/固定多媒体技术

传统定义中的多媒体技术指的是通过计算机对文字、数据、图形、图像、动画、声音等多种媒体信息进行综合处理和管理,使用户可以通过多种感官与计算机进行实时信息交互的技术,也被称为计算机多媒体技术。在定义层面,多媒体技术自身并不存在移动与固定的概念,这里所指的移动多媒体技术,特指以下两种含义:

(1)以移动终端的技术特点和标准为基准所构建的移动媒体内容制作技术体系。

(2)以移动终端的技术特点和标准为基准所构建的移动媒体内容传播技术体系。

其中,移动媒体内容制作技术体系源自传统的数字媒体内容制作技术范畴,根据移动媒体自身的技术特点、用户需求、运作方式,在原有的技术体系内进行了改进。而移动媒体内容传播技术体系则是一个复杂的技术体系,涉及了流媒体技术、数字通信网络技术、计算机技术、信息存储技术等,其主要的技术目的为允许用户在移动终端上接收媒体内容,并对其进行编辑、修改、压缩和分享、再传播,同时,允许相同功能在多个终端之间进行无缝衔接,以最大限度提高使用效率。

(四)有线/无线

由移动与固定这对概念延伸出来的有线与无线的概念,完全是就技术层面而言的。

有线,指的是需要通过线缆互相连接,从而实现能量传导和信息交换的技术方式,其代表设备就是电话。无线则正好相反,指的是不需要通过固定线缆互相连接就可以实现能量传导和信息交换的技术方式,我们日常所使用的手机就是其技术商业应用的最成功范例。

最初的电话完全是通过有线连接的,甚至早期的各个大洲之间的无线电通信也必须通过海底光缆进行有线连接传输。而在大功率电台和卫星技术出现之后,全球范围内的无线通信就成为可能,在各种救灾抢险过程中发挥重要作用的卫星海事电话就是这类技术的代表之一。

二、基本概念二:"媒介"与"媒体"

"媒介"概念的出现远远早于"媒体"。西方词义学中的"媒介"(medium)一词大约出现在 19 世纪末 20 世纪初,意指"事物之间发生关系的介质和工具"。而"媒体"概念则产生于 20 世纪中叶,根据维基百科词条,"媒体"作为术语被首次使用是在 1943 年美国图书馆协会的《战后公共图书馆的准则》一书中。

从词源学上说,"媒"在中国春秋时期是指媒人,《诗·卫风·氓》:"匪我愆期,子无良媒。"《说文》:"媒,谋也,谋合二姓以成昏媾。"媒,说合婚姻的人。现也多指"介绍婚姻的人",除此之外,还延伸为"使双方发生联系的人或事物"。《文中子·魏相》:"见誉而喜者,佞之媒也。"

"介"意指"处在两者之间的""在中间起着联系作用的"。《左传·襄公九年》:"使介居二大国之间。"因而其有"中介""介绍""介入""介质"等词组和用法。

其中,"介质"是指"物质在其间存在和现象在其间发生的物质,也叫媒质"。也就是说,"媒质"——"介质",强调传播过程中的物质和载体,由此我们基本可以确定,"媒介"与其词源词"媒质"和"介质"一起,构成了词义上偏重于传播物质载体的词群。

"体",其基本含义是指"身体"。《礼记·大学》:"心广体胖。"亦指肢体。《论语·微子》:"四体不勤。""物体",物质存在的状态。秦观《圣人继天测灵论》:"天者,道也,而神为无体之体。"其还常指部分,有别于"兼"(全体)。《墨子·经上》:"体,分于兼也。"《经说上》:"体,若二之一;尺之端也。"谓"二"兼"一","尺"兼两"端"。也指整体,如:浑然一体。《仪礼·丧服》:"父子一体也,夫妻一体也,昆弟一体也。"可以看出,前一种用法侧重于物理和生理上的"身体"层面,后一种用法则多用于社会的"组织机体"层面,因而"媒体"也更多地带有具体的传播者、传播机构、传播制度等社会机体方面的意味。

从基本哲学的角度来看,媒介与媒体是相互联系、不可分割的一组概念,媒介的客观性与媒体的主观性、媒介的独立性与媒体的社会性都是相对的,将这种哲学思维用于界定与划分媒介与媒体在现今传播学视野下各自的指涉对象和范围,对于我们辨析概念、对大众传播进行研究乃至进行实践都有着很重要的意义。

从传播学历史的角度来说,由于在前大众传播时代,人们还未充分意识到传播过程中的传播者、传播机构及传播制度等主体性及社会因素对传播效果有着巨大影响,而只重视传播中相对客观独立存在的传播物质形态,所以"媒介"的词义及与之相对应的概念体系主要是用于描述单纯地使两种事物发生关系的、作为中间介质的人或事物。随着传播学理论的进步,传播者、传播机构、传播制度等之前不被重视的要素逐渐被传播学界纳入考虑和研究的范围。学界认为,曾经被认为是客观独立传播中介的"媒介"不能完全表示融合了多方关联及人的主体性与社会性的大众传播介质,"媒体"概念便由此诞生。

从现今传播学的理论来看,媒介的概念是前大众传播时代的产物,忽视了传播过程中人的主体性和社会性对传播效果产生的影响。与之相对应,"媒体"是传播学理论进步的产物,在传播过程中,传播者、传播机构、传播制度与架构等互相关联的个体要素与其所反映的社会性要素共同受到了重视和关注。

三、基本概念三:"模拟"与"数字"

同移动与固定的概念辨析类似,模拟与数字的概念辨析同样将会围绕技术层面展开。

通常我们所说的模拟存在三种常用解释,基本覆盖了现在的所有传播技术领域。

第一种指的是模拟信号通信技术。

模拟信号通信技术是通信学科的早期技术体系。直至 20 世纪 60 年代,业界采用的都是模拟通信技术,即以直接表示信源变化规律的连续取值的模拟信号进行信息传送的通信方式。模拟终端负责将语音、图像等随时间连续变化的物理信号转换成按同样强度、规律变化的模拟电信号,即俗称的电平。

1918 年,世界上第一条架空明线载波电路付诸实用;1936 年,在同轴电缆线路上开通了 12 路载波电话。中国于 20 世纪 30 年代开始在长途干线上采用载波电话。20 世纪 80 年代后期,随着数字通信技术的成熟和光纤传输技术的大量应用,载波电话最终退出了通信舞台,成为通信历史上的光辉一页。

第二种指的是模拟电视技术。

模拟电视就是以模拟信号传输或处理的电视信号系统。模拟信号对应时间轴上连续的、无穷多的值,它完全准确地表示信号电平。从图像信号的产生、传输、处理到接收机对信号的复原,整个过程都是在模拟环境下完成的。其特点是采用时间轴取样,每帧在垂直方向上取样,以幅度调制方式传送电视图像信号。为减轻传输压力,同时配合生理学上人眼对图像重现的敏感度,又将 1 帧图像分成奇、偶两场扫描。由于确定模拟电视主要技术参数时,其相关理论和技术的缺陷,使传统的模拟电视存在易受干扰、色度畸变、亮色串扰、行串扰、行蠕动、大面积闪烁、清晰度低和临场感弱等缺点。在模拟系统中,非线形失真会造成图像明显损伤,如非线形产生的相位畸变会导致色调失真。而模拟信号在处理和传输中,每次都会引入新的杂波,为了保证最终输出的信号有足够的信噪比,就必须对各种处理设备提出较高信噪比的要求。模拟电视平台一般由硬件设备组成,是一个开放的系统,节目播出是透明的,容易受到非法信号的攻击与侵入。

第三种指的是模拟广播技术。

模拟广播技术是一种模拟信号技术,本质上指的是在电波上载荷声音信号,经过电子设备处理获得一种具备一定振幅和频率的连续电波。利用电子设备形成的连续电波,可以通过人为操作改变振幅和频率,在此基础上载荷信息。模拟信号广播系统可以分为模拟信号声音广播系统和模拟信号电视广播系统。

模拟信号声音广播系统先后经历了调幅广播、调频广播、调频立体声广播等阶段。调幅广播信号弱,抗干扰能力差;调频广播抗干扰力强,失真少;调频立体声广播信号质量高,可获得有空间层次的立体声效果。模拟信号广播系统也是一种硬件系统,同时由于其传播方式,也是一个开放的系统,节目播出完全透明,也容易受到外部非法信号的攻击和入侵。现今,模拟广播的主要技术方式是调频广播,是继调幅广播(20世纪20年代开始的)之后的第二代广播,大规模应用开始于20世纪50年代,克服了中波广播的很多不足,如串台严重、频带不够分配、信噪比低等,从而以较低的成本实现了高保真度、宽动态范围、信噪比较高、串台现象较少。目前调频广播主要采用调频—调幅导频制广播制式。在模拟音频技术中,音频信号的振幅是随时间连续变化的,其记录和处理存在着机械传输抖动、媒体本地噪声大及非线性失真等缺陷,在传输过程中克服这些不足的代价极高,而由于技术革新的边际效应,单纯通过挖掘技术潜力得到的改善已经到达极限。在这种情况下,广播技术只有走一条新路才有前途,那就是采用数字音频技术,即把音频信号数字化,并在数字状态下进行传递、记录、重放以及其他的加工处理。在数字音频技术中,音频信号是以数字0和1的形式出现的,在处理信号时,使用软件可得到精确的结果。数字音频信号具有信噪比高、失真少、动态范围大等模拟音频不可比拟的优势。目前在全球范围内,广播体系正在由现行的调频立体声广播技术向数字广播技术演变。

模拟电视广播系统又被称为模拟信号地面电视系统,它利用大气电波收发电视频信号,也被称为无线电视。通过各地的信号发射站、天线塔和电波塔等设施,电视台在大气层以无线电波的方式传送电视频道信号,收视用户通过天线收看电视节目,在没有卫星转发系统的时代,电视台多数以这种方式播放节目。早期地面电视系统所传输的信号全都是模拟信号,模拟信号会受地形地貌的影响,产生折射或者反射,因此会导致电视上出现残影之类的异常画面以及信号不稳定、带雪花等情况。调整天线的方向,或改用具有梳形滤波器的电视机,可稍微改善残影的问题。总体来说,模拟信号地面电视系统在电视发展的早期起到了非常大的作用,但不可否认的是,模拟信号地面电视系统自身存在着严重的缺陷:覆盖面小和频道数量太少(受制于频谱)。尽管可以利用更先进的数据压缩技术来弥补,但始终不如有线电视或卫星电视的频道数量多。伴随着技术的发展,模拟信号地面电视系统也逐渐被有线电视及 IPTV 所取代。早期的卫星电视也采用微波模拟信号,使用者需要用天线进行接收,而目前卫星电视已经全面转向数字化。

我们常说的"数字"包括三种解释:

一是数字通信技术。

数字通信技术是以数字通信技术为基础的一系列通信、计算机及电子学科交集而成的复合技术系统的代称,包括数字通信技术、光通信技术、程控交换技术、移动通信技术、智能网技术、数据通信和互联网技术、宽带通信技术、下一代网络(NGN)技术等,它们构成了现代通信学科的基本框架。

数字通信技术的出现是通信学科发展的一个重要里程碑,它为通信学科和电子学、计算机学科的结合创造了条件。数字通信是以离散的数字信号作为载体进行信息传送的通信方式,包括数字数据信号的传送以及模拟通信信号数字化后的传送。对于后者来说,首先要将随时间连续变化的语音、图像等模拟信号转换成离散的数字信号(即信源编码),这一过程被称为模数转换,在接收端则执行相反的数模转换(即收信端解码)。

1937 年,英国工程师里夫斯(A. H. Reeves)发明了用脉冲的"有"和"无"的组合将连续模拟话音信号转换成离散数字信号的方法,即脉冲编码调制(PCM)技术,标志着数字通信技术的诞生。这一编码技术一直沿用至今。由于技术上的原因,数字通信在 20 世纪 60 年代才开始实际应用。随着电子技术,特别是集成电路和计算机技术的快速发展,从 20 世纪 60 年代中期开始,发达国家日益重视数字通信技术的研究和试验。20 世纪 70 年代,数字程控交换、数字微波传输、数字卫星传输、光纤传输技术均付诸实用,通信界经历了由模拟通信至数字通信演进的换代过程。20 世纪 80 年代末至 20 世纪 90 年代初,数字移动通信系统开始商用,标志着全球通信全面进入数字通信时代。

光通信技术是现代通信学科的里程碑技术之一,是推动通信向宽带化方向快速发展的具有历史意义的技术。1966年,高锟和霍克哈姆发表了题为《光频率的介质纤维表面波导》的论文,指出了利用光纤进行信息传输的可能性,提出"通过原材料提纯制造长距离通信使用的低损耗光纤"的技术方法,奠定了光纤通信的理论基础。1970年,美国康宁公司成功研制了损耗为20dB/km的石英光纤,开启了光纤通信的实用阶段。1976年,中国自主研发的第一根光纤在武汉邮电科学研究院诞生。

程控交换是存贮程序控制交换的简称,是现代通信学科的又一里程碑技术,它开启了通信学科和计算机学科结合的进程。20世纪60年代,随着数字通信技术的成熟以及集成电路计算机的问世,电信业界开始研究如何将计算机控制技术引入电话交换机。20世纪80年代初,数字程控交换技术已经成熟;20世纪90年代中期,中国全面掌握了自主开发大型数字程控交换机的技术。20世纪80年代,引入数字程控技术后,交换机也实现了数字化,由此形成了数字通信网。数字程控交换机是通信技术和计算机技术结合的产物,它的出现是通信学科史上具有重要历史意义的事件,直接推动了通信业的新一轮快速发展。

移动通信也是现代通信学科的一个里程碑技术,是通信向移动化和泛在化方向快速发展的重要基础。移动通信是指处于移动状态的通信对象之间的通信,包括移动用户之间的通信和固定用户与移动用户之间的通信,其通信业务有电话、短信、数据和多媒体业务等。移动通信系统包括蜂窝、卫星、寻呼和集群等通信系统,其中蜂窝系统作为公众移动通信系统,得到了最为广泛的应用(如图2-1、图2-2)。

20世纪70年代,贝尔实验室发明了蜂窝移动电话系统,"蜂窝"这一名称来源于其采用的蜂窝组网结构,也就是所谓的"1G",即第一代移动通信系统,以美国贝尔实验室开发的先进移动电话业务(AMPS)系统、英国的ETACS系统、北欧的NMT-450xit等为代表。中国的1G移动电话服务在2001年已经正式停止。

20世纪80年代中期,2G蜂窝移动电话系统开始投入使用。2G蜂窝系统的最主要特征是完成了从模拟信号向数字信号的转变,让无线通信网络可以提

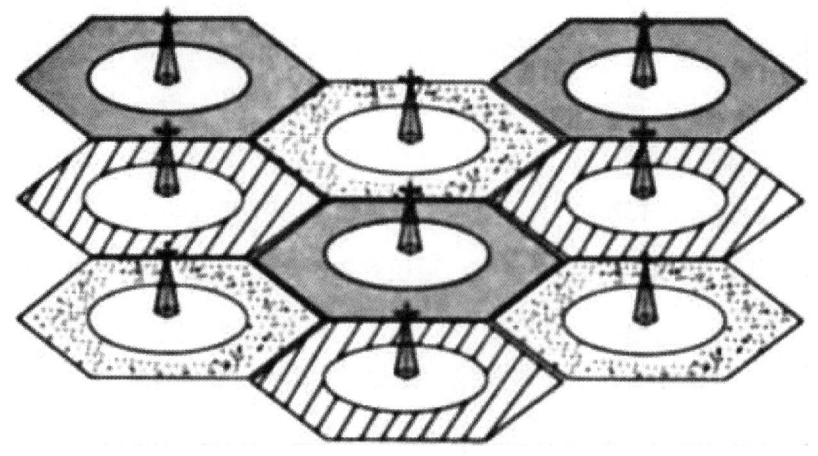

图 2-1 实验室理论状态的蜂窝组网结构图

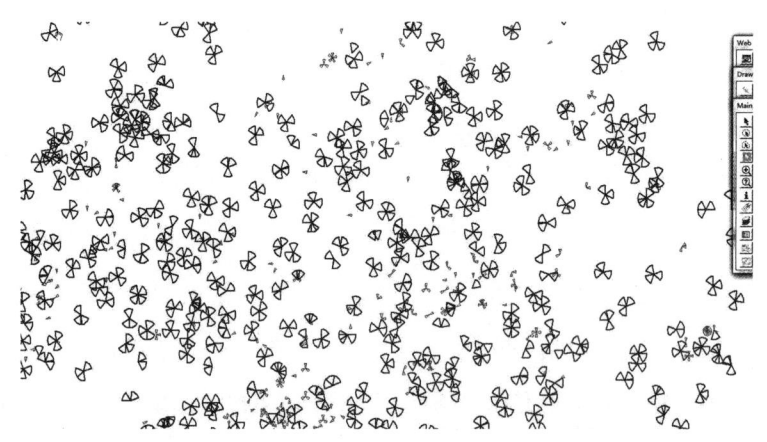

图 2-2 实际运营状态下的网络基站分布示意图

供语音、数据传输等多种业务。其中以欧洲首先推出的泛欧数字移动通信网（GSM）、北美的 DAMPS 系统和日本的 JDC 系统为主要代表。在技术上，又可以细分为 TDMA 技术体系和 CDMA 技术体系，这两种技术体系的细分也使之后 3G 发展时各方势力选择了不同的发展走向。

直至目前，2G 蜂窝移动电话系统依然有着极为庞大的用户群，为接近 30 亿用户提供服务，被 670 余家运营商部署在全球超过 200 个国家和地区，是目前全球应用最为广泛的移动通信技术，可以说，2G 蜂窝移动电话系统正式开启了移动通信的快速发展时代。我国的 2G 移动通信在 90 年代初引进，目前仍在运营使用中。

1985 年,为了满足更多、更高速率的业务以及更高频谱效率的要求,国际电联提出应研制一个世界性的标准,即未来公共陆地移动通信系统(Future Public Land Mobile Telephone System,FPLMTS),后在 1996 年更名为国际移动通信-2000(IMT-2000),并于 1997 年正式开始进入实质性的技术选择和标准制定阶段,从而诞生了后来的 3G 标准。在 ITU 协调下,以 IMT-2000 统一命名的 3G 系统有欧洲的 WCDMA、北美的 CDMA-2000 和中国提出的 TD-SCDMA 三种主要技术标准。3G 是在 2G 的基础上演进的以宽带 CDMA 技术为主,同时能够支持高速数据传输的蜂窝移动通信系统,其业务的主要特征是可提供移动宽带多媒体(如语音、数据、视频图像)业务,并可以保证较高的服务质量。

2005 年,以高速分组接入(HSPA)无线技术为核心的演进 3G(E3G)系统被提出,下行数据速率可达 14.4Mbit/s,目前已在实际网络中部署应用。处于进一步研究中的技术是面向后 3G(B3G)系统的长期演进计划(LTE)以及面向 4G 的先进长期演进计划(LTE-Advanced)。4G 和 LTE 项目名义上是对原有的 3G 系统所做出的发展,但事实上它对 3GPP 的整个体系架构都进行了变革,使原有的蜂窝构型逐步趋近于典型的基于 IP 的宽带网络的架构,允许为用户提供高速、高质量的影像服务和数据服务,数据传输速率更高、延迟更低、覆盖范围更广。2014 年,我国正式对三大运营商下发了 4G(TD-LTE)牌照,标志着我国 4G 商用的正式开始,2014 年也被称为我国的 4G 元年。仅在 2014 年,我国新增 4G 用户就达到了 9728.4 万人,截止到 2015 年,我国 TD-LTE 用户已经超过 4 亿人。

智能网是网络与交换领域的重要技术,它和程控交换技术的结合推动了通信向智能化方向发展的进程。1984 年,在贝尔系统解体的大背景下,为了快速推出新业务、提高本地运营商的竞争力,美国贝尔电信研究所提出了智能网的概念,即在数字程控交换网之上再构建一个专门用于提供增值业务的业务网络。1992 年,ITU-T 推出了第一个智能网全球标准,中国在 1995 年推出了国内智能网标准,其后智能网在全球广泛部署,不但应用于固定通信网,而且也应用于移动通信网,使运营商在很长的时期内能持续获得盈利。

电报数据通信是最早的通信学科技术,但近年来,快速发展的分组交换数据通信技术深刻地影响了通信学科的发展方向,促进了通信网络与计算机网络技术的相互竞争与渗透。数据通信始于20世纪60年代。最早的数据通信采用的是电路交换数据传输技术,即利用调制解调器(modem)将数字信息转换为模拟信号后在公用电话网的线路上传送,其速率很低,一般不超过9.6kbit/s。20世纪70年代,分组交换技术出现,利用统计复用有效地提高传输资源的利用率和数据通信的吞吐量。最早的分组交换技术标准就是由国际电联于1976年标准化的X·25协议,它属于低速数据网,其数据传送速率不大于64kbit/s,在20世纪90年代前得到了广泛的应用。与此同时,它还提出了基于租用线概念的数字数据网(DDN)技术,利用半永久连接的数字通路为用户提供端到端的数字数据专用传输信道,其数据传输速率可达2Mbit/s,在20世纪广泛应用。

下一代网络技术体系的提出源于互联网的冲击,它是当前通信学科重点研究的内容之一,汇集了多个通信领域和其他相关学科的知识,是通信向融合化方向发展的重要基础。1999年初,ITU-T电信标准咨询组(TSAG)提出,国际电信标准化的研究方向调整为以IP网络技术和移动通信技术两大内容为核心,将GII的网络基础技术由ATM调整为IP,引发了通信网历史上最为深刻的变革。21世纪初,通信界提出了下一代网络(NGN)的概念,这是一个非常宽泛的概念,一方面体现了技术变革的深刻性和广泛性,另一方面也反映了技术变革的不确定性。

二是数字电视技术。

数字电视(DTV)是将电视信号的采集、编辑、传播、接收整个广播链路数字化的数字电视广播系统。数字电视最突出的特点是:画面清晰度高、声音保真度高、频道资源丰富、具有强大的可扩展信息功能。数字电视是电视数字化和网络化之后的产物。与传统的模拟电视相比,数字电视可以同时传输和接收多路视频信号和其他数字化信息,同时令信息数字化存储,以便观众随时调用。数字电视采用有条件接收技术,平台由硬件和软件两部分组成,是个相对封闭的系统。有条件接收技术是CATV通向数字化、网络化、交互信息化的必要技术基础。有条件接收系统不是一个独立系统,它是附加在传输信息中的,既有点对面传输的要求,又有点对点传输的特征,而在全数字传输系统中还要满足符合 MPEG-2 码流的复用格式,因此它具有通用和专有双重特性。数字电视信号的还原相对较复杂,需要经过一系列软件信息的配合,主要包括频率或频段扫描、QAM 解调、解密与解扰、MPEG-2 解码等过程。只有经过以上四个步骤才能将音视频信号在电视机中显示出来。

三是数字广播技术。

数字广播技术指的是用数字编码技术和解码技术完成数字化音频、视频以及各种数据信号的信息采集、录制、播出、传输和接收的全过程。其中包括数字音频广播体系和数字视频广播体系。

从世界范围来看,数字化是广播技术发展的必然进程,其中的技术体系因应用国家的不同而有一定差别,但毫无疑问的是,数字音频广播将会成为继传统的中短波调幅广播、FM 音频广播之后的第三代广播体系。其技术本身由两部分组成,一部分是记录声音的数字音频技术系统,一部分是由广播卫星和发射系统组成的传播技术系统。数字音频广播技术首先应用于数字音频设备,广播设备的数字化也随之更新换代,结合计算机技术的数字音频工作站的应用让广播产品的生产变得更加全面、快捷、精细,让产品制作、编辑、交换、传递、播出全面进入数字化、网络化的管理模式。

数字视频广播体系脱胎于之前的模拟信号电视广播系统。模拟信号电视广播系统的数字化工程已经全面铺开,数字化信号替代模拟信号后,其清晰度和细致度相对于模拟电视要提高很多。此外,数字电视还有抗干扰能力,使画质不受气候的影响,现在还能提供各种交互功能和软件升级功能。因此,数字电视是目前地面电视广播系统的发展趋势。

四、基本概念四:“新”与“旧”

“新”指的是刚出现或刚刚经历,如王维的《送元二使安西》:“渭城朝雨浥轻尘,客舍青青柳色新。”同时也可以指性质上可以变得更好。“旧”所指的是过去的、曾经有过的,与“新”相对,如《左传·僖公二十八年》:“舍其旧而新是谋。”

在传播学领域,对于“新”“旧”,我们听得最多的是关于新媒体与旧媒体的,这里的"新"与"旧"也是我们将要仔细辨析的。

在基本概念二的内容里的关于"媒介"与"媒体"的概念辨析中,我们已经明确了媒介所代表的对象是社会系统中相对客观、独立的传播部分或方式。从大众传播的角度来看,媒介一方面可以指传递信息的手段、方法,如语言、文字、声音、图像等;另一方面可以指传递信息的载体和方式,如报纸、广播、电视、互联网等。这些都是社会系统中相对物化的部分。而媒体所泛指的对象则是在社会系统中具有主体性与社会性的传播部分。从大众传播的角度来看,媒体侧重于指专门从事信息采集、加工、生产的社会性组织机构或个人,如电视台、广播台、报社等。这些指的是社会系统中相对人格化的、主动的部分。

在以上分析中,我们发现"新"和"旧"实际上是两个相对的概念,而新媒体与旧媒体,或者说是新媒体与传统媒体也是两个相对的概念。相对于传统媒体而言,较新的就是新媒体,新媒体往往兼具多种媒体的特征和特长。

随着技术的不断发展、互联网的进一步扩展、移动互联网的兴起,在新媒体领域出现了一批"传统新媒体"。与新兴的社交媒体和移动媒体相比,百度等互联网引擎核心企业已经被划入传统新媒体的部分,以搜狐为首的四大新闻网站和垂直互联网媒体也已被默认为传统媒体。在传统意义上认为的新媒体的领域内,也划分出了新媒体与传统媒体,这也从另一个角度说明了我们之前对于"新"与"旧"的对比定义,即新媒体与传统媒体永远是相对而言的概念。我们必须深入到媒体相对稳定的核心层面去看待问题,因为任何表面化、浅层化的所谓定义都不可能切中研究对象的本质特征。

清华大学的熊澄宇教授在人民网上发表的《新媒体与文化产业》一文中指出:"所谓新媒体是一个相对的概念,'新'相对'旧'而言。从媒体发生和发展的过程当中,我们可以看到新媒体伴随着媒体的发生和发展在不断变化。广播相对于报纸是新媒体,电视相对于广播是新媒体,网络相对于电视是新媒体。今天我们所说的新媒体通常是指在计算机信息处理技术基础之上出现和影响的媒体形态。这里有两个概念:一个是出现,是指以前没有出现的;一个是影响,所谓影响就是受计算机信息技术影响而产生变化的,这两种媒体形态是我们现在说的新媒体。"①

新与旧一样,都是相对的,同时是快速变化和随时推进的概念。

(一)模拟媒体与数字媒体

从历史进化的角度来说,模拟媒体可以被认为是数字媒体的前一代技术系统。一方面,数字媒体正在取代部分模拟媒体的功能,例如电视、广播;另一方面,模拟媒体正在应用数字媒体的部分技术并继续进化。因而,以模拟和数字来区分媒体的方式正在逐渐失去作用,二者逐渐趋同。

从技术系统的角度来说,模拟媒体和数字媒体所指的是以模拟信号技术或计算机数字技术为核心的媒体技术体系,其中包括内容生成技术、信息处理技术、传播技术、储存技术、终端技术、应用技术等。模拟媒体技术系统较为简单,往往集中于电子、电磁科学领域,数字媒体技术系统则较为复杂,学科涉及范围也较广泛。

从使用层面的角度来说,模拟媒体时代,媒体被掌握在少数掌握着资源和渠道的大型媒介机构手中,媒介渠道也局限于传统领域,包括电视、广播等。而数字媒体在现今几乎无处不在,由于其技术门槛的降低,媒体不再只属于某一类特定人群,而开始被普遍大众所掌握,数字媒体的技术也逐渐被模拟媒体所利用。数字媒体在影响力和使用层面上都远远超过模拟媒体。

(二)新媒体与传统媒体(第几媒体的说法)

以前人们认为,美国 CES(哥伦比亚广播电视网)技术研究所所长、NTSC 电视制式的发明者 P. 戈尔德马克(P. Goldmark)是"新媒体"概念的首创者。他在 1967 年发表的一份关于开发 EVRC(Electronic Video Recording)电子录像商品的计划中第一次使用了"新媒体"(New Media)一词。1969 年,美国传播政策总统特委会主席 E. 罗斯托(E. Rostow)在提交尼克松总统的报告(即著名的《罗斯托报告》)中更是在多处使用了"新媒体"的概念。由此,"新媒体"一词

---

① 摘选自人民网《专家在线》栏目对熊澄宇教授的访谈,http://media. people. com. cn/GB/35928/ 36353/3160168. html.

风行美国并很快蔓延到欧洲,不久便成了一个全球性的新名词。

而这种定义在近些年被认为是不确切的,"新媒体"的概念至少可以追溯到20世纪50年代。例如,1959年,马歇尔·麦克卢汉在参加一个名为"与时间赛跑:高等教育新视野与要务"的会议时作了名为"电子革命:新媒体的革命影响"的讲座,在这个讲座中,麦克卢汉宣称:

从长远的观点来看问题,媒介就是讯息。所以社会靠集体行动开发出一种新媒介(比如印刷术、电报、照片和广播)时,它就赢得了表达新讯息的权利。……印刷术把口耳相传的教育一扫而光,这种传授方式构建于希腊-罗马世界,靠拼音文字和手稿在中世纪流传下来。几十年之内,印刷术就结束了长达2 500年的教育模式。今天,印刷术的君王统治结束了,新媒介的寡头政治篡夺了印刷术长达500年的君王统治。寡头政治中,每一种新媒介都具有印刷术一样的实力,传递着一样的讯息。……电子信息模式下的讯息和形式是同步的。我们的时代所得到的信息不是新旧媒介的前后相继的媒介和教育的程序,不是一连串的拳击比赛,而是新旧媒介的共存,共存的基础是了解每一种媒介独特的外形所固有的力量和讯息。①

麦克卢汉在文章中所表述的新媒体明显和我们所说的"传统媒体时代的'新媒体'"不同,他所指的"印刷术、电报、照片和广播"在我们的理解中往往被归于旧媒体和传统媒体的范畴。但是麦克卢汉敏锐地指出,凭借电子技术和手段,各种文化和各个媒介发展阶段的并存给人类提供了解放的手段,使我们能够从单纯媒介的感知奴役中解放出来;媒介在各个发展阶段的特定倾向对人的感知都是一种奴役。他断言,有了电子媒介之后,我们就从这种奴役状态中解放出来了。从这个角度可以看出,将P.戈尔德马克视为"新媒体"概念的首创者是不合适的。

近几年,我们对于"新媒体"这个概念越来越熟悉。随着数字信息技术的发展运用,新的媒介形态不断涌现,人们需要一个全新的概念来统称这些不断涌

---

① 麦克卢汉.麦克卢汉如是说[M].何道宽,译.北京:中国人民大学出版社,2006:3.

现的新兴媒体。同时,新的媒介带来了全新的传播生态环境,这种革命性的变化在传播学上也需要一个具有分水岭意义的全新概念,以用于传播学说的演进和发展。这也是我们使用新媒体这个概念的缘起。

中国传媒大学广告学院院长黄升民教授认为:"可以肯定的是,新传媒是在数字技术和网络技术的基础之上延伸出的各种媒体形式。'新'会最根本地体现在技术上,同时也会体现在形式上。有些新媒体是崭新的,比如互联网,有些新媒体则是在旧媒体的基础上引入了新技术的新旧结合的媒体形式,比如电子报纸、数字电视、手机媒体等。"

不过值得注意的是,在通信和传播领域出现了很多在新技术基准下产生的新工具,如数字电视、移动电视、IPTV、博客、手机电视、户外广告等。多种形式的技术手段都以"新媒体"自居,希望占领行业滩头。而学界对于新媒体的定义也逐渐呈现越发宽泛的趋势,某种意义上几乎所有与数字技术有关的媒体都已经被划入了新媒体的范畴,这就是我们看到的多数关于新媒体的描述和评价文章逻辑混乱的原因。

在法国学者弗兰西斯·巴尔和杰拉尔·埃梅里的著作《新媒体》中,开篇就提出了此书希望解答的重点问题:新媒体的"新"究竟体现在哪里?"是指某一种酒是新的,还是像安德烈·舍尼埃谈论一种'新思想'那种意义上的新",因而"是在为某种最近才第一次出现的事物定性呢?"还是"像人们说某一种艺术、某一种风格、某一种语言是新的那样呢? 就是说一种未见过的、新颖的、创新的东西,与传统的、固有的相反"。"是否更应该认为,'新'这个形容词仅仅指状况的变化;各种媒体只是在它有不同的作用或追求不同目的时才成为新的呢? ……电视文字广播和星状结构的有线网络这样一些通信系统,从更完全的意义上来说是新的:它们实际上允许人与人之间或人与机器之间实现前所未有的通讯,与迄今已知的和试验过的通讯是根本不同的。"[①]

现在学界流行的观点认为,"新媒体"需要具有鲜明的时代特征,就当下的技术趋势而言,最能体现新媒体本质特征的是新技术条件下产生的数字媒体与

---

① 巴尔,埃梅里.新媒体[M].张学信,译.北京:商务印书馆,2005:6.

传统媒体的数字化融合及其过程。新媒体的本质特征,应该从媒体互动的新方式、媒体技术之间的融合、媒体产品的互相依赖与重叠等因素中寻找。在现今的媒体环境下,我们倾向于将"新媒体"的概念定义为"'以数字媒体为核心的新媒体',它是通过数字化交互性的固定或者即时移动的多媒体终端向用户提供信息和服务的传播形态。"①与学界认定的"数字媒体也可以被理解为制作过程的数字化"这一点相比,对于新媒体或者说数字新媒体而言,趋近于无限的包容性才是新媒体不同于传统媒体的重要特征。

新媒体的存在方式和人们对它的理解方式都在随着学界和业界的变化而变化,但是其本质是无法变化的,新媒体是以数字技术为本质的媒体。在报纸、广播、电视、电影之后,网络媒体曾经被很多人称为"第四媒体",而在移动媒体业已出现的现在,手机媒体又被顺应地定义为"第五媒体"。不过有趣的是,无论是网络媒体抑或是移动媒体,在其出现的初期,都被业界和学界"理所应当"地称为新媒体。实际上,如此草率的命名方式的本质之中隐含着一套以是否以数字媒体为核心或者以数字技术为依托的选择逻辑规则和标准。

"第四媒体"的概念于1988年5月在联合国新闻委员会年会上由时任联合国秘书长安南提出。他呼吁:在加强传统的文字和声像传播手段的同时,应利用最先进的第四媒体——因特网,来加强新闻传播工作。1999年4月14日在北京召开的第二届亚太地区报刊与科技和社会发展研究会,首次明确了"第四媒体"的概念。当时,新华社播放的通稿中是这样描述的:"中外专家提出,以因特网和信息高速公路为主体的'第四媒体'的影响力在10—20年之内将可能超过报刊、广播、电视。"以"第四媒体"为代表的理论体系中,按照传播方式分类法可将媒体划分为"以纸为媒介的传统报纸媒体""以电波为媒介的广播媒体""基于电视图像管波的电视媒体"和"基于互联网传播的网络媒体"四个不同阶段。在先进的技术条件下,因特网不仅具有传播信息的媒体功能,还具有电子邮件、电子商务等重要的功能。从狭义的定义来看,"第四媒体"实际上仅仅指的是基于网络这个传输平台来传播信息的网站。

---

① 廖祥忠. 何为新媒体? [J]. 现代传播,2008(5):121-125.

"第四媒体"出现之后，与之相对应的，在手机移动媒体出现时，"第五媒体"的概念也随之"被定义"。学界认为"第五媒体"是以手机或者移动终端为视听终端、终端网络访问为平台的个性化即时信息传播载体，是以大众为传播目标，以定向为传播目的，以及时性为传播效果，以互动为传播应用方式的复合式大众传媒平台。而这一点在现在的技术条件下，已经与网络媒体进行了深入对接，本质上和"第四媒体"没有区别。因此，在现在的发展趋势和情况下谈论"第五媒体"尚不成熟。

笔者认为，数字移动媒体是依托于数字技术和无线通信技术，以移动数字终端为载体，通过可以运行各种软件及相关应用平台的多种平台，以文字、图片、视频等方式展示信息和提供信息处理功能，并向社会和用户提供随时随地的信息交换和应用服务的媒介系统。

在此基础上，笔者对数字媒体产业做出如下定义：数字移动媒体产业是以互联网技术和通信技术为基础，通过移动终端，采用无线通信方式获取业务和服务，并向社会和市场提供随时随地的信息交换与应用的企业集群。它横跨通信、互联网以及终端、软件、应用和服务等多个领域，是网络、应用、终端、用户四大结构层次高度整合和合作的产业，是终端、软件、应用三大层面的生产活动的产业集合体。数字移动媒体的核心价值是帮助人类社会实现随时随地随身地交换信息、使用信息。这一价值的实现，需要充分调动社会经济资源和生产能力，是政府、企业和消费者全面参与、协力创造、分享的共同成果。

因此，厘清数字移动媒体的各个关键构成力量、参与力量，明确各参与角色之间的依存互动关系，是我们深入理解数字移动媒体的重要前提。

从产业经济学的角度看，数字移动媒体已经实现了产业化，形成了比较完整的产业链，并呈现出自成特点的产业组织特性。我们将在第五章中详细阐述这一概念。

第三章　移动媒体的角色

■ 本章重点

移动媒体的传播功能、移动媒体的经济功能、移动媒体的社会功能

三网的大关系

摩尔、梅特卡夫、吉尔德、长尾、信息经济的理论

移动媒体是人类社会的发明成果,在社会生活中扮演了重要的角色,产生了全方位的深远影响。概括来看,移动媒体主要有三大典型功能:一是传播功能,二是经济功能,三是更广泛的社会功能。

一、移动媒体的传播功能

传播功能是移动媒体的基础性功能。

传播的本质就是信息的运动。传播涵盖了人类对信息的采集、处理、交换、保存与使用的方方面面。可以说,传播是人类社会形成与发展的关键性机制。从最初的语言、文字等符号系统的发明,到龟甲、棉帛、纸张等各类信息记录保存载体的发明,再到印刷术、电波技术、网络技术等的高速发展,人类社会的传播水平和传播能力得到了全面提高。数字移动媒体继承了人类社会的既往传播成果,并有所创新与拓展,目前已经成为现代社会传播领域的重要构成因素。

(一)数字移动媒体的传播功能

1.传播的能力

依托数字化、无线网络化技术建立的数字移动媒体,在信息的类型、传输的模式、传输的速度、收发的方式等方面都有其独特性。与传统大众媒体和线缆类媒体不同,数字移动媒体很好地实现了全球范围内、方式多元的无线型高速信息交换,满足了人们随时随地开展传播活动的需求。数字移动媒体的大发展,赋予了人类社会更自由、更高效的传播能力。

2.传播的模式

数字移动媒体兼容并包的技术特性和广泛的应用情境,决定了其传播模式具有很强的灵活性和融合性。"自我传播、人际传播、组织传播和大众传播"是传播学归纳的四种经典传播模式。伴随计算机网络技术的发展,逐步形成了更具灵活性和融合性的新型传播模式——网络传播。可以说,网络传播不但是对既有四类经典传播模式的继承、集成及发展,而且自成一体。数字移动媒体的传播模式,具有很强的时代特性,近阶段也深深地打上了互联网的烙印,呈现出以网络传播的新型模式为主体、兼具其他传播模式特性的大融合状态。

(二)四种经典传播及网络传播模式的特点

1.自我传播

自我传播也被称为内向传播、内在传播或人内传播,是指发生在人的身体内部的信息交流活动,是自己对自己的传播。在这个过程中,信息的发出者和接收者是同一个人。它的发生和产生反馈,是由人的自我感觉和自我意识构成的。

自我传播的表现方式主要是个体的个人意识和思维活动。在这样的抽象意识层面,信息是否存在双向的流动? 信息传播是在哪两个"主体"之间发生的? 虽然个体外传播的过程可能并不适用于解释自我传播的过程,然而学界依然用"主体间信息互动"对自我传播作出了解释。被普遍接受的解释是:人的意识中存在着多元的"自我",自我传播就是这些不同"自我"之间的信息互动。

2.人际传播

人际传播指的是作为独立社会个体的人和人之间的互相认识、互相吸引、互相作用的社会关系网络及其关系。

基于人际传播媒体形式的差异,我们还可以进一步把人际传播划分为直接传播和间接传播两种形式。所谓直接传播,指的是自古已有的传播者和受体之间无需经过传播媒介而面对面直接进行信息交流的过程。直接传播主要是通过口头语言、类语言、体态语的传递进行信息交流。而间接传播是指在现代社会里的各种传播媒介出现后,人际传播不再受距离的限制,可以通过这些传播媒介进行远距离交流。这就大大拓展了人际传播的范围。

人际传播具有明显的社会性特征。个人的自言自语这类仅仅为了满足自己的需要而发出的声音,不会构成人际传播。人际传播中的语言是具有社会性的语言。每个人都是信息的发出者,同时又是信息的接收者,即在影响别人的同时,也受到他人的影响。

3.组织传播

组织传播指的是组织成员之间、组织内部机构之间的信息交流和沟通。具体地说,组织传播是由各种相互依赖的关系结成的网络,是为应付外部环境的不确定性而创造和交流信息的过程。它的根本任务是清除或减少组织及组织成员对自身环境的不确定性,增强组织内部的联系。

在现代社会中,几乎每一个人都在一定的组织内工作和生活,上到国家机关,下至群众团体。组织沟通是疏通组织内、外渠道,密切组织成员及组织与组织之间关系,完成组织任务的重要条件之一。组织传播是公共关系工作的一部分。良好的组织传播,可以增强组织成员对组织的目的、利益、价值观念等方面的认同,同心协力地去完成既定任务。

组织传播对于稳定组织成员、应对外部环境变化,维护和促进组织的生存、发展都有着重要的作用。通过组织传播交流思想、观念、消息与情感,也是组织成员之间增进了解、相互配合的一种方法。在现代社会中,组织传播开展得如何,对组织既定目标的实现及其发展将产生直接影响。

组织传播是组织活动的源泉。积极有效地开展组织传播活动,可以使组织中的各种机制运转正常、保持活力。同时,组织传播又是组织关系的"黏合剂",它的直接目的是稳定组织内部成员,协调组织与组织以及组织内部成员间的关系,适应各种不同的环境,维持自身的生存和发展。由此可见,组织传播既是人类传播活动的方式之一,同时又是公共关系理论的一部分、公共关系工作的具体工作方式之一。

4.大众传播

大众传播是一种信息传播方式,是特定社会集团利用报纸、杂志、书籍、广播、电影、电视等大众媒介向社会大多数成员传送消息、知识的过程。大众传播(Mass Communication)作为人类最重要的传播形式,是指专业化的媒介组织通过一定的传播媒介,在国家的管理下,对受众进行的大规模信息传播活动。大众传播改变着人们的工作方式和生活方式,改变着人们的传统观念。不过,这一定义仅指传播的单向过程,不包括反馈。随着大众媒介的发展,大众传播将成为双向过程。1945年11月在伦敦发表的《联合国教科文宪章》中首先使用了这个概念。

大众传播有传者、信息、大众传播工具和受众四个要素。它与其他传播现象的根本区别在于:它在传者与大量的受众之间插入了一种或多种联系两者的传播工具。因此,大众传播也被称为通过传播工具进行的传播。

5.六度分隔理论

六度分隔(Six Degrees of Separation)理论又被称作"六度空间"理论。1967年,哈佛大学的心理学教授斯坦利·米尔格兰姆(Stanley Milgram,1933—1984)想要描绘一个连接人与社区的人际联系网。他做过一次连锁信实验,结果发现了"六度分隔"现象。简单地说,你和任何一个陌生人之间所间隔的人不会超过五个,也就是说,最多通过五个中间人你就能够认识任何一个陌生人。

对于六度分隔理论的最近一次的著名验证,是美国哥伦比亚大学社会学系的瓦茨教授领导的研究小组利用互联网所做的一次非常直观的实验。他们建立了一个网站，让每一个参与的志愿者在网站上注册，然后让志愿者通过这个网站把电子邮件发给最可能完成任务的亲友。这场互联网接力赛的终点是分布在不同国家的 18 个人，包括纽约的一位作家、澳大利亚的一名警察以及巴黎的一位图书管理员等。在一年多的时间里，来自 166 个国家和地区的 6 万多名志愿者在网站上注册、参与这项实验。结果，大部分电子邮件只花了 5 到 7 步就传递给了目标，这正是六度分隔理论的一个实证。

(三)网络传播模式及其进化

1. 网络传播模式的三个发展阶段

第一阶段是以大规模 Web 网站为核心的"大众门户"阶段。

在这个阶段，大规模聚合型 Web 网站作为信息的采集者和聚合者，以与传统的大众媒体几乎相同的"点对面"的传播模式，向需求不同、层次不同的网民进行统一的"信息供给"。这些大型聚合型 Web 网站成为网民上网时的"门户"。尽管在细节层面上，网民作为选择主体选择的网站各不相同，也就是经过的"门户"不尽相同，但毫无例外的，他们都是通过各种类型的门户网站获得新闻等公共信息的。即使有些网民的主要活动区域集中于 BBS 等软性网络 Hub，但从新闻信息的获取角度来看，网民群体对于门户网站的依赖性是很强的。

第二阶段是以搜索引擎为基础的"定向索取"阶段。

搜索引擎本身并不产生信息，搜索引擎只进行信息的传播和能量的传导。搜索引擎的核心是给网民提供选择的权利，允许网民根据需要选择信息，并为此提供有效的工具。在这种传播模式中，网民本身的主观能动性得到了有效加强。从传播学的角度来看，网民从单纯地被动接受信息，变为了有意识地主动搜寻信息，搜索引擎提供的渠道允许网民主体淡化网站传播中编辑的影响，也可以让信息获取的目标更加明确。网民的索取需求成为信息聚合的新依据，门户网站不再单纯地依靠编辑，而是依靠网民对信息的需求程度来确认信息的聚合方式，网民的选择开始影响网络 Hub 的信息选择。

第三阶段是以社会关系和人际关系为传播渠道的"个人门户"阶段。

在这个模式中,作为网络社会主体的个体对于网络 Hub 和搜索引擎的依赖都大为降低,技术的扩展和网络交际与人际交往的相互渗透允许网民在网络中搭建自己的"个人门户",这种个人门户网络通过社会关系和物理网络与外界联系,成为人们获取信息的双向频道。

到目前为止,对于这三个模式,并未出现后者完全取代前者的情况,而是存在并存的现象。但从对网民群体和网络社会的影响力来看,有后来者居上的趋势。我们也可以从全球网站排名的变化之中看到不同模式的影响力的变化。在互联网产生早期,代表大众门户模式的 Yahoo、Sohu 等网站曾长期占据全球流量的前几位;伴随着网络的发展,Google 和 Baidu 等搜索引擎取代了门户网站的位置;目前,以 Facebook、微博等个人门户为代表的网站开始取代搜索引擎的领跑位置。

网络传播模式的变迁从本质上来看是信息传播主角的变化。第一代模式是以网站和编辑为代表的主角模式。第二代模式中,工具取代人成为主角。现在的第三代模式中,用户取代工具重新成为主角。在这种变化过程中,用户的个性化需求得到了越来越充分的尊重和满足。

2. 网络传播模式的特点

网络传播模式是传统的大众传播模式的延续。传统的大众传播模式的特点为:

第一,网站(传播媒介)与网民的地位是天然不平等的。网站作为天然的网络软性 Hub,是传播的中心。网站对于传播的控制力是强大的,网站编辑作为信息的控制者对内容的取舍和修正直接影响着网络个体获得信息的范围和质量。网络结构中存在网民进行反馈的机制和模式,但是网民本身在信息的获取层面上依然是被动的;另一方面,利益方因其对网络的控制,在一定意义上也可以对传播本身进行控制。

第二,大型聚合型网站作为网络 Hub,其信息本身是单级传播的,即从网站直接导向网民(受众),从结构上看并不存在中介渠道。网络受众会随着登录、订阅等步骤的完成直接获得或者检索到所需要的信息,同时可以通过技术手段保存数字痕迹以便更新或者再浏览信息。

第三,面对网民数量的扩张,聚合型网站作为网络 Hub 只允许进行几乎无差异的信息供给。聚合型网站对用户是半开放的,技术上无法做到为所有用户提供个性化的页面信息。由于用户数量庞大,聚合型网站只能尽可能多地提供信息以弥补个性化分众服务的缺失,将搜索和选择的成本由网站端转嫁给用户。

第四,网站内容的传播效果,只能根据受众的规模进行粗略预测,无法对信息的准确落点和是否到达进行统计和分析,也很难对受众的信息接收程度和深度进行判断。网站的竞争同时也被局限在规模的竞争中。将用户数据和使用足迹作为判断信息的准确落点和是否到达的依据,在近期才逐步被网站所接受。传统的大型网站需要将用户数量上的优势转化为数据积累和挖掘上的优势,从而转化为对信息的准确落点和是否到达进行统计和分析的优势,以及对受众的信息接收程度和深度的判断优势。

第五,网站在网络的发展过程中,自发地进行演化。网站以满足用户需求为前提,进行规模和产品线的扩张,经营产品和扩展产品线成为网站的主要目标,但这些产品的生产和规模化运作都是以网站为主角进行的。对有限的用户资源的争夺成为网站的首要目标。所以,在网站的发展过程中,要求以用户的需求为核心进行产品开发和运作,而在这个过程中,网站并不接收用户生产的信息,只是单纯地从网站的角度搜集信息,在整理归纳后将其提供给用户。

而在新的个人门户时代中,传播模式的特点发生了深刻的变化:

第一,在新的传播模式中,每一个用户(节点)都作为一个传播中心。用户数量的增长,也意味着对用户和用户群体的控制难度的增加。

第二,在新的传播模式中,信息流和能量流是沿着用户群体的社会关系网络流动的。换言之,用户个体和群体的传播网络成了大众传播的"基础网络"和"基础设施"。每一个节点都同时扮演着信息和能量的接受者与传递者。节点与节点之间的社会关系(社会学意义上的个体社会网络)成了新的信息与能量的流动渠道。这也就意味着,在这样的传播模式中,个体关系渠道的数量和质量直接影响着信息流动的深度和能量传播的广度。传播者与传播机构之间的竞争,开始转化为用户"关系"与用户群体"关系网络"的竞争。

第三,在新的传播模式中,技术对传播过程的介入和影响进一步深化,从技术层面对每一个信息流与能量流的落点和流动路径进行直接监视成为可能,受众对于信息的接受程度、由信息引发的意见等,都更容易被观测。以用户的使用足迹和数据积累作为信息来源的技术解决方案正在被更多的网站所接受。从网站的角度出发,网站发出的信息添加了以技术保证的数据印记,并以此作为判断信息流和能量流落点的依据;从用户的角度出发,用户在网络上的数字足迹方便了用户的使用,并进一步使用户的网络行为透明化。

第四,传播层级从单层变成了多层,信息需要通过多次传播才能不断扩大传播效果。但是各个传播层级之间的关系更为平等,扁平化的传播结构成为"裂变式"传播效果出现的基础架构。

第五,在新的传播模式中,每一次传播都可能导致信息的变形——每个传播节点都会在传播过程中对原始信息进行处理。其中,个体意见的附加更为突出。信息在任意传播节点都存在发生异变的可能,因此信息传播过程不再是一个简单的信息复制过程,而是信息不断"繁殖"的过程。

第六,经由社会个体传播网络进行传播的能量流和信息流将会使信息消费的个性化更容易实现。Web 2.0 更侧重于对用户群的解构和重塑,在经过现实人际网络的过滤和筛选之后,由真实的个体和真实的社会关系组成的信息网络成了全新网络架构的基础结构。经过过滤的、可以有效传播的、具备技术互动能力与主观互动价值的信息将可以与受众进行双向的主动匹配。

第七,扁平化的传播层级在理论上意味着传播者之间几乎是完全平等的。即便是传统传播模式时代的专业媒体,如果没有足够多的信息渠道,其内容也极难实现有效传播。相反,在传统大众传播时代不具备任何相对实力的网络个体,如果善于利用网络系统和体系的力量,反而可以在平台上形成自己的影响力。

(四)网络传播渠道的多重属性

网络传播渠道的多重属性主要表现为:技术平台属性、传播媒介属性、经营平台属性、虚拟社会属性。

1.技术平台属性

技术平台属性源于网络存在的基础性选择。现行互联网络依然处在高速发展的技术变革时期,技术体系作为网络存在的根本可能性是网络的核心属性。由复合技术构成的平台化体系成了为用户提供种种服务的技术基础。

与人类历史上的其他媒介技术相比,网络技术的覆盖面要广泛得多,网络的作用也远远超过了单纯的传播范畴。因此,毫无疑问,这一技术所得到的重视远远超过了以往的媒介技术,这也就带来了网络技术的突飞猛进。与之相对应的是,技术在不断发展的同时,也在进一步拓展网络应用的广度与深度,这就推动了与之相关联的政治、经济、文化等各方力量在网络技术领域的介入和投入。技术的进步与网络功能的拓展形成了一种互相促进的关系。

总体而言,相较以往的大规模传媒技术,新的网络技术的特点是:网络技术自身是一种复合技术体系,它与很多技术都存在相互关联和相互渗透的关系,例如计算机、通信技术等。正因如此,其发展脉络更为复杂。在自身的复杂技术之外,它不仅是信息传播的手段,同时也是人与人沟通的手段。网络个体和网络群体的力量对技术发展有着明确的影响。更为重要的是,网络技术不只是一种技术体系,更涉及了社会生产与社会生活的方方面面。因此,网络技术的发展动力更为多元化,更为强劲,也更为复杂。

2.传播媒介属性

由传统门户网站进化而来的新的网络传播渠道继承了前代的传播媒介属性。网络个体与网络群体之间的复杂社会关系取代了传统的传播渠道,构成了新的传播方式,其传播的主动性和惯性都被加强了,而且随着与实际社会体系绑定的不断深入,其在社会系统中扮演的传播媒介角色也被大大强化了。

其传播媒介属性主要表现为:

(1)网络传播具有复合性

①网络系统本质上是一种复合技术系统。多种传播媒介都依靠数字化与网络技术体系结合在一起,在这种技术体系下,网络媒介自身就成了一种复合性媒介。

多种传播媒介形态的相互交织,让网络信息传播的具体过程和结构变得更为复杂。网络媒介的传播可能是点对面的一般大众传播,也可能是点对点的人际传播或者面对点的信息汇聚;可以是单级型的扁平结构,也可以是有明确层级关系的塔状结构;可以是大范围的同步传播,也可以是有时间分布性的异步传播。在这种情况下,任意一条信息流的流动都会具有多种传播形态,在网络技术范畴内的所有渠道中进行不确定级别传播。因此,网络信息的传播往往呈现出复合性传播的特性。在这种过程中,信息流和能量流会伴随着信息的传播和改变而出现放大、扭曲、衰减等多种可能,而这在传统媒体的传播过程中是很难出现的。

在这种复合性传播过程中,一方面,传播者可以根据自己的需要来选择传播方式和组合,从而实现传播效果的最大化;另一方面,由于多种传播形态和形式的复杂关系及相关作用,传播者的原始意图往往并不能得到充分实现,受众对于传播过程和传播效果的影响十分明显。

②网络传播信息手段具有多媒体融合性。网络技术的重要组成部分是数字化技术中的多媒体融合技术,它同时也是数字化信息传播的重要特征。由于网络本身的复合技术特性,网络技术和网络系统本身成为整合多媒体信息的有效平台。

数字化技术允许将文字、图形、图表、图像、声音、视频等不同信息的传播方式转化为基于相同技术标准的形式,并以此为基础进行复制和有效传播。网络系统内的多媒体整合则带有两层含义:

第一,网络系统本身作为一个矩阵技术平台,拥有承载全部形式的信息的能力;

第二,在任意的网络信息流和能量流的传播过程中,可以综合运用多种传播技术和手段。

③网络传播功能具有多重性。从个人层面来看,以个体为核心的网络传播允许社会个体在网络上进行人际交流、个人情绪调节、形象塑造等诸多活动。从社会群体层面来看,以有序归类的社会群体为核心的网络传播允许社会群体在网络上进行群体维系、新群体发展、群体文化交流等活动。从社会层面来看,

以社会及其构成的网络为核心的网络传播在允许社会群体进行社会信息传播、社会舆论形成、社会环境检测等活动的同时,其自身还承担了社会文化发展、社会服务等功能。

传统的媒体是在反映社会,理论上可以解构为一种"拟态社会"。而在网络传播时代,网络传播正在成为社会的一部分,并与线下社会交织在一起。

④网络媒介自身具有公私统一性。网络以其技术的多样性决定了其传播形态的多样性,也决定了网络兼具"公共话语空间"和"私人话语空间"的特性。"公共话语空间"又被称为"公共领域",是德国哲学家于尔根·哈贝马斯提出的一个重要概念。他认为,所谓的"公共领域","首先意指我们社会生活的一个领域,在这个领域中,像公共意见这样的事物能够存在"。它是"介于私人领域和公共权威之间的一个领域,是一种非官方公共领域。它是各种公众聚会场所的总称,公众在这一领域对公共权威、政策和其他共同关心的问题作出评判"。它既可以整合和表达民间的要求,又能使公共权力接受来自民间的约束。

笼统地认为网络是一种新兴公共领域的说法是欠考虑的,因网络本身的特性,也很难在实践中验证这一理论。但是在网络空间内架构公共领域,又是存在可能性的,这也是网络媒介对承担更重大的社会责任的一种有益追求。

从普遍意义上说,网络空间并不存在领域的概念,所以,把网络称为一种"公共话语空间"会更为妥当。"公共话语空间"意味着网络是一个允许个体进行意见表达的公共场所,个体在这样的"虚拟空间"内进行的话语表达,其所表达的内容存在被传播的可能性。这样的空间赋予个体的并不只是单纯地进行话语表达的权利,更多的是一种允许自我表达的权利。由于网络媒介的特殊性,其对社会生活的影响已经越来越明显,对现实社会也产生了可见的干预作用。

与此同时,网络空间并不完全等同于"公共话语空间",在一部分网络承担了部分"公共话语空间"的功能的同时,也有相当一部分的网络空间仍然保持着私人领域的性质。但两者之间的界限并不明晰。

对于网络媒介的公私统一性的认识是十分重要的,一方面,它提醒网络传播的参与者,使其对自己在网络中的言行可能导致的社会性后果有充分的认识;另一方面,有助于我们全面认识网络媒介的作用,不再单纯地、狭义地以"公共话语空间"来界定其概念,要注意到"私有话语空间"的属性和影响。

（2）网络传播具有开放性

①网络传播格局自身就具有开放性。网络传播格局的开放性是宏观层面上网络开放性的体现,这突出地表现在大众传播方面。一方面,传媒机构在传统媒介时代的垄断地位已被打破,传播的参与者可以是有条件利用网络的任何个体,这种开放性使网络传播的格局变得更加多元化与复杂化。而在垄断地位被打破的同时,专业化的传播机构仍然在网络中存在。另一方面,意见的传播格局也是网络传播格局的组成部分,与只存在理论上的反馈渠道的传统媒体时期的架构相比,网络受众的意见表达通道是顺畅的,网络受众的意见也更受尊重。

传播格局开放性的另一层次的概念涉及受众个体和群体的构成。传统媒体时代,专业化的传播机构虽然无法确定具体的传播对象,但是可以大致确定传播对象所处的地理范围,这种基本的确定性有助于媒体定位。在网络中进行传播时,受众个体的定位基准更多地会以人口特征、行为方式、心理等隐性特征作为依据,但是这种隐性特征往往是粗略的,同时网络中个体的流动性也很强。因此,网络受众和群体的构成通常是多变和开放的。

②网络传播的过程也具有开放性。从时间层面上看,网络传播在时间上是完全开放的。与传统媒体相比,网络媒介并不存在时间盲点,对于突发事件或者处于快速发展中的事件的报道完全可以做到即时发布、不间断覆盖、全过程跟踪。这种时间上的开放性,是存在时间盲点的传统媒体所无法匹敌的。从具体的传播和报道过程上看,网络传播过程的开放性也存在两层含义:

第一,网络传播的对象是开放的。传播者无法确定某一条信息会由哪些人接触,他们何时会接触,他们会用何种方式来消费信息等。

第二,网络传播中的信息消费过程具有开放性,主要表现为信息接收环节的非强制性。对于传播者而言,非强制性接收带来了新的挑战,那就是在传播过程中,传播者对于传播效果的把握能力下降。从受众的角度而言,这意味着受众面对信息时有更多的选择,这在给受众带来更多信息的同时,也会造成受众的决断困难。

在网络传播过程开放的同时,基于网络技术的特点,网络传播过程中的所有进程都会被收入数据库中,进入信息的循环阶段。所以,信息的消费过程并不会因为信息传播过程中的进程分散而结束,而是会持续下去。

(3)网络传播具有多级性

①网络传播中的信息流动存在多级性。美国社会学家罗杰斯提出了"N级传播"的模式。他认为,大众传播过程可以分为两个方面:一方面是作为信息传递过程的"信息流",另一方面是作为效果或影响产生过程的"影响流"。前者是"一级"的,而后者则是"多级"的。这一定义对于网络传播也同样适用。

在网络传播中,多级传播不仅仅出现在"影响流"之中,同样也可能出现在"信息流"中,多级传播的作用范围越来越大,程度也越来越高。从技术上看,多级传播基于网络媒介技术,有非常多的组合形式。从总体上看,网络信息的传播通常是大众传播、人际传播、个体传播的组合体,有时也会包括组织传播。根据参与个体数目的不同,其中间环节还可能无限制增加,换言之,传播级数也存在无限扩张的可能性。信息流动的多级性从另一个角度来看是传播的多次性,传播环节的增加也意味着传播次数的增加。多次传播和多级流动扩大了信息流的传播范围和覆盖面,同时也增加了信息变异的可能性,并让信息的影响复杂化。

②信息作品及其消费过程存在多级性。在数字化技术的影响下,网络信息的组织与发布多是采用层次化的结构,这种特殊性使信息作品也成了多级的。传统媒体的信息作品,在呈现方式上是单一层次的,如报纸以空间为载体展示所有信息,广播电视以时间为载体展示所有信息等。但是,网络信息作品,特别是通过网站发布的作品,却是层次化的。

(4)网络传播具有连通性

①网络结构的连通性。从物理和技术架构而言,网络是一个不存在 Hub 概念的无限制虚拟空间,网络上的任意两个节点都是可能连通的。

②网络信息的连通性。超链接和超文本改变了传统意义上的信息结构,允许网络信息以全新的结构呈现。信息之间的联系不再是时间线性的、一元的,

而是网状的、多元化的,网络中存在于不同电脑上的信息可以彼此链接,网站内部、网站之间的各种信息也可以互相关联。

③传播者和受众的连通性。在现在的网络中,传统媒介的垄断状态被打破,与此同时,新技术的应用和网络的扩展赋予了网络内个体构建个人媒体的权利和承担传播功能的义务。传播者和受众的连通成为可能,传播者和受众的相互转换成为可能,传播者和受众的直接连通成为可能。从角色分工的层面看,两者之间的界限正逐渐模糊。

④受众之间的连通性。受众对于信息的选择会受到其他受众对于信息的反馈的影响,同时受众对于网络信息的获取,还会受到自身所处的社会环境的影响,并将其影响反馈到信息的选择和获取中。从受众的角度看,连通性意味着三个方面的影响:其一,受众之间的连通性存在于全网络范围,其影响是最大的;其二,受众之间的连通性意味着信息流和能量流的四通八达,同时也意味着控制难度的提高;其三,受众之间的连通性意味着一种高度的聚合性,它让分散的、隐藏的个人选择外化为一种自动汇聚的集体选择,让个人意见逐渐汇聚成强大的集体声音。但是值得注意的是,这种集体选择和声音并不一定是民间的、理性的,也并非一定会带来积极的效果。

3.经营平台属性

网络自身就具备了作为一个经营平台的可能性,经营活动是网络的核心活动之一,这也是网络系统之所以能在 20 世纪 90 年代以来迅速成长起来的一个重要原因。

(1)网络经济是一种信息经济

在很大程度上可以把网络经济理解为信息经济,它是以信息产品的生产和经营为目的的。美国学者卡尔·夏皮罗和哈尔·瓦里安在《信息规则》一书中指出了信息产品的如下特点:

①信息是"经验产品",即人们必须尝试它才能对它进行评价。建立品牌和信誉是克服这一问题的主要手段。

②信息生产的绝大部分固定成本是"沉没"成本,即如果生产停止就不能挽回的成本。

③信息的丰富造成注意力的贫乏。注意力是稀缺资源。

④龙头企业的产品不一定是"最好的",但是它凭借规模和规模经济享有对较小的竞争对手的价格优势。

网络经济的诸多特点意味着这是一个高投入、高风险、高产出的行业。而对于如何开发信息产品的市场,近年来流行的"长尾理论"具有一定的指导意义。

长尾(the Long Tail)这一概念由《连线》杂志主编克里斯·安德森(Chris Anderson)在 2004 年 10 月的《长尾》一文中最早提出,用来描述诸如亚马逊和 Netflix 这一类网站的商业和经济模式。"长尾"本质上是统计学中幂律(Power Laws)和帕累托分布(Pareto)特征的一种口语化表达。

克里斯·安德森认为,商业和文化的未来不在热门产品,不在传统需求曲线的主体部分,而在于过去被视为"失败者"的那些产品,也就是需求曲线中那条无穷长的尾巴。非主流的、个性化的产品需求,虽然从规模上看仅仅只是需求的尾巴(the long tail),但是,把它们累积起来也能产生与畅销品(body)一样的销售业绩。

将"长尾理论"映射到网络媒介层面时,"微内容"和"巨内容"的比较随之产生。"微内容"指个人的、非公共的内容,与意义重大的"巨内容"相对。在网络语境下,"微内容"常常指的是由网民提供的各种内容。虽然它们只是反映了网民局部的、个性化的需求,但是这些"微内容"集合起来仍然具有巨大的价值。

从生产者的角度来看,网络还使用户在信息生产中扮演了更为积极的角色。《网络利益》一书认为,作为经营平台的网络有以下五个基本特征:

①关于成员的独特中心——在网络上,成员们根据自己的兴趣爱好组成一个个特殊的群体,这使得网络经营活动的目的性更强。但作为商业机构,它的任务不仅仅是销售,还需要聚集购买力,也就是说要组织起群体。

②内容和通信的结合——这两者的结合就是网络的交互性,意味着用户可以主动地制作信息内容。而网络的经营者会帮助用户收集他们可能感兴趣的内容,这是提高"制作内容"质量的重要因素。

③强调由成员生产的内容——由成员自己生产出来的内容,可能比那些用

常规手段生产出的内容更有吸引力,网络的组织者应该给成员提供充分的自由"出版"的机会。

④选择竞争的卖主——虚拟社会里,用户本身有更多机会去寻找不同的卖主。这打破了卖主寻找顾客的传统市场模式。

⑤商业动机明确的虚拟社会组织者——与早期不抱商业目的的网络倡导者不同,现在的网络组织者都有明确的经营目的。

在这五个特征中,我们可以很明确地看到,"成员"或者说网络用户被放到了非常重要的位置上,尤其是网络经营强调"由成员生产的内容",更是将网络参与个体在网络信息生产中的作用提到了优先位置。

(2)网络经济是传统经济的延伸

网络经济作为信息经济的重要组成部分,是一种新兴经济,也是传统经济的一种延伸,这主要体现在两个方面:一方面,网络经营并没有完全脱离传统经营的轨道。从企业自身的经营、运作与管理上看,网络企业还是要从传统的企业经营管理中获得基本的管理经验与管理方法,同时遵循企业运行的基本规律。另一方面,网络经营平台并非是一个空中楼阁,作为一个由复合技术组成的平台,实际上有很多传统产业在支撑着网络经营平台的发展。网络经营平台在现今的大多数经济活动中并没有颠覆传统的经营平台,更多的时候,网络经营平台是作为经济行为的补充,与其他经营平台共同发挥作用的。同时它也是利用网络这一新平台开展传统经营的一种形式,电子商务就是这种形式的典型代表。网络经营对传统产业的支撑是存在依赖性的。

而当传统经济延伸到网络领域时,也会使相应的经营理念和手段发生变化。必须认识到这些变化才能有针对性地处理网络领域内的问题,克服传统经济在网络中"水土不服"的问题,找到传统经济与网络的契合点。对于媒介而言,传统媒介与网络媒介的竞争更为激烈,不仅它们之间要平等竞争,还要与其他各个领域的网络经营者竞争,这对于传统媒介和网络媒介而言都是新的挑战。

(3)网络经济是体验经济的组成部分

体验经济具有这样的理想特征:在这里,消费只是过程,消费者成为这一过程的产品。当过程结束后,体验记忆会长久地保存在消费者脑海中。消费者会愿意为体验付费,因为它美好、难得、非我莫属、不可复制、不可转让、转瞬即逝,它的每一瞬间都是"唯一"的。

从网络经济角度看,体验可以从以下三个方面去开发:

第一,内容或服务带来的体验。例如,写博客带来的体验、网上购物带来的体验……网站开发服务的目标并不只是提供信息、知识,它要为个人提供各种独特的体验。

第二,社区带来的体验。网络社会的形成与发展、人与人关系的建立与维护,都会给社区成员带来独一无二的体验。

第三,网络"情境"带来的体验。所谓网络"情境"(context),是指一种整体氛围所带来的感觉,就像现实世界中有的餐馆生意红火而有的餐馆门前冷落一样,有些网站人气很旺,而有些网站却无人问津。有些网站界面较人性化,阅读很方便,而有些网站可能并非如此,同样的内容,放在不同的网站可能会产生截然不同的效果。内容或服务所赖以生存的"环境"或"情境"就是一个重要的影响因素。可以说"情境"也是网民在网络中的一个重要体验。

4.虚拟社会属性

网络媒介的虚拟社会属性源于 BBS 时期。当人们不仅可以阅读或消费网络媒介的内容,同时还可以生活在这个媒介中时,网络也就具有了虚拟社会属性。网络的虚拟社会属性是它区别于传统媒介的一个本质属性。

虚拟社会对于网络和现实社会的影响已经在社会学和网络文化研究者的研究中得到了证明,学界现在关注的问题集中于两个方面:其一,虚拟社会中个体的存在形态和心理,也就是通称的"虚拟个体";其二,虚拟社会中个体间的关系,也就是通称的"虚拟社群"。从社会学的角度来看,虚拟社群的出现,带来了新型的人际交往方式和群体关系,虚拟社会中的个体和虚拟社会中的人际关系都对网络传播起着重要作用。

对于虚拟社群和虚拟社群中的网络个体的研究,是网络时代个体研究的重要途径,也是解构网络时代社会结构的依据之一。与此同时,由于网络媒介自身的特点,网络对于现实社会的影响越来越大,而虚拟社群的出现,不仅仅具有社会学上的意义,同时也具有政治学上的意义。

技术平台属性、传播媒介属性、经营平台属性和虚拟社会属性,这些属性并非彼此割裂,而是相互整合、相互渗透、交叉作用的,正因如此,网络传播才显现出复杂的社会与文化属性。网络传播融合了大众传播(单向)和人际传播(双向)的信息传播特征,形成一种散布型网状传播结构。在这种传播结构中,任何一个网结都能够生产、发布信息,所有网结生产、发布的信息都能够以非线性方式进入网络之中。网络传播将人际传播和大众传播融为一体。网络传播兼具人际传播与大众传播的优势,又突破了两者的局限。

(五)传播的效果

传播学对传播效果的研究大致经历了强效果论、弱效果论和适度效果论三个阶段。这个过程与近现代媒体工业从单一到多元,从稀缺到充裕,从单向到互动的发展历程高度相关。总体来看,当一种新型媒体的初兴阶段具有很强的差异性优势,能够快速甚至过度集聚社会关注时,这个阶段就呈现出"强效果";随着更多的社会资源进入产业市场,竞争加剧,产业市场逐步成熟甚至产生局部供给过剩的情况时,媒体的传播效果也就自然表现出所谓的"弱效果";其实,新兴媒体从稀缺向过剩发展的过程,反映的是该媒体的社会及市场影响力更加广泛、更加均衡化的过程。可以说,"适度效果"通常反映了某类媒体进入真正主流化、真正成熟的新发展阶段。

1.强效果论

又称为枪弹论,该理论是盛行于 20 世纪 20—40 年代的一种主张"媒介威力强大"的理论,它认为软弱的受众像射击场的靶子,无法抗拒子弹的射击。受众消极被动地等待和接受媒介所灌输的各种思想、感情、知识或动机。大众传媒有着不可抗拒的巨大力量,受众对大众传媒的信息产生大致相同的反应。

强效果论又叫"枪弹论",也叫"皮下注射论"或"刺激—反应论"。它将传播效果绝对化,不分时间、地点、对象、环境地将传媒作用夸大化。20 世纪 40 年代以后,枪弹论逐渐被抛弃,"被代之以更多地考虑到传播的人类特性而更少归因于这一过程中的物质资产的力量的理论"。

2.弱效果论

又称为有限效果论,该理论也可以叫做"最低效果法则",它认为传播活动是传授互动的过程,受众是具有不同特点的个体,不是应声而倒的靶子。大众媒介的效果由于媒介性质及其在社会中的地位而大受影响。媒介不是影响受众的直接和唯一因素。大众媒介通过许多中介,在其他多种格局影响下发生作用,对受众的影响是有限度的。

3.适度效果论

适度效果论盛行于 20 世纪 60—80 年代,该理论认为,大众传播对于受众虽然没有枪弹论所认为的那样直接且立竿见影的效果,但是也不像有限效果论说的那么有限,它仍然是具有一定影响的,这种影响应该从受众这个角度来衡量,并且应从长期效果来衡量。

二、移动媒体的经济功能

分析数字移动媒体的经济功能时,我们首先强调信息经济对其产生的深远影响。数字移动媒体是信息技术不断发展的产物,它非常充分地体现出信息经济的特性。其中,信息经济区别于传统经济的两大新特征尤其值得关注:一是网络效应,二是收益递增机制。

(一)信息经济的概念

信息经济作为信息革命在经济领域的伟大成果,是通过产业信息化和信息产业化两个相互联系和彼此促进的途径不断发展起来的。所谓信息经济,是以现代信息技术等高科技为物质基础,以信息产业为主导,基于信息、知识、智力的一种新型经济。

(二)网络效应的概念

"网络效应"也就是经济学家所说的"网络外部性"。根据以色列经济学家奥兹·夏伊(Oz Shy)在《网络产业经济学》(*The Economics of Network Indus-*

tries)中提出的定义，"当一种产品对用户的价值随着采用相同产品或可兼容产品的用户增加而增大时，就出现了网络外部性"。

网络效应也被称为网络外部性或需求方规模经济、需求方的范围经济（与生产方面的规模经济相对应），是指产品价值随着购买这种产品及其兼容产品的消费者数量的增加而不断增加。例如电信系统，当人们都不使用电话时，安装电话是没有价值的，而电话越普及，安装电话的价值就越高。网络传媒、航空运输、金融等行业中普遍存在网络效应

在具有网络效应的产业中，"先下手为强"（first-mover advantage）和"赢家通吃"（winner-take-all）是市场竞争的重要特征。

(三)收益递增机制的概念

收益递增是指这样一种趋势：产品构成的某个模块领先者更加领先，失去优势者进一步丧失优势，造成"赢家通吃"（winner-take-all）的结果。这是"正反馈"（positive feedback）在市场、企业和行业内起作用的机制：强化获胜者的成功，或加大失败者的损失。

递增收益具有放大的作用。如果一家公司（市场中诸多竞争者之一）、一项技术或一种产品靠某种优势赢得先机，递增收益能放大其优势，该公司、技术或产品就能一直领先直至"锁定"（lock-in）在市场中。当然，锁定也是暂时的，技术的进步一浪高过一浪，锁定最多只能持续某一特定波浪所出现的时间。递增收益不仅能使某种产品成为标准，更重要的是改变了商业运作的机制。

数字移动媒体非常典型的网络信息经济特性，进一步释放出了"信息全流通"在市场资源配置领域的效率与潜力，使经济实践活动不断融合、跨界、颠覆、创新，不断推动着全球范围内的需求、业务、市场和产业的升级与扩容，为整个社会经济系统注入巨大的活力。

近三十年来，移动媒体的经济活动已经从单独的产品开发进入到市场普及和产业化运营的新阶段。今天，数字移动媒体已经形成了相对完整的产业生态，成就了一个规模庞大、潜力巨大的市场空间，促进了丰富实用的产品和服务的出现，提供了大量的就业机会。数字移动媒体已经成为信息经济的重要组成

部分,成为推动传统经济向新经济转型的活跃牵引力之一。

(四)数据:产业、市场的概况

移动通信和互联网成为当今世界发展最快、市场潜力最大、前景最诱人的两大产业链条,它们的增长速度是任何预测家都未曾预料到的,而伴随着移动互联网的发展,移动媒体的市场范围和产业规模也在不断扩大,承担着移动媒体功能的产业链条节点也在不断增加。

1. 整体用户规模

2015 年,根据中国互联网络信息中心(CNNIC)的统计,截至 2015 年 12 月,我国手机终端网民规模达到 6.20 亿,较 2014 年同期增长 11.3%,而网民中使用手机上网的人群占比由 2014 年的 85.8% 提升至 90.1%;[①]与此同时,据工业和信息化部统计,截至 2016 年 1 月,我国移动互联网用户总数已经达到 9.8 亿,较 2015 年同期增长 11.4%,其中移动宽带用户(即 3G 和 4G 用户)总数达到 7.59 亿,占比达 59.3%。[②] 作为我国全面进入 4G 网络商用阶段的第一年,截至 2015 年底,我国 4G 用户全年新增 2.89 亿,总用户数达 3.85 亿,年增长率为 297%,4G 用户在移动电话用户中的渗透率为 29.6%。[③] 工业和信息化部副部长陈肇雄称,中国已建成世界上最大的 4G 网络,移动宽带网络覆盖率和用户规模均跃居世界第一。[④] 在地域分布上,2015 年全年,中国移动互联网用户分布表现出既向一线城市集中又向三、四线城镇"下沉"的趋势。根据 Talking Data 移动数据研究中心的统计显示,一线城市用户比例由 2015 年初的 16.3% 增长至 18.1%,涨幅为 1.8 个百分点;二线城市用户比例由 36.1% 下降至 32.6%;三线及以下城镇用户比例增长至 49.3%,涨幅为 1.7 个百分点。此外,

① 中国互联网络信息中心. 第 37 次中国互联网络状况统计报告[R/OL]. (2016—01—22)[2016—05—17]. http://www.cnnic.net.cn/hlwfzyj/hlwxzbg/hlwtjbg/201601/t20160122_53271.htm.
② 工业和信息化部. 2016 年 1 月份通信业经济运行情况[EB/OL]. (2016—03—03)[2016—05—17]. http://www.shoujiquan.com.cn/yanjiu/201603032885.html.
③ 工业和信息化部. 2015 年通信运营业统计公报[R/OL]. (2016—01—21)[2016—05—17]. http://www.miit.gov.cn/n1146285/n1146352/n3054355/n3057511/n3057518/c4609344/content.html.
④ 工信部:中国已建成世界最大 4G 网络[EB/OL]. (2016—01—21)[2016—02—13]. http://tech.sina.com.cn/t/4g/2016—01—21/doc—ifxnuvxc1550774.shtml.

从年龄结构上看,90 后和 00 后用户总数已经超过移动网民的 1/3,且比例持续上升。随着"宽带中国"战略的推进,国内移动数据流量增速也大幅提升。截止到 2015 年底,全国移动互联网接入流量消费达到41.87亿G,同比增长 103%,其比 2014 年提高 40.1 个百分点,超过了全球平均增速。月户均移动互联网接入流量达到 389.1M,同比增长 89.9%。其中手机上网流量达到 37.59 亿 G,同比增长 109.9%,在移动互联网总流量中的比重达到 89.8%。① 得益于 4G 网络的逐渐普及和提速降费等利好消息,我国用户流量潜在需求将会进一步得到释放。预计 2015－2020 年国内移动互联网月均流量年复合增长率将达到 80% 左右,到 2020 年我国移动互联网用户人均月流量将增长 13 倍以上,达到 4.9GB。② 在移动终端层面,中国信息通信研究院统计数据显示,2015 年我国手机出货量高达 5.18 亿部,较 2014 年增长 14.6%,增长趋势放缓。③ 根据市场调研机构 IDC 的统计,2015 年中国智能手机出货量达到 4.134 亿部,同比增长 2.5%,增速大为放缓。④

2.整体市场规模

在上文所描述的庞大用户群体需求的刺激下,2015 年中国移动互联网市场规模同比增长 76.9%,达到 3 981.5 亿元。其中,互联网创新应用和新的服务模式的兴起,极大地推动了移动互联网应用产品和服务市场的发展。在"互联网＋"的战略引导下,金融、医疗、教育、媒体等行业都出现了许多全新的业态;与此同时,移动互联网企业为了维持用户而进行的自身挖潜,也正在不断拓展已有应用的使用包线。伴随着移动应用市场边界的扩大,承担移动媒体角色的移动应用也将越来越多。

---

① 工业与信息化部.2015 年通信运营业统计公报[R/OL].(2016－01－21)[2016－05－17].http://www.miit.gov.cn/n1146285/n1146352/n3054355/n3057511/n3057518/c4609344/content.html.
② 潘峰,付有奇.中国宽带无线移动通信网络及业务发展[M].官建文,唐胜宏,许丹丹.移动互联网蓝皮书:中国移动互联网发展报告(2016).北京:社会科学文献出版社,2016:122-133.
③ 2015 年国内手机出货 5.18 亿部[EB/OL].(2016－01－14)[2016－02－18].http://news.xinhuanet.com/tech/2016－01／14/c_128627012.htm.
④ IDC:中国智能手机市场再难出现"新玩家"[EB/OL].(2016－02－16)[2016－05－28].http://www.ce.cn/cysc/tech/gd2012/201602/16/t20160216_8886371.shtml.

（1）移动视频

移动视频成为互联网视频领域的新宠，相对于传统 PC 端视频而言，移动视频市场表现出了极强的发展势头。截止到 2015 年 12 月，中国移动视频用户规模达到4.05亿人，与 2014 年底相比，移动视频用户数量增加 9 228 万人，增长率达到29.5%，已经远远超过整体网络视频年度用户 16.4% 的增长率，可以说是移动视频在驱动整体网络视频行业的发展。[①] 通过手机端收看视频的用户已经达到3.54亿人，移动端广告收入在各视频网站整体收入中的占比也不断扩大。[②] 纵观 2015 年全年，移动视频领域呈现出份额不断扩大、集中度大幅提升的两大趋势。这反映出视频在中国网民和移动用户娱乐生活中的比重不断加大，而位于第一集团的爱奇艺、优酷和腾讯视频的用户增长率远远高于行业平均水平。

（2）移动广告

作为互联网广告重要组成部分的移动广告，已经成为互联网广告阵营中增幅最快的部分。2015 年我国互联网广告市场规模达到 2 097 亿元，同比增长36.1%，占中国广告市场份额的近 50%。[③] 移动广告的市场规模增长率为80%，达到 147.7 亿美元。在广告行业内部整体业绩缩水的情况下，广告主对于在移动互联网媒体上投放广告的信任度不降反增。2015 年，广告主在移动互联网媒体上的广告投放费用占比为 11.1%，较 2014 年增长了 3.5 个百分点，2016 年的预计占比将达到 15%。与此同时，移动广告所涵盖的移动搜索、移动电商和场景服务也将是未来移动互联网的重点发展方向之一。

（3）移动出行

与美国等先行国家相比，我国在移动出行方面仍处于较初级的阶段。国内的移动出行主要指借助移动互联网及相关应用软件打车出行。2015 年，国内打车市场的整体规模约为 9 890 亿元，其中移动出行市场在整体打车市场中的占

---

① 中国互联网络信息中心. 第 37 次中国互联网络状况统计报告［R/OL］.（2016—01—22）［2016—05—17］. http://www.cnnic.net.cn/hlwfzyj/hlwxzbg/hlwtjbg/201601/t20160122_53271.htm.

② 慧聪广电网. 2015 年手机成网络视频"第一终端"［EB/OL］.（2015—12—07）［2016—01—09］. http://info.broadcast.hc360.com/2015/12/030830648495.shtml.

③ 艾瑞咨询. 2015 年中国互联网年度热点洞察报告［R/OL］.（2016—01—13）［2016—02—17］. http://www.199it.com/archives/428979.html.

比达到 13.6％,已经成为打车市场的重要组成部分。① 与此同时,根据速途研究院的统计,2015 年移动出行用户已经达到 2.75 亿,预计到 2017 年,这一数字将超过 4 亿。

（4）移动音频

根据艾媒咨询(iiMedia Research)的数据显示,截至 2015 年底,中国移动电台的用户总规模超过 1.78 亿,拥有上亿用户的电台逐渐崭露头角,移动电台之间的竞争异常激烈。移动音频也越来越为人们所熟知和接受,用户规模正在不断扩大。伴随着移动终端的大规模普及和车联网的迅速发展,移动音频行业内部依托资本市场进行的搏杀也日趋激烈,但值得注意的是,尽管从资本运作的层面来看,移动音频呈现出巨大的市场潜力,但目前各家移动电台都还面临着盈利模式单一的困境,尚无一家移动电台营利,成熟有效的商业模式尚未出现。

（5）移动阅读

2015 年中国移动阅读产业增速明显,随着互联网巨头进入移动阅读内容产业,原有的产业格局被打破,内容多渠道发布、跨界经营等新的产业模式开始出现。根据易观智库发布的数据显示,2015 年中国移动阅读市场规模达到 101 亿元,较 2014 年增长 14.3％。② 我国移动阅读用户总数从 2014 年的 2.42 亿人上升到了 2015 年的 3.28 亿人。随着移动阅读的蓬勃发展,移动阅读收入也逐年上升。

（6）移动游戏

2015 年,中国网络游戏产业的规模呈现持续增长的趋势,在整体文化产业链条中的地位持续上升。其中,移动网络游戏成为市场发展的主力军和牵引机。2015 年,我国网络游戏市场的实际销售收入达到 1 345.8 亿元,同比增长24.08％,其中移动网络游戏的市场实际销售收入为 514.6 亿元,占比 36.6％。2015 年,中国游戏用户达到 5.34 亿人,其中移动网络游戏用户规模达到 3.96

① 郑春晖,李国琦,侯长海. 2015 年移动出行发展现状及趋势分析[M]. 官建文,唐胜宏,许丹丹. 移动互联网蓝皮书:中国移动互联网发展报告(2016). 北京:社会科学文献出版社,2016:190.
② 易观智库. 2015 中国移动阅读市场专题研究报告[R/OL]. (2015－12－07)[2016－01－13]. http://auth2. analysys. cn/cas－auth－sever/login? service＝http％3A％2F％2Fwww. analysys. cn％2Freport％2Fdetail％2F14340. html.

亿人,同比增长 10.9％。

移动网络游戏在经过 2014 年的突飞猛进之后,在 2015 年增速开始放缓。移动网络游戏产品数量已经超过页游,成为游戏市场中产品数量最多的领域。其精品化的趋势已经不可动摇,成为推动移动游戏市场稳步增长的重要因素。网络环境的改善也为移动网络游戏的发展提供了强有力的助力。

(7)移动社交

社交媒体正在以其巨大的力量改变着中国。2015 年,随着第二届世界互联网大会的召开、"约谈十条""账号十条"等政策法规的出台,社交媒体在政治、经济、技术和文化等各个领域的带动作用更为显著。传统的移动社交正在向生活化、场景化的新型移动社交进化,社交与支付、新闻、音视频的结合构成了新型移动社交的多元化样式,进一步丰富了移动社交媒体的形式和内容,也带动了整个移动媒体产业的发展。

截止到 2015 年,我国即时通信用户数已经达到 6.06 亿人,用户使用率高达 90.8％。社交媒体用户在中国城市居民中的占比已经从 2013 年的 20.8％上升到 2015 年的 50.9％。2015 年 10 月,微信单月活动用户超过 5.8 亿人,位居移动社交应用榜首,腾讯 QQ 以 4.3 亿用户紧随其后,微博、百度贴吧、人人网等其他应用的活跃用户数、高黏度用户数都呈现出持续增长状态。

三、移动媒体的社会功能

数字移动媒体是社会发展的产物,同时也是塑造社会、推动社会演进的重要力量。

数字移动媒体对社会的影响,最突出的体现就是:强化、深化甚至异化了人与社会的互动,进一步推动了"网络社会"和"信息社会"的演进。

广义的网络自人类社会产生以来就一直存在着。网络的实质,其实是人与人之间、人与物之间、物与物之间的各种关系及其互动。从社会学的眼光来看,没有什么能够超越或脱离行动者及具有互动关系网络的社会,社会说到底就是众多行动者的某种集合,是众多行动者经由社会互动而形成的网络系统。不同行动者在合作、交换、冲突、竞争等互动过程中逐渐形成了相对稳定的互动网络模式(制度化)。在这种模式中,不同行动者以某种方式获得各自的利益或权利,同时也确认和建立起基本的共同生活原则。于是,社会就从这种互动网络的模式中产生并得以维系,人也在这个过程中不断实现自我的"社会化"成长。

技术媒介作为社会的一种基础物质架构,其本身就是人类社会互动关系网络的载体和映射。如果说,印刷媒体和传统电波媒体呈现出"自上而下、精英主导"的社会互动关系主流形态,那么互联网和数字移动媒体则塑造出一种更民主、更多元的社会互动关系新形态。这种新的社会形态被我们概称为"网络社会"或"信息社会"。

关于网络社会的概念,著名的网络社会学家卡斯特尔(Manuel Castles)认为,互联网的崛起作为一个具有社会学意义的事件,正在逐步转化为当今人类生活的社会图景。在以信息技术为中心的网络革命中,传统的社会概念受到了挑战。他指出,在网络社会中,"信息"和"知识"首次成为社会发展的核心要素。社会的个体与个体间、个体与组织间、组织与组织间,通过网络沟通而更加频繁地互动起来,网络化社会(Network Society)已初具雏形。

而信息社会是与农业社会、工业社会等相对而言的一种技术社会形态,是脱离工业社会后,以信息科技(包括网络技术、虚拟技术)的发展和应用为核心的高科技社会,是信息、知识起主导作用的知识经济社会。

数字移动媒体对网络社会和信息社会的强化与深化主要体现在:

(1)进一步消弭了空间、时间对社会互动的制约。

(2)释放出规模庞大的社会互动参与力量。

(3)提供了更丰富、便捷的社会互动手段。

(4)推动了社会交往、社会分层、社群结构的新变化。

与此同时,数字移动媒体对社会大系统的异化影响也不容忽视。比较突出的社会问题有:对传统知识产权保护体制的挑战,对隐私保护的冲击,信息泛滥和沉迷于网络对人的侵蚀,网络暴力对网络民主与社会理性的冲击等。

低头族

低头族,(英文名 Phubbing,由澳大利亚麦肯广告公司和 Macquarie 大辞典

图 3-1　低头族

联手创造,形容那些只顾低头看手机而冷落面前亲友的人),是指如今在地铁、公交车里那些做"低头看屏幕"状(有的看手机,有的掏出平板电脑或笔记本电脑上网、玩游戏、看视频),想通过盯住屏幕的方式,把零碎的时间填满的上班族。低着头是他们的共同特征(如图 3-1)。

从社会环境角度分析,生活节奏快、大城市通勤路线拉长等原因,客观上令私人时间碎片化,属于私人的"整块"时间越来越少,但一个人吃饭、赶路的机会却越来越多,这就使不少年轻人只能抓紧碎片时间,通过数字终端进行娱乐休闲。以智能手机为代表的数字终端提供了丰富的应用程序,带来了便利的生活和多样的娱乐手段。智能手机成为低头族打发碎片时间不可或缺的工具,他们可以通过智能手机上网浏览、玩游戏、看视频等。

第四章 移动媒体技术

▧ 本章重点

技术系统和主要技术路径、内容制播技术概述、网络传输技术概述(电信式移动媒体技术方案、广播式移动媒体技术方案、互联网式移动媒体技术方案)、业务支撑技术概述、运营管理技术概述、终端接收技术概述

技术是数字移动媒体的关键要素。数字移动媒体技术本身是经过长期演进、融合发展而来的,其构成较复杂,影响因素很多,也还未定型。因此,认识数字移动媒体的技术体制,需要我们从社会整体信息系统、近现代通信系统的技术发展的大背景中去认知和把握。本章会涉及很多知识点,希望大家能够在学习中建立系统性认知,掌握数字移动媒体技术形成及发展的背景、关系和要点。

一、系统科学思想

数字移动媒体技术是复杂、动态的认知对象,对它的认知需要借助系统科学的理论思想。系统科学思想大致经历了从"老三论"到"新三论"的发展过程。

"老三论"是"系统论""信息论"和"控制论"的简称,即 SCI 论。

"新三论"是"耗散结构理论""协同论"和"突变论"的简称,即 DSC 论。

（一）系统论

系统论是研究系统的一般模式、结构和规律的学问，它通过研究各种系统的共同特征，用数学方法定量地描述其功能，寻求并确立适用于一切系统的原理、原则和数学模型，是具有逻辑和数学性质的一门科学。

宇宙、自然以及人类社会由于人类设定的参照系不同而分属不同的子系统。如果把世界上所有的存在都划分到物质与精神世界的话，那么宇宙、自然、人类社会就通通属于物质与精神世界这个复杂的系统。系统论是具有哲学价值的世界观，因此可以说，宇宙是由具有组织性和复杂性的不同子系统构成的，这就是宇宙系统观。同时系统论中又有很多类似数学模型的具体方法来面对具体的子系统，从科学工具的角度来看系统论，系统论又是具有哲学价值的方法论。总之，系统论在具备系统科学的个性化属性的同时，又有别于数学方法、物理方法或化学方法等具体科学门类的技术方法，它具有普遍意义上的哲学属性，像宗教观、物质观、信息观一样，具有世界观和方法论意义。

系统思想源远流长，但作为一门科学的系统论，一般被认为是由美籍奥地利理论生物学家 L. V. 贝塔朗菲（L. Von. Bertalanffy）创立的。他在 1932 年发表了"抗体系统论"，提出了系统论的思想；1937 年提出了一般系统论原理，奠定了这门科学的理论基础。但是他的论文《关于一般系统论》到 1945 年才公开发表，而且直到 1948 年他在美国再次讲授"一般系统论"时，这门科学才得到学术界的重视。确立这门科学学术地位的是贝塔朗菲于 1968 年发表的专著——《一般系统理论基础、发展和应用》（*General System Theory*：*Foundations*，*Development*，*Applications*），该书是公认的这门学科的代表作。

一般系统论试图给一个能概括各种系统共同特征的一般的系统定义，通常把系统定义为：由若干要素以一定结构形式联结构成的具有某种功能的有机整体。这个定义包括了系统、要素、结构、功能四个概念，表明了要素与要素、要素与系统、系统与环境三方面的关系。

系统论认为，开放性、自组织性、复杂性、整体性、关联性、等级结构性、动态平衡性、时序性等，是所有系统共同的基本特征。这些特征既是系统所具有的基本思想观点,也是系统方法的基本原则,表现了系统论不仅是反映客观规律的科学理论,而且具有科学方法论的含义,这正是系统论这门科学的特点。系统论的核心思想是系统的整体观念。任何系统都是一个有机的整体,它不是各个部分的机械组合或简单相加,系统的整体功能是各要素在孤立状态下所没有的。同时,系统中各要素不是孤立存在的,每个要素在系统中都处于一定的位置上,起着特定的作用。要素之间相互关联,构成了一个不可分割的整体。要素是整体中的要素,如果将要素从系统整体中分离出来,它将失去要素的作用。

系统论的基本思想方法,就是把所研究和处理的对象当作一个系统,分析系统的结构和功能,研究系统、要素、环境三者的相互关系和变动的规律。如果用系统的观点看问题,那么世界上任何事物都可以被看成一个系统。系统是普遍存在的,整个世界就是系统的集合。

系统论的任务,不仅在于认识系统的特点和规律,还在于利用这些特点和规律去控制、管理、改造或创造系统,使它的存在与发展合乎人的目的和需要。研究系统的目的在于调整系统结构、协调各要素关系,使系统不断优化。

系统论的出现使人类的思维方式发生了深刻的变化。以往研究问题时,人们一般是把事物分解成若干部分,抽象出最简单的因素,然后再以部分的性质去说明复杂事物。这是由笛卡尔奠定的理论基础的分析方法,这种方法的着眼点在局部或要素,遵循的是单项因果决定论。

虽然这是几百年来在特定范围内行之有效的、人们最熟悉的思维方法,但是它不能如实地说明事物的整体性,不能反映事物之间的联系和相互作用,它只适用于认识较为简单的事物,不能胜任对复杂问题的研究。在现代科学的整体化和高度综合化发展的趋势下,在人类面临的许多规模巨大、关系复杂、参数众多的复杂问题面前,这种分析方法就显得无能为力了。正当传统分析方法束手无策的时候,系统分析方法站在了时代前沿,高瞻远瞩,综观全局,为解决现代复杂问题提供了有效的思维方式。所以,系统论连同控制论、信息论等其他横断学科一起提供的新思路和新方法,为人类的思维开拓了新路,它们作为现代科学的新潮流,促进着各门学科的发展。

系统论反映了现代科学发展的趋势,反映了现代社会化大生产的特点,反映了现代社会生活的复杂性，所以它的理论和方法能够得到广泛的应用。系统论不仅为现代科学的发展提供了理论和方法，而且也为解决现代社会中的政治、经济、军事、科学、文化等方面的各种复杂问题提供了方法论的基础。

（二）信息论

信息论是运用概率论与数理统计的方法研究信息、信息熵、通信系统、数据传输、密码学、数据压缩等问题的应用数学学科。

信息论将信息的传递作为一种统计现象来考虑，给出了估算通信信道容量的方法。信息传输和信息压缩是信息论研究中的两大领域。这两个方面又由信息传输定理、信源—信道隔离定理相连。

香农被称为"信息论之父"。人们通常将香农于 1948 年 10 月发表于《贝尔系统技术学报》上的论文《通信的数学理论》（*A Mathematical Theory of Communication*）作为现代信息论研究的开端。这一文章部分基于哈里·奈奎斯特和拉尔夫·哈特利先前的成果。

信息论的研究范围极为广阔。一般把信息论分成三类：

1. 狭义信息论

狭义信息论亦称香农信息论，主要研究信息的测度、与这三个概念相对应的香农三定理以及信源和信道编码，是一门应用数理统计方法来研究信息处理和信息传递的学科。它是研究通讯和控制系统中普遍存在着的信息传递的共同规律，以及如何提高各信息传输系统的有效性和可靠性的一门通讯理论。

2. 一般信息论

一般信息论主要研究信息传输和处理问题，除了香农基本理论之外，还包括噪声理论、信号滤波和预测理论、统计检测与估计理论、调制理论。后一部分内容的研究以美国科学家维纳为代表。虽然维纳和香农等人都是运用概率和统计数学的方法研究准确或近似再现消息的问题，而且研究的都是通信系统的最优化问题，但他们之间有一个重要的区别。维纳研究的重点是在接收端。他主要研究消息在传输过程中受到干扰时，如何在接收端把消息从干扰中提取出来。在此基础上,他提出了最佳过滤理论(维纳滤波器)、统计检测与估计理论、噪声理论等。而香农研究的对象是从信源到信宿的全过程,是收、发端联合最优化问题,重点是编码。香农定理指出,只要在传输前后对消息进行适当的编码和译码,就能保证在有干扰的情况下,以最佳状态传送消息,并准确或近似地再现消息。为此,香农发展了信息测度理论、信道容量理论和编码理论等。

3.广义信息论

概括说来,广义信息论是一门综合性的新兴学科,至今并没有严格的定义,凡是能够用广义通信系统模型描述的过程或系统,都能用信息基本理论来研究,研究范围不仅包括一般信息论的所有研究内容,还包括如医学、生物学、心理学、遗传学、神经生理学、语言学、语义学甚至社会学和经济管理中有关信息的问题。反过来,所有研究信息的识别、控制、提取、变换、传输、处理、存储、显示、价值、作用以及信息量的大小的一般规律以及实现这些原理的技术手段所属的工程学科,也都属于广义信息论的范畴。

(三)控制论

控制论是研究动物(包括人类)和机器内部的控制与通信的一般规律的学科,着重于研究过程中的数学关系。控制论是综合研究各类系统的控制、信息交换、反馈调节的科学,是涉及人类工程学、控制工程学、通讯工程学、计算机工程学、一般生理学、神经生理学、心理学、数学、逻辑学、社会学等众多学科的交叉学科。

控制论这门学科是在 20 世纪 40 年代发展起来的,是在自动控制广泛应用于工程系统、通信技术、数学、物理、生物、生理(神经)、心理以及计算机科学等的基础上诞生的。它的诞生是以美国数学家诺伯特·维纳(Norbert Wiener,1894—1964)1948 年出版的名著《控制论》(*Cybernetics*)一书作为标志的。

该著作论述了发展一门通用的控制科学的必要性,并且要从统一的观点出发研究各种系统的控制和通信等问题。这本书震惊了整个学术界,书中新颖的思想和观点吸引了各领域的众多学者,他们纷纷开始研究和引进控制论。它为现代科学的研究提供了新的思想和观点,并且促进了当代哲学观念的变革。它被认为是 20 世纪上半叶科学理论的伟业之一。

1834 年,著名的法国物理学家安培写了一篇论述科学哲理的文章,他在进行学科分类时,把管理国家的学科称为"控制论",他把希腊文译成法文"Cyber-netigue"。在这个意义下,"控制论"一词被编入 19 世纪许多著名词典中。维纳引入"控制论"一词正是受到了安培等人的启发。

在控制论中,"控制"的定义是:为了"改善"某个或某些受控对象的功能或发展,需要获得并使用信息,以这种信息为基础而选出的、对该对象产生的作用,就叫作控制。由此可见,控制的基础是信息,一切信息传递都是为了控制,而任何控制又都依赖于信息反馈来实现。信息反馈是控制论中一个极其重要的概念。通俗地说,信息反馈就是指控制系统把信息输送出去,又把其作用结果返送回来,这一过程对信息的再输出产生影响,从而起到制约信息的作用,以达到预定的目的。

与研究物质结构和能量转换的传统科学不同,控制论主要研究系统的信息变换和控制过程。尽管一般系统具有质料、能量和信息三个要素,但控制论只把质料和能量看作系统工作的必要前提,并不追究系统的质料是什么,能量是如何转换的,而是着眼于信息方面,研究系统的行为方式。控制论的另一位创始人、英国生理医学家 W. R. 阿什贝认为,控制论也是一种"机器理论",但它所关注的不是物件而是动作方式。进一步说,控制论就是以现实的(电子的、机械的、神经的或经济的)机器为原型,研究"一切可能的机器"——一切物质动态系统的功能,揭示它们在行为方式方面的一般规律。因此,与那些只研究特定的物态系统、揭示某一领域具体规律的专门科学相比,控制论是一门带有普遍性的横断学科。

近年来,控制论迅速发展并产生多个分支,如医学控制论、神经控制论、生物控制论、工程控制论、经济控制论、社会控制论、自然控制论、军事控制论以及派生的管理控制论、人口控制论、认知控制论等,它们在国民经济和社会的发展中,特别是在中国人口控制和国民经济宏观调控上,起到了极其重要的作用。

(四)耗散结构理论

耗散结构理论是指用热力学和统计物理学的方法,研究耗散结构形成的条件、机理和规律的理论。耗散结构理论作为一门揭示复杂系统中的自组织运动规律的具有方法论功能的新兴学科，其理论、概念和方法不仅适用于自然现象，同时也适用于社会现象。

耗散结构理论的创始人是伊里亚·普里戈金(Ilya Prigogine)教授，由于对非平衡热力学尤其是建立耗散结构理论方面的贡献，他荣获了1977年的诺贝尔化学奖。普里戈金早期在化学热力学领域进行研究，1945年他得出了最小熵产生原理，此原理和昂萨格倒易关系一起为近平衡态线性区热力学奠定了理论基础。普里戈金通过多年的努力，试图把最小熵产生原理延伸到远离平衡的非线性区去，但以失败告终。在研究了诸多远离平衡现象后，他认识到系统在远离平衡态时，其热力学性质可能与平衡态、近平衡态有很大差别。以普里戈金为首的布鲁塞尔学派又经过多年的努力，终于建立起一种新的关于非平衡系统自组织的理论——耗散结构理论。这一理论于1969年由普里戈金在一次"理论物理学和生物学"国际会议上正式提出。

耗散结构理论可概括为：一个远离平衡态的非线性的开放系统（不管是物理的、化学的、生物的，还是社会的、经济的系统）不断地与外界交换物质和能量，在系统内部某个参量的变化达到一定的阈值时，通过涨落，系统可能发生突变即非平衡相变，由原来的混沌无序状态转变为一种在时间上、空间上或功能上的有序状态。这种在远离平衡的非线性区形成的新的稳定的宏观有序结构，由于需要不断与外界交换物质或能量才能维持，所以被称为"耗散结构"(dissipative structure)。

(五)协同论

协同学亦称协同论或协和学，是研究不同事物共同特征及其协同机理的新兴学科，是近十几年来获得发展并被广泛应用的综合性学科，它着重探讨各种系统从无序变为有序时的相似性。一方面，协同论主要研究的是许多子系统的联合作用，以产生宏观尺度上的结构和功能；另一方面，它又是通过与许多不同学科的合作来发现自组织系统的一般原理的。

客观世界存在着各种各样的系统，如社会的或自然界的、有生命的或无生命的、宏观的或微观的系统等,这些看起来完全不同的系统,却具有深刻的相似性。协同论则是在研究事物从旧结构转变为新结构的共同规律的基础上形成和发展起来的,它的主要特点是通过类比为从无序到有序的现象建立起一整套数学模型和处理方案,并推广到其他领域。

协同论认为,尽管系统千差万别且属性不同,但在整个环境中,各个系统间存在着相互影响而又相互合作的关系,其中也包括常见的社会现象,如不同单位间的相互配合与协作、部门间关系的协调、企业间的相互竞争等。与此同时,系统中也存在相互干扰和制约的关系。

协同论指出,由大量子系统组成的系统,在一定条件下,由于子系统相互作用和协作,这种系统会产生可供研究的内容,我们可以概括地认为这种内容是从自然界到人类社会的各种系统的发展演变所遵守的共同规律。应用协同论这一方法,可以把已经取得的研究成果,类比拓展至其他学科,为探索未知领域提供有效的手段,还可以找出影响系统变化的控制因素,进而发挥系统内子系统间的协同作用。

协同论中还存在"功能结构"的概念,这一概念认为功能和结构是互相依存的,当能流或物质流被切断的时候,与之相关的物理和化学系统会失去自己的结构,但是大多数生物系统的结构却能保持相当长的一段时间,这样的生物系统像是把无耗散结构和耗散结构组合起来了。

协同论与许多学科有关,它的一些理论是建立在多学科联系的基础上的(如动力系统理论和统计物理学之间的联系),因此协同论的发展与许多学科的发展紧密相关,并且协同论正在形成自己的跨学科框架。此外,协同论还是一门很年轻的学科,尽管它已经取得了许多重大应用研究成果,但是有时只应用于一些定性的现象,处理方法也较粗糙。但毫无疑问,协同论的出现是现代系统思想发展的结果,它为我们处理复杂问题提供了新的思路。

(六)突变论

突变论是一门注重应用的学科。当突变论作为数学分支时,它是关于奇点的理论,它可以根据势函数将临界点分类,并且研究临界点附近的各种非连续现象的特征。突变论一般并不给出产生突变机制的假设，而是提供一个合理的数学模型来描述现实世界中产生的突变现象并对它进行分类，使之系统化。突变论特别适合研究那些内部作用尚属未知、但已观察到有不连续现象的系统。

突变论最初由荷兰植物学家和遗传学家德弗里斯（Hugo Marie de Vrier，1848—1935）提出。他根据进行多年的月见草（Oenthera Lamarckiana）实验的结果，于1901年提出了生物进化起因于骤变的突变论。这一理论曾在历史上产生了重大影响，使许多人对达尔文的渐变进化论产生了怀疑。

后来突变论被重新定义和提出。20世纪60年代末，法国数学家R.托姆为了解释胚胎学中的成胚过程而再次提出突变论。1967年托姆发表《形态发生动力学》一文，阐述突变论的基本思想，1969年出版的《生物学中的拓扑模型》为突变论奠定了基础。1972年出版的专著《结构稳定与形态发生》，系统地阐述了突变论。70年代以来，E.C.塞曼等人提出了著名的突变机构，进一步发展了突变论，并把它应用到物理学、生物学、生态学、医学、经济学和社会学等各个方面，产生了很大影响。

"突变"一词，有强调变化过程的间断或突然转换的意思。突变论的主要特点是用形象而精确的数学模型来描述和预测事物连续性中断的质变过程。

在自然界和人类社会活动中，除了渐变的和连续的变化现象外，还存在着大量的突然变化和跃迁现象，如水的沸腾、岩石的破裂、桥梁的崩塌、地震、细胞的分裂、生物的变异、人的休克、情绪的波动、战争、市场变化、经济危机等。突变论试图用数学方程来描述这些过程。简单地说，突变论就是研究一种稳定组态跃迁到另一种稳定组态的现象和规律。突变论认为，系统所处的状态可用一组参数描述。当系统处于稳定状态时，标志该系统状态的某个函数就取唯一的值；当参数在某个范围内变化、该函数值有不止一个极值时，系统必然处于不稳定状态。系统从一种稳定状态进入不稳定状态，随着参数的再变化，又从不稳定状态进入另一种稳定状态，那么，系统状态就在这一刹那发生了突变。突变论给出了系统状态参数的变化区域。

突变论提出，高度优化的设计很可能有许多不理想的性质，因为结构上的最优，常常意味对缺陷高度敏感，这样就会产生特别难应付的破坏性，以致发生真正的"灾变"。在工程建造中,高度优化的设计常常具有不稳定性,当出现不可避免的制造缺陷时,由于结构高度敏感,其承载能力将会突然变小,从而出现突然的、全面的塌陷。因此,突变论不仅能够应用于许多不同的领域,而且也能够以许多不同的方式来应用。

突变论与耗散结构论、协同论一起,在有序与无序的转化机制上,把系统的形成、结构和发展联系起来,成为推动系统科学发展的重要学科。

无论是老三论还是新三论,都是人类系统科学研究的杰出成果。我们研究数字移动媒体技术这个复杂的动态领域时,上述理论思想都是我们科学把握其"是什么,为什么,会怎样"这三大核心命题的思维工具和方法。

二、核心模型:对典型通信系统构成的说明

从本质上看,数字移动媒体的技术系统属于通信系统的范畴。

(一)通信和电信

广义的通信是指人类社会的信息传递与交换活动,和传播的含义大致相同。

国际电信联盟(ITU)对于通信给出了一个非常宽泛的定义:根据公认的约定进行信息传递。根据这一定义,通信包括两个组成部分:一是邮政,即通过信函、包裹等实物传送实现信息的传递;二是电信,即通过电或电磁信号实现信息的传递。

ITU 对于电信给出的定义是:利用有线传输、无线电传输、光传输或其组合等电磁系统向一个或多个指定的通信方甚至所有可能的通信方(广播方式)传递书写件或印刷材料、固定或活动影像、文字、音乐、可视或可闻信号、机械控制信号等任何可用形式的、任何性质的信息的过程。此定义给出的电信概念范围很广,可以是人与人的通信,也可以是人与机器、机器与机器之间的通信;既包括电话、电报、数据等由运营商提供的电信通信,也包括由广电部门提供的广播电视通信,还包括日益广泛使用的计算机通信,以及主要用于军事活动的雷达系统等。

(二)通信系统的组成

完成端到端信息传递任务的系统被称为通信系统,其构成需体现三大要素。第一,传递的对象是信息(information)。信息的物理表现形式为消息(message),消息可以是文字、符号、语音、图像、数据或其他任何形式;消息的物理载体是信号(signal),信号可以是声、电、光等各种形式。通信系统的任务就是传递由信号承载的消息中包含的信息。第二,信息的发送者和接收者必须位于相隔一定距离的不同的地点,即信息的传递是异地的传递过程。第三,传递的信息内容不能发生改变,也就是说接收者收到的信息内容必须和发送者发出的信息内容完全相同。

根据上述概念可以得出通信系统的一般模型,如图 4-1 所示,包含信源、信宿、发信机、收信机、信道和噪声源 6 个部分。

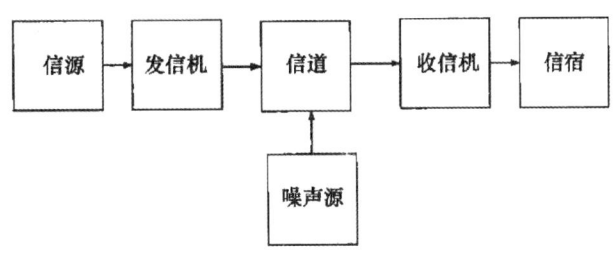

图 4-1 基本通信系统模型

其中,信源生成发送者试图发送的原始信息,不同类型的信源将生成不同形式的消息,如人的发声系统是语声信源,书和报纸是文字信源,摄像机是图像信源。如前所述,消息是信息的载体,根据所生成消息的不同特性,可将信源划分为离散或连续、有记忆或无记忆、平稳或非平稳等不同类型。实际上,有用信源往往都是有记忆的,也就是说各个消息符号之间是存在一定的关系的,这决定了信源一般是包含冗余信息的。正因如此,人们可以对原始信息进行压缩,以提高通信系统的效率。信宿和信源相对,是信息的接收者,其接收的信息应该就是信源发送的原始信息。

发信机的作用是将待传递的消息转换成适合于远距离传送的信号形式。

例如,在电话系统中,话筒将只能在近距离传送的声音转换成可以在远距离传送的电流信号;在电视系统中,前端机将源于摄像机的光学图像信号转换成按一定规律组成帧格式的电信号序列。这种信号转换过程可统称为编码。最初的编码仅指将文字转换成有规律的符号序列,以便转换成电信号传送,最著名的就是将电文转换成由点、划和间隔组成的符号序列的莫尔斯电码。

后来编码的概念不断扩展,已成为一个专门的技术方向,泛指一种信号形式至另一种信号形式的转换,既包括对于信源原始信号进行转换的信源编码,也包括为了适配信号在有损信道上传送的信道编码。发信机完成的是信源编码,其基本作用就是将原始信号转换成适于远程传输的电光信号。收信机和发信机相对,将接收到的消息解码后递交给信宿。

信道是信息传送的通道,主要组成部分就是发信机和收信机之间的传输媒质,典型的媒质包括导线、电缆、光纤、大气、空间等。这些媒质具有不同的传输容量、传输性能、干扰特性和可靠性,适合于不同类型信号的传送。早期通信简单地将原始信号直接在媒质上传送。后来,为了使信号能够进行远距离传送,并且能够复用同一媒质传送多路信号,引入了频率较高的载波作为信息信号的公共载体,信息信号通过改变载波的幅度、频率、相位等特性完成信息的加载传送,该过程被称为"调制",接收端则通过相反的解调过程从载波中提取原始信号。因此,基本的信道由调制设备、解调设备和传输媒质三者组成,被称为"调制信道"。

理想信道的输出符号和输入符号完全相同,实际上由于媒质衰耗、环境影响、人为干扰等因素,理想信道并不存在,输出信号一般会发生失真,这些失真表现为不同类型的噪声,相当于信道中存在噪声源。其中,有效地降低噪声影响的方法是采用设计良好的通信设备降低接收信号的噪声功率,有线信道中的光纤和同轴电缆媒质、无线信道中的定向天线和智能天线都是典型的例子。另一个重要的方法就是采用信号处理技术恢复和校正接收信号,典型技术包括滤波、均衡、信号检测和信号估计。尽管上述方法能够在很大程度上降低噪声的影响,但是对于诸如无线信道这样的不可靠信道来说,要完全避免接收信号的失真是不可能的,为此必须在信道中引入减轻噪声影响的机制,这就是信道编码。其作用是在待传送的信号中人为加入冗余信息,使得信号在远程传输过程中发生失真变化时,接收端能够检测出信号错误,并有一定的能力对信号进行恢复,以此提高信道的可靠性。因此,信道编码有时又被称为纠错编码。一个完整的信道包括从发送端信源编码输出到接收端信源解码输入之间的传输媒质以及各种纠错编码、解码、调制、解调设备。

以上描述的是信道的抽象模型。实际上,由于客观世界存在大量的信源和信宿,所以不可能在每一对信源和信宿之间都建立直连的信息通道,传递的信息都是通过许多中间节点的实时交换或存储转发才到达目的地的。这些中间节点与各种媒质一同构成为所有信源和信宿服务的通信网,通信网的节点就是交换机或路由器。通信网和由计算机、数据库、信息处理中心等组成的资源子系统一起构成了范围更广的信息网,它体现了通信和计算机技术的有机结合。

三、核心技术:数字技术与无线通信技术

技术是一个涵盖广泛的概念,在本章中,我们将技术界定为:人类为满足各类社会需要而创造和发展起来的各种工具和规则。从现代信息技术的角度来看,技术是硬件和软件的集合。

对于数字移动媒体,数字技术和无线通信技术是对其塑造力度最大、影响程度最深的两类核心技术。

(一)数字技术

数字技术(digital technology)是一项与电子计算机相伴相生的科学技术,它是指借助一定的设备将各种信息,包括图、文、声、像等,转化为电子计算机能识别的二进制数字"0"和"1"后进行运算、加工、存储、传送、传播、还原的技术。由于在运算、存储等环节中要借助计算机对信息进行编码、压缩、解码,所以数字技术也称为数码技术、计算机技术等。此外,数字技术有时又称为数字化技术。数字技术包括两大方面:一方面是将要处理的对象用数字信号进行描述(例如将话音信号用"0"和"1"序列表示出来),另一方面是对该对象进行加工和处理(例如对话音信

号进行加密、存储和传输)。数字技术的飞速发展主要依赖于模数转换技术、数字信号处理技术、微电子技术、微处理器和计算机技术的飞速发展。它几乎渗透到了从家用电器(音响、影碟机、数字视盘和照相机)、信用卡、个人计算机、数字仪表到运载火箭、宇宙飞船等的各个方面。

数字技术应用最广泛的领域是信息网络领域。从信源的加工(如在保证话音信号质量的情况下可以将其压缩到 2.4Kbit/s 或 1.2Kbit/s,甚至更低的速率,并对语音进行加密)、信息的传输和保护(利用纠错编码、数字调制和传输体制、抗干扰、抗截获等方法)到信息的使用(如以多媒体的方式存贮、检索和享用所需的信息等)都离不开数字技术。数字技术的广泛应用,已使信息传输网络进一步计算机化和软件化。通过软件可以重构网络,使不同频段、不同制式的无线传输设备发展成为通用的软件无线电台,而且可在现有平台的基础上构造未来所需要的网络和传输系统。

与模拟技术相比,数字技术具有以下特点:

(1)在数字技术中一般都采用二进制,因此凡元件具有两个稳定状态的都可用二进制来表示(例如"高电平"和"低电平"在计算机中可用"0"和"1"来表示)。因为基本单元电路简单,对电路中各元件精度要求不是很严格,所以允许元件参数有较大的分散性,只要能区分两种截然不同的状态即可。这一特点对实现数字电路集成化是十分有利的。

(2)抗干扰能力强、精度高。由于数码技术传递加工和处理的是二值信息,不易受外界的干扰,所以抗干扰能力强。另外,它可用增加二进制数的数位的方法提高精度。

(3)数码信号便于长期存储,使大量宝贵的信息资源得以保存。

(4)保密性好。可以使用数码技术进行加密处理,使一些宝贵信息资源不易被窃取。

(5)通用性强。可以采用标准化的逻辑部件来构成各种各样的数码系统。

数字信号本质上是一种更易被机器识别、传递和处理的特定信号,是人类创造的一种机器语言。随着人类的交流、互动越来越依赖机器系统的参与,数字信号也日益成为人类社会信息的主流物理表现形式。信息的普遍数字化,无形中为人类的信息交往活动提供了一种统一的"语言",极大地规范和方便了人类社会的信息传播需求。

数字移动媒体的典型技术特征就是数字技术在整个信息采集、加工、存储、传输、接收、使用等全领域、全流程的应用。

(二)无线通信技术

从1897年意大利人马可尼取得无线电通信试验成功至今,无线及移动通信技术经历了从模拟无线通信到数字无线通信、从语音业务到多媒体业务的变革。迄今为止,无线通信技术已经历了100多年的发展。

无线通信是指利用电磁波的辐射和空间传播来传送信息的通信方式。根据无线通信技术的应用和人们对不同通信业务类型的需求,并且随着无线通信技术的逐步深化与改革,现代无线通信技术面临着新的发展现状。为了符合时代发展的需要,现代无线通信技术的种类也有待进一步完善与更新。

现代无线通信技术的种类主要包括以下几方面:

(1)根据传输的距离,无线通信技术主要分为以下四种:无线个域网、无线局域网、无线城域网以及无线广域网。其中UWBW、LAN是短距离的无线通信接入技术的主要代表,而众所周知的GPRS、GSM、3G是长距离的无线通信接入技术的主要代表。

(2)根据无线通信技术的移动性,可以将移动接入分为固定接入与移动接入。其中,移动无线通信技术的接入主要包括WPAN、WWAN、WIMAX,而固定无线通信技术的接入主要包括LMDS、MMDS,并且在带宽上可分为宽带的无线接入与窄带的无线接入。

无线通信技术不断发展,目前已经有两大突出的特点:一是公众对移动通信的服务要求提高,各个地区都有强劲的发展势头,但国家和地区间又存在发展不平衡的现象;二是宽带无线通信技术热点不断创新,在此方面的研究不断深入,应用也在不断扩展。在如今社会信息化发展越来越快的时代,人们在工作方式与生活方式等方面都要求新的通信化模式。随着人们要求的提高和经济的发展,无线通信从固定方式发展为移动方式,大致经历了以下五个阶段:

第一阶段为 20 世纪 20 年代初至 50 年代初,无线通信设备主要用于舰船等,采用短波频及电子管技术来满足军用需要。它所采用的技术存在一定局限性,传输速率不尽如人意,传输效果较差,而且经常会受到地域和天气条件的影响,直至该阶段末期才出现 VHF(150MHZ)单工汽车公用移动电话系统——MTS,但是由于技术条件的限制,其信号传输仍受客观条件的制约,并没有达到预计的传输速率。

第二阶段为 20 世纪 50 年代至 60 年代,无线通信技术频段扩展至 UHF(450MHZ)。此时,通信设备器件已被应用于移动环境的专用系统中,并实现了向半导体器件技术的过渡,这在无形中解决了通信技术中安装公用电话网的问题,同时实现了公用电话与移动电话的持续性。

第三阶段为 20 世纪 70 年代初至 80 年代初,此时频段扩展至 800MHZ。此时,不仅通信技术的频段扩展了,而且也制造出了第一代通信技术系统,并根据贝尔实验室所提出的蜂窝移动网理论,研制出了新的实验系统。

第四阶段为 20 世纪 80 年代初至 90 年代中期,第二代数字移动通信逐渐兴起,并在个人通信业务方面开拓发展领域。此时出现了 D-AMPS、TACS、ETACS、GSM/DCS、CDMAOne、PDC、PHS、DECT、PACS、PCS 等各类系统与业务,这些都保证了各类电信系统的正常运行。

第五阶段为 20 世纪 90 年代中期至今,随着无线通信技术与多媒体业务需求的发展,第四代移动通信已经开始进入商业部署阶段,满足了移动数据、移动计算及移动多媒体运作方面的需要。随着全球化标准的制定,无线通信技术进入了标准化与多样化共存的全新时期。

数字移动媒体的"移动"基因,本质上是无线通信技术赋予的。无线通信技术是推动人类传播活动向移动化和泛在化方向快速发展的重要基础。

四、总体架构

数字移动媒体技术是由一批以数字新媒体技术为代表的计算机、通信、多媒体、音像等诸多学科和技术组合而成的,是一种新兴和综合的技术。它涉及和综合了许多学科和研究领域的理论、知识、技术和成果,在现阶段被广泛应用于信息传播、影视创作、游戏娱乐、广告宣传、出版发行、网络应用以及教育、医疗、展示等各个领域,有着巨大的经济增值潜力。

从技术角度而言,作为复合技术体系的数字移动媒体技术的本质是通过现代计算机和通信技术,将抽象的信息流变成可感知、可管理、可交互的表现形式的技术。其主要包括前端技术体系(数字信息处理与生成技术)、网络技术体系(数字无线通信技术)、终端技术体系、应用技术体系这四大领域。

(一)前端技术体系

数字信息处理技术是整个数字媒体信息技术的关键组成部分,也是整个数字移动媒体技术的预生产环节和前端技术,主要包括模拟媒体信息的数字化、高效的压缩编码技术,以及数字媒体信息的特征提取、分类与识别技术等。在数字媒体中,最具有代表性和复杂性的是声音与图像信息。因此,相关的数字信息处理技术的发展也是以数字音频处理技术和数字图像处理技术为主体的。

1.数字音频/图像处理技术

数字音频处理技术首先将模拟的声音信号转换成数字音频信号。由于数字化的音频信号数据量非常大,所以需要根据音频信号的特性,主要是利用声音的时域冗余、频域冗余和听觉冗余对数据进行压缩,从而满足数字传播和储存的需求。

数字图像处理技术就是用计算机处理数字化后的信息的技术,采用数字技术对图像进行加工和处理,包括数字图像的获取、变换、增强、压缩编码、识别等。数字图像处理技术与数字音频处理技术一样,首先是将自然界的视觉信息转换成数字信号。原始图像数据也需要进行高效的压缩,主要是利用其空间冗余、时间冗余、结构冗余、知识冗余和视觉冗余实现数据的压缩。目前的图像压缩编码方法大致可以分为三类:一是基于图像数据统计特征的压缩方法,主要有统计编码、预测编码、变换编码、矢量量化编码、小波编码、神经网络编码等;二是基于人眼视觉特性的压缩方法,主要是采用基于方向滤波的图像编码、基于图像轮廓和纹理的编码等;三是基于图像内容特征的压缩方法,主要采用分形编码、模型编码等,这也是新一代高效图像压缩方法的发展趋势。数字媒体编码技术发展的另一个重要方向就是综合现有的编码技术,制定统一的国际标准,使数字媒体信息系统具有普遍的互操作性和兼容性。

数字音频/图像处理技术是计算机技术和艺术的深度结合体,现在正广泛应用于数字新媒体产业领域和内容产业领域,包括数字电影技术、数字特效技术、数字节目制作技术、数字游戏技术、数字广告技术、网络广告技术等。

2.计算机图形技术

计算机图形技术几乎在所有的数字媒体内容及系统中都得到了非常广泛的应用,它是利用计算机生成和处理图形的技术,包括图形输入技术、图形建模技术、图形处理与输出技术。计算机图形技术能够生成(绘制)非常复杂的图形,根据计算机绘制图形的特点可将其分为真实感图形绘制技术和非真实感图形绘制技术。

真实感图形绘制的目的是使绘制出来的物体形象尽可能真实,看上去与照片几乎没有任何区别。非真实感图形绘制是指利用计算机生成不具有照片般真实,而具有手绘风格的图形的技术。

计算机动画技术以计算机图形技术为基础,综合运用艺术、数学、物理学、生命科学及人工智能等学科和领域的知识来研究客观存在或者高度抽象的物体的运动表现形式。计算机动画经历了从二维到三维,从线框图到真实感图像,从逐帧动画到实时动画的发展过程。计算机动画技术主要包括关键帧动画、变形物体动画、过程动画、关节动画与人体动画、基于物理模型的动画等。目前计算机动画的主要研究方向包括复杂物体造型技术、隐式曲面造型与动画、表演动画、三维变形、人工智能动画等。

(二)网络技术体系

网络技术是数字移动媒体技术的传播环节,同时也是数字移动媒体技术体系中最为复杂、环节最多的技术子系统。网络技术体系为数字移动媒体进行信息的传播与交流活动提供了高速、高效的网络平台。数字传播技术全面综合和应用了现代通信技术和计算机网络技术,"无所不在(ubiquitous)的网络环境"是其最终目标。人们将不会意识到网络的存在,却能随时随地通过任何终端设备上网,并享受到各项数字新媒体内容服务。

网络技术体系主要包括数字通信/广播技术、无线互联网技术和移动通信技术,其基础技术是各类调制技术、差分控制技术、数字复用技术、多址技术等。IP 技术的广泛应用是数字传播技术的发展趋势。IP 技术是综合业务的最佳方案,能把计算机网络、广播电视网和电信网融合为统一的宽带数字网或互联网。众多的信息传递方式和网络在数字传播网络内将合为一体。同时,数字无线传播技术的发展是实现"无所不在的网络环境"的关键之一,已经成为数字传播技术中发展与应用的一种趋势。

NGN 是下一代网络技术的代表,是基于分组的网络,利用多种宽带能力和QoS 保证的传送技术,具有通用移动性,其业务相关功能与其传送技术相分离。NGN 是以软交换为核心,能够提供语音、视频、数据等数字媒体综合业务,采用开放、标准的体系结构,是能够提供丰富业务的下一代网络。支撑 NGN 的关键技术主要有 IPv6、光纤高速传输、光交换与智能光网、宽带接入、城域网、软交换、3G 和后 3G 移动通信系统、IP 终端、网络安全等技术。

移动通信也是现代通信学科的一个里程碑技术,是推动通信向移动化和泛在化方向快速发展的重要基础。移动通信是指处于移动状态的通信对象之间的通信,包括移动用户之间的通信和固定用户与移动用户之间的通信,其通信业务有电话、短信、数据和多媒体业务等。移动通信系统包括蜂窝、卫星、寻呼和集群等通信系统,其中蜂窝系统作为公众移动通信系统,得到了最为广泛的应用。

移动通信技术在信息支撑技术、市场竞争和需求的共同作用下,在短短的二十年间获得了跨越式的发展。从传统的单基站大功率系统到蜂窝移动系统、卫星移动系统,从本地覆盖到全国覆盖,从实现国内漫游到实现国际漫游,从提供语音服务到提供多媒体的综合服务,从模拟移动通信系统到数字移动通信系统,移动通信技术历经了四个发展阶段。目前,以 3G 以及 4G 为代表的全新技术体系已经开始提供商业服务,面向 4G 的先进长期演进计划(LTE-Advanced)或 5G 标准也已经制定完成,投入商业运行指日可待。

无线广播技术是最早出现的大众电子传媒技术。通常所说的广播是指通过无线电波或导线传送声音信息的具备多功能的现代化信息传播工具。无线广播技术的发展也是动态的,这一技术是在电子技术和通信技术的基础上发展起来的,经历了调幅广播、调频广播、调频立体声广播等阶段。

数字化广播指的是将数字化音视频和数据信号,在数字状态下进行编码、调制、传递等处理。同时,数字广播本质上也有别于传统的 AM、FM 的广播技术,它通过地面发射站发射数字信号达到广播及数据传输的目的。目前,世界范围内的无线电广播都在积极地进行数字化转型,主要技术体系包括:HD Radio 系统(美国),DAB 系统(加拿大、澳大利亚、欧盟部分国家、亚洲部分国家、非洲部分国家)和 DRM 系统。

卫星通信技术是利用两个或多个人造地球卫星作为中继站来转发无线电波而进行信息传输的技术体系。自 20 世纪 90 年代以来,卫星移动通信的迅猛发展推动了天线技术的进步。卫星通信具有覆盖范围广、通信容量大、传输质量好、组网方便迅速、便于实现全球无缝链接等众多优点,被认为是建立全球个人通信必不可少的一种技术手段。

随着卫星技术和通信技术的发展,通信卫星的容量和功率越来越大,在轨卫星数量也越来越多,每颗卫星承担的业务种类也越来越多。卫星通信覆盖区域大,不受距离和地理条件的限制,而且频带宽、容量大。卫星通信作为空间宽带传输技术已成为地面光纤传输的重要补充,对边远地区和跨海越洋通信来说更是必不可少的通信手段。传统的卫星通信主要应用于广播和话音业务。近年来,由于通信技术的发展与业务的需求,卫星业务已从单纯的广播、话音业务向语音、数据、文本、图像、视频等多媒体业务发展。

无线互联网技术作为互联网技术的扩展,采用 IP 技术,允许各种无线和移动网络成为互联网的扩展。无线接入技术使得各种移动和无线终端可以通过无线方式接入互联网,从而获得互联网的各种信息服务,并能在互联网平台上进行通信。由于无线网络与有线互联网是异质异构网络,网络技术的发展具有渐进性和阶段性,所以,有线互联网的无线扩展(形式和内容)也是逐步演进的。

伴随着网络技术的发展、网络基础设施建设以及终端技术的发展,移动互联网与无线互联网在技术概念上的差异逐步缩小,二者可以统称为无线互联网技术。无线互联网技术包括移动网络接入、固定无线接入、无线局域网技术等。

(三)终端技术体系

数字技术为媒体终端的融合提供了必要的基础,数字终端的融合已经成为必然的趋势。数字终端的融合可以体现在很多方面,现在至少已经有两个比较清晰的层面:一是应对各种媒体传播网络融合的终端融合趋势,二是把其他领域的新功能增加到媒体传播网络终端的融合趋势。这两种趋势还可能同时体现在一种数字终端上。

IP 技术的普及应用,以及为电信网、计算机网络、广电网的三网合一提供技术基础的下一代网络(NGN)业务的控制、承载、接入分离的思想的提出,为未来网络融合提供了统一的架构。它支持水平业务提供模式,摒弃了传统的垂直业务提供模式,大大方便了新业务的快速开展和有效提供,可以支持语音、数据、图像等多媒体业务。这一发展促进了计算机(computer)、通信(communication)和消费类电子产品(consumer electrics)的 3C 融合。

数字终端在功能上也需要融合,这意味着终端需要在信息、娱乐等方面实现共享和互通。如将电视和计算机的优势最大限度地结合在一起,融合了计算机功能的电视机就同时带有消费类电子、IT 产品,以及电信终端的特征。数字终端的整合互通性也随着技术及应用交叉性的提高而增强。数字终端与其他终端产品的互通整合成为趋势,比如,手机与数码相机、PDA 和 GPS 等的融合。同时,随着终端整合互通性的不断发展,兼容和互通性极强的多功能一体化数字终端设备将成为主流。

1.手机

手机早先只是移动通信系统中便携的、可以在较大范围内移动的电话终端。第一代手机(1G)是模拟手机,俗称"大哥大",由于受到当时的电池容量、模拟调制技术需要硕大的天线、集成电路的发展状况等因素制约,这种手机外表四四方方,只能说它可移动但算不上便携。此类手机类似于简单的无线电双工电台,通话锁定在一定频率,所以用对调频电台就可以窃听通话。第二代手机(2G)是最早出现的数字手机,也是目前依然应用最多的手机。通常使用 GSM或 CDMA 等十分成熟的标准,具备稳定的通话质量和合适的待机时间。此类手机为了适应数据通信的需求,也支持一些中间标准,如支持彩信业务的 GPRS 和上网业务的 WAP 服务,以及各类 Java 程序等。第三代手机(3G)是指将移动通信与互联网等多媒体通信结合的新一代多媒体数字手机终端,它能够处理图像、音乐、视频流等多种媒体形式,提供网页浏览、电话会议、电子商务等多种信息服务。从近几年高端手机在硬件技术应用及功能上的发展可见,手机技术在声音、显示屏、计算能力、存储容量与方式、拍照和摄录及增值业务支持等方面的性能与质量正逐年大幅度提升,见表 4-1。

表 4-1 手机在硬件技术应用及功能上的发展

	2003 年	2004 年	2005 年	2006 年	2007 年	2008 年	2009 年	2010 年	2011 年	2012 年	2013 年
声音	40 和弦 Yamaha 芯片	64 和弦 MP3 环绕立体声	72 和弦 Yamaha 环绕立体声	72 和弦 Yamaha 环绕立体声	硬件媒体解码芯片组	硬件媒体解码器	硬件媒体解码器	硬件媒体解码芯片+软件解码器	硬件媒体解码芯片+软件解码器	硬件媒体解码芯片+软件解码器	硬件媒体解码芯片+软件解码器
屏幕	STN UFB	TFT TFD	TFT LCD	OLED LCD	OLED LCD	OLED LCD	OLED LCD	SLCD AMOLED IPS	SLCD AMOLED IPS	SLCD S-AMOLED IPS	SLCD S-AMOLED IPS
拍照	CMOS	CMOS	CCD	CCD	CCD	CCD	CCD	CCD	CCD	CCD	CCD
计算	单芯片 100MHz	双芯片 200MHz	双芯片 400MHz	单核 1GHz	单核 1GHz	单核 1GHz	单核 1GHz	单核 1GHz	双核 1GHz+	双核 1GHz+	双核 1GHz+
存储		128Mb Flash	512Mb Flash	1GB Flash	大于 3GB Flash	大于 3GB Flash	大于 3GB Flash	大于 3GB Flash	大于 3GB Flash	大于 3GB Flash	大于 3GB Flash

随着无线和移动数字新媒体技术的发展,各种新型的媒体服务形式不断涌现,媒体服务也迅速向无线和移动平台移植,手机不再只是移动通信系统中的电话终端,各种新的功能和新的服务不断被融合到手机中,比如媒体播放、手机上网、手机电视和手机游戏等,手机已经成为数字新媒体中不可或缺的数字终端。手机的发展将偏重于安全和数据通信,一方面加强个人隐私的保护,另一方面加强数据业务的研发,使更多的多媒体功能被引入;手机也将具有更强劲的运算能力,成为个人的信息终端。手机的智能化、微型化、安全化、多功能化和个体化是手机技术发展的必然趋势。

2. PDA

个人数字助理(portable digital assistant)这种手持数字设备集中了计算、电话、传真和网络等多种功能。相对于传统电脑而言,PDA 的优点是轻便、小巧、可移动性强,同时又不失强大的功能;缺点是屏幕过小,而且电池续航能力有限。PDA 通常采用手写笔作为输入设备,同时采用储存卡作为外部存储介质。

在无线传输方面,大多数 PDA 具有红外和蓝牙接口,以保证无线传输的便利性,许多 PDA 还具备 Wi-Fi 连接功能以及 GPS 全球卫星定位系统。PDA 不仅可以用来管理个人信息(如通讯录、日程计划等),而且允许用户通过无线方式上网浏览、收发电子邮件,甚至还可以当作手机来用。

随着微电子技术的发展,PDA 已经从原来简单意义上的个人数字助理,变成了人们一时也不能离开的随身工具,开始渗透到人们日常工作生活的方方面面。PDA 通过其强大的功能和便携的体积,改变着人们的工作与生活娱乐方式。

根据 PDA 的功能,可以将其细分为电子词典、掌上计算机、手持计算机设备和个人通讯助理机四大类。随着技术和市场的发展,按照用途可分为工业级 PDA 和消费品 PDA。工业级 PDA 主要应用于工业领域,常见的条码扫描器、RFID 读写器、POS 机等都可以称作 PDA;消费品 PDA 包括的比较多,如智能手机、平板电脑、手持游戏机等。PDA 在功能上的融合也成为一种趋势,同时 PDA 的原有功能也已经与其他的手持数字终端融合,比如智能手机几乎已经具备了 PDA 的全部功能。

如今,PDA 已经不再是简单的个人数字助理设备,其用途也不再仅仅是一本记事本、一台闹钟、一个计算器或通讯录,而成为一个功能强大的无线网络接入设备和数据交换产品。PDA 除了具有强大的工作能力外,数字媒体娱乐与游戏功能也是一个重要的发展方向。目前用户已经可以在 PDA 真彩触控显示屏上非常流畅而清晰地观看各种数据格式的主流媒体电影,或者倾听音质不错的数据格式音乐,采用重力反馈系统的 PDA 则允许用户享受更为丰富的游戏体验,而通过使用外接或内置的摄像头和收音机,PDA 又变成了收音机和数码相机或者摄像机,从而实现了一机多能。

同时,PDA 的魅力还在于其丰富的应用软件,包括汉化软件、文字处理软件、电子书浏览软件、看图软件、抓图软件、字典软件、信息理财管理软件、媒体播放软件、游戏软件等。PDA 成为个人事务管理、信息交流、娱乐休闲、人际交往的一种更快捷、更方便、更有效的工具。

目前,主流的 PDA 多采用 Android 系统、Windows 10 系统和 Mac OS 等操作系统。根据操作系统的不同,PDA 产品有着不同的优势和特点。综观目前的 PDA 产品技术情况可以发现,PDA 在操作系统、通信连接、多媒体娱乐、功能扩展能力,以及安全性、便携性、续航时间等方面的发展存在着共同的特点:操作系统越来越人性化,加之各厂商不遗余力地发展和升级操作系统,使 PDA 的使用和操作越来越简单;通讯能力越来越强大,其中包括蓝牙技术、Wi-Fi 技术、GPRS 技术以及 GPS 卫星定位技术等;多媒体娱乐功能越来越丰富,性能上已经直逼高性能的个人计算机;PDA 的扩展性和兼容性越来越强劲,已经支持多扩展卡连接储存卡、微型硬盘、调制解调器、网络卡、无线网络卡、蓝牙卡、数码相机、GPS、GPRS/GSM 电话卡、FM 调频收听卡等各种扩展设备;数据管理越来越安全,比如采用停电数据保护和数据自动备份技术,采用指纹识别技术保证数据保密性,使用具有加密算法的 GPRS 和蓝牙无线通讯技术等;续航时间越来越长,体积反而越来越小。

3. 媒体播放器

新技术总在不断地发展,几年前 MP3 随身听凭借着体积小巧和使用方便等优点,基本替代了磁带、CD 等产品,迅速占领了便携音乐播放器的市场。如今,结合了视频等播放器的新一代个人数码娱乐终端 MP4 又成为主流。

MP4 有两种概念:一是指继 MP3 之后的音乐格式,从技术层面讲,MP4 使用 MPEG-2 AAC 技术,也就是简称为 A2B 或 AAC 的技术;二是指支持 MPEG-4 这种视频格式的便携式播放器。

MP3 是 MPEG-1 Audio Layer3 的缩写,而 MP4 是 MPEG-2 AAC 音频压缩编码格式。MP4 的特点是音质更加完美而压缩比更大(15:1—20:1),增加了诸如对立体声的完美再现、比特流效果音扫描、多媒体控制、降噪等 MP3 没有的特性,使得音频在压缩后仍能完美再现 CD 的音质,同时最重要的是,MP4 通过特殊的技术实现了数码版权保护,这是 MP3 所无法比拟的。

目前,主流的 MP4 播放器主要有硬盘式 MP4 播放器和闪存式 MP4 播放器。硬盘式 MP4 播放器是现阶段发展的主流,其产品数量在市场上也占绝对的优势。硬盘式 MP4 播放器,简单而言就是以硬盘作为存储媒介的随身看。它一般还同时集成了其他功能,如数码相机、摄像机、录音笔、数码伴侣等。闪存式 MP4 播放器则是以闪存作为存储媒介的随身看,一般都支持内接闪存卡扩充,比如 SD 卡。

MP4 播放器的主要优点有:能够直接播放高品质视频、音频,也可以浏览图片以及作为移动硬盘、数字银行使用;有些产品还具备一些新颖和实用的功能,比如支持视频录制,可以将来自 DVD、电视等设备的信号以 MPEG-4 格式保存在硬盘中。

MP4 播放器的发展趋势主要有:移动观看高质量电视,拥有 DMB(数字多媒体广播)功能的 MP4 播放器便可以收看到无线电视,人们可以在第一时间观看各种新闻、电视剧、球赛;如何支持众多格式应该是 MP4 播放器需要解决的问题,目前已经有相关的技术出现;MP4 播放器集成全球卫星定位系统 GPS;MP4 播放器以薄和轻的路线提供产品,以闪存作为存储介质是 MP4 播放器的发展方向,如今的闪存芯片发展迅速,64 GB 容量的闪存卡已经面市;更多地融入其他数字设备的功能必然成为趋势,PDA 具有的笔式输入、词典、辨识文字与简图,以及语音及数据的无线传输等功能也会融入 MP4 播放器中,和 PDA 之间的融合趋势愈发明显;同时,随着人们对视频播放效果的要求越来越高,大体积的视频源也会越来越多,大数据容量也将是未来 MP4 的发展方向。

(四)应用技术体系

1.操作系统

移动互联网用户可以凭借移动终端(例如手机、平板电脑、电子书、掌上电脑等),以无线的方式通过各种网络接入互联网。这些移动终端由硬件和软件组成,其中最为基本的软件为操作系统。

操作系统(operating system,简称 OS)是控制和管理计算机系统的资源,合理地组织计算机工作流程以及方便用户使用的软件。一般由可执行程序和一套可与用户交互的操作界面组成。

程序在执行时所需的系统资源(处理器、存储器、外围设备和信息)是由操作系统来管理和调度的,所以操作系统也可看作对执行程序进行控制的软件;操作系统还向用户提供控制计算机的各种命令,并执行用户输入的命令,所以操作系统又可看作用户与计算机之间的接口,用户通过它可以方便地使用计算机。操作系统是现代计算机系统必不可少的基本软件。

操作系统的种类相当多,各种设备安装的操作系统从简单到复杂,可分为智能卡操作系统、实时操作系统、传感器节点操作系统、嵌入式操作系统、个人计算机操作系统、多处理器操作系统、网络操作系统和大型机操作系统。按应用领域划分,主要有三种:桌面操作系统、服务器操作系统和嵌入式操作系统。在智能终端领域主要使用的是嵌入式操作系统。

其中主要操作系统包括微软采用的 Windows Phone、Google 的 Android、苹果 iPhone 采用的 iOS 以及黑莓的 BlackBerry OS 等。

(1)Android 操作系统

2005 年,Google 收购注资了 Android 系统,Android 最早是由 Andy Rubin 开发的软件平台,后来才开发了手机操作系统并扩展到平板电脑及其他应用领域。Android 除了轨迹球和菜单外,还留有 Home 及 Back 按钮,但其大部分功能主要依靠触摸屏完成,综合了 iPhone 和 BlackBerry 的应用操作与整体界面风格。Android 是由 Linux 操作系统和 Java 开发语言构成的开源软件,它提供了包括软件开发工具箱(SDK)、核心应用软件(Key Apps)、中间件(Middleware)、Linux 内核(Linux Kernel)四个部分在内的一整套智能手机操作系统解决方案。为了使该操作系统具有更好的可移植性,以及保证子版本的多样性,Android 操作系统开放了基于 Linux 内核的所有开发工具。利用 Android 平台,研发人员不但可以开发不同的应用程序,还可以将新的程序组件提供给其他的应用程序以备调用。

作为世界上第一个采用开放源代码建立的智能手机操作系统,Android 系统由最初的 Android1.5 版本,发展到了现在的 Android7.0 版本。

Android 系统的增长速度远远超过了苹果的 iOS 系统,仅推出两年就超越了诺基亚 Symbian 系统。2012 年 2 月的调查显示,Android 系统占全球 52.5% 的市场份额,占中国市场份额的 68.4%,一跃成为世界上最受欢迎的智能手机操作系统。

Android 系统为硬件制作商和第三方软件开发人员提供了自由和便利,前者可以通过修改源代码来适应机型,后者可以使设计的数量成倍地增长。该平台提供免费服务,因此深受生产商和用户的欢迎。国内部分厂家已发展了定制系统服务,如华为手机中部署的 EMVI、中国移动定制机中部署的 OMS 等。

目前 Android 操作系统已经不仅应用于智能手机和平板终端中,同时也被广泛应用于家庭信息平台、多媒体播放终端、机顶盒等诸多产品之中,其正在大范围构建产品库,并实现可共享、可沟通的状态。

(2)iOS 操作系统

苹果 iOS 是苹果公司独家开发的专门服务于 iPhone 等手持设备的操作系统,后来运用到了 iPod touch、iPad 以及 Apple TV 等其他苹果多媒体产品上。该操作系统脱胎于 Unix,在 Darwin 的基础上开发而成。该操作系统于 2007 年 1 月 9 日在 Macworld 大会面世,主要使用多点触控与系统交互完成操作,包括滑动、轻按、挤压及旋转等方式。

苹果 iOS 原名为 iPhone OS。iPhone OS 1.0 于 2007 年 9 月正式推出,部署在第一代 iPhone 上,拥有虚拟语音邮件、网络浏览、观看 Youtube 视频等功能。首次出现的多点触控手势操作,为使用者带来了免触笔、无按键的手机操作理念。iPhone OS 2.0 于 2008 年 7 月正式推出,部署在 iPhone 3G 上,首次支持了中文手写输入,同时 iPhone 3G 也是第一部被正式引进国内的 iPhone,添加了 AppStore 和 GPS 导航等新功能。

iPhone OS 在 2010 年 6 月 7 日的 WWDC 大会上正式改名为 iOS,同年,部署了 iOS 4 系统的 iPhone 4 全面支持 CDMA 网络,由此 iPhone 开始大规模进入中国市场。之后 iOS 系统基本上保持着每年更新一次的频率,功能愈发强大(如图 4-2)。

iOS 操作系统在游戏和视频领域表现较为抢眼,结合 Wi-Fi 便可作为在线观看视频的服务终端。苹果公司适时与开发商合作,针对 iOS 专门推出高品质游戏。除此之外,iOS 还具有较强的封闭性,由于不支持 Flash,提供商特意制作出 HTML5 版本用以解决兼容性障碍。苹果 iOS 发展迅猛,截止到 2011 年 11 月,iOS 占据全球智能手机系统市场 30% 的份额,美国市场份额为 43%。

图 4-2　iPhone/iOS 历代主界面

(3)Windows Phone 系统

Windows Phone 是微软研发的智能手机操作系统,该系统整合了 Xbox LIVE 游戏、Zune 音乐与视频,Windows Phone 8 更是采用与 Windows 8 相同的内核设计。2010 年 10 月 11 日,微软公司发布了基于 Windows CE 内核的 Windows Phone 7,与当时已经占据智能手机终端市场的 Android 和 iOS 同台竞争。Windows Phone 的操作设计极为前卫,采用了颠覆性的 Metro UI 系统,以信息优先、大色块、大文字、动态磁贴桌面定制等为代表的设计理念让人眼前一亮,区别于 iOS 的现代化设计风格让 Windows Phone 在极短时间内就有了大量的追随者,其设计风格也开创了目前被普遍接受的扁平化风格的先河。2011 年 2 月,微软与诺基亚组成战略同盟,共同合作研发庞大的智能手机操作系统(Windows Phone 7 及 7 系列操作系统),这种强强联合让业界普遍认可了 Windows Phone 的巨大潜力。

遗憾的是,虽然 Windows Phone 凭借之前的积累,在用户使用习惯等方面占据优势,但是其与手机制造商的合作及对第三方软件的支持远远不够。Windows Phone 的 OEM 合作伙伴很少,且对第三方程序的限制较多。虽然在

Windows Phone 推出的早期,微软凭借强大的技术号召力,拉拢了华硕、惠普、索尼爱立信、东芝等厂商推出 Windows Phone 定制机型,但由于微软自身的战略设置问题,OEM 厂商在 Windows Phone 由 7. x 升级为 8/8.1 的时候并没有选择跟随,而是纷纷离开,只剩下微软自己的 Lumia 系列支撑门面。

Windows Phone 本身也是一个封闭系统,微软 Windows Phone 的应用数量极为单薄,支付宝、QQ、淘宝、微信、Instagram、Facebook 等应用一直处于质量极差的状态。由于 OEM 厂商的流失和用户数量的下降,应用开发商也普遍缺乏维护和进一步开发的动力,导致用户体验不佳、使用极为不便。

2012 年,微软公司发布了基于 Windows NT 内核的 Windows Phone 8。2014 年,微软趁着收购诺基亚手机部门的劲头,正式推出了 Windows Phone 8.1,Windows Phone 也正式从 8.1 版本开始成为一个完善的操作系统和生态。微软全生态系统的优势也开始体现。同样基于 Windows NT 内核的 Windows 8 桌面版和 Windows Phone 8 在实现了 UI 的统一,其技术内核的统一象征着微软生态内部桌面端和移动端共享应用的开始。

2015 年 7 月,Windows 10 桌面版正式发布,世界上第一款不仅适用于 PC,也适用于手机、平板电脑、Xbox、物联网等多种设备的操作系统诞生了。以往设备与设备之间 OS 互不相同的状况被打破,手机与台式 PC、笔记本电脑的区划将被移动设备与桌面设备的区划所取代。同年 4 月,微软举办了 Build 2015 开发者年度大会。在 Universal Windows Apps(UWA)的基础上,正式推出了 Universal Windows Platform(UMP),将原有软件和应用层面的统一提升到了平台层面,利用 UMP 开发的程序将适用于 PC、手机、平板电脑、Xbox 和微软开发的其他硬件设备。UMP 为开发者提供了多种开发 UMP 的途径,包括:将进行小规模修改后的 iOS 应用在 Windows 10 上运行;在 Windows 10 Mobile 内安装一个安卓系统虚拟机,允许直接运行开发好的安卓程序;为开发者提供一套工具,允许其将原有的 Win 32 应用(. exe 文件)转制成 UMP 等方式。这大幅度扩展了 Windows 10 Mobile 的应用来源,丰富了用户选择,增强了用户体验。

微软预计,在 2018 年,Windows 10 的装机量将达到 10 亿,如果这一设想能够实现,将构建起一个巨大且富有前景的 Windows 生态圈(如图 4-3)。

图 4-3　微软 Windows 全生态示意

（4）Blackberry OS 操作系统

黑莓系统（BlackBerry OS）是 Research in Motion 开发的操作系统，于 1998 年开始应用，因其邮件接收器像草莓表面的粒子而得名，标志为全键盘和轨迹操作方式。该操作系统的研发人员和用户群相对固定，黑莓是人们最熟悉的智能手机，其最大的特点就是拥有无比强大的邮件处理能力。BlackBerry OS 通过 MIDP 1.0 和 MIDP 2.0 的子集，采用具有双向寻呼模式的移动邮件系统，在与 BlackBerry Enterprise Server 连接时，运用无线的方式激活，并与 Microsoft Exchange、Lotus Domino、Novell GroupWise 同步各种功能。黑莓系统因其邮件系统、操作方式及安全性能而在欧美极为流行，特别是在北美。美国 9·11 事件发生时，副总统切尼使用的黑莓手机能在通信瘫痪的状况下实时接收关于灾难的信息，这使得美国掀起了"黑莓风"。

BlackBerry OS 具备多任务处理功能，并支持如轨迹球、触摸板、滚轮等特定的输入装置。但是随着智能手机的快速发展，BlackBerry OS 已经远远不能满足人们对手机的要求，其更多的产品被用于政府机构和特殊部门，而其商业价值正逐渐降低。

2. 操作系统和软件产业链

操作系统作为移动终端的基础软件，本身就构成了一个可以积累大量信息并以此进行商业活动的平台。这一平台主要由用户、广告主、半导体公司、手机和其他终端制造商、操作系统提供商、移动网络运营商、手机应用交易平台、支付平台、广告代理平台、应用软件开发商 10 个角色组成。

用户：智能手机操作系统的最终使用者，用户通过购买安装有操作系统的手机、平板电脑以及其他终端来使用智能手机操作系统安装的应用软件。

广告主：广告主特指在内容及服务交易平台的内置广告平台上进行广告投放的商家。这些广告主可以是手机应用程序开发商，也可以是手机应用程序开发商之外的商家。

半导体公司：是指为手机和其他终端生产、提供最为基础的硬件模块的公司。这些硬件模块包含手机中央处理器、声音处理器、图形处理器、无线电半导体、GPS 技术等。智能手机操作系统的硬件驱动程序负责监控不同类型的硬件，其接口不是定制的，具有普适性。

手机和其他终端制造商：面向终端用户提供各种移动终端设备，包括智能手机和平板电脑等的制造商。进入智能移动终端时代，尤其是开放式操作系统的出现，使得操作系统和硬件生产可以相对独立。实力较强的厂商如苹果、黑莓等会研发自己专用的移动终端操作系统，而实力较弱者更倾向于使用移动终端操作系统提供商的智能手机操作系统。

操作系统提供商：他们为终端制造商提供移动设备的操作系统（例如 iOS、Windows Phone、Android 等）。操作系统是用户操控终端设备的界面和运行移动应用程序的基础，且内容/服务提供者只能基于特定的操作开发、提供移动应用。

移动网络运营商：无线网络的运营者，包含传统的电信运营商以及能提供无线接入（例如 Wi-Fi）的有线网络运营商。现阶段，电信运营商正面临着被管道化的趋势，除了语言服务和传统移动数据服务以外，移动互联网成为运营商战略发展的重心。

手机应用交易平台：把内容生产商生产的应用或信息传递给终端用户的渠道平台。该渠道可以是内容生产商自建的网站，也可由网络运营商、终端制造商、操作系统提供商，甚至是完全独立的第三方平台建设。这里主要指的是智能手机操作系统独立的应用软件交易平台。

支付平台:指的是独立的支付平台或支付工具。终端用户就是以独立的支付方式购买服务的,第三方支付平台的出现加速了电信运营商管道化的进程,用户可通过第三方支付平台绕过电信运营商,直接同内容生产商进行交易。

广告代理平台:本书中的广告代理平台特指操作系统厂商拥有的,可供用户在移动电话网络上播放广告的软件平台,例如谷歌的 AdMob。广告代理平台往往通过在手机应用里嵌入一段代码的方式去获得手机应用运行时的广告展位。

应用软件开发商:指的是通过移动应用的形式为用户提供各种应用服务(例如手机游戏、手机社区、位置服务、手机搜索等)和信息服务(例如视频、音乐、资讯等)的开发者。应用软件开发商通过调用智能手机操作系统的应用程序接口(API)来开发自己的应用程序。

3.数据库与媒资系统

(1)数字媒体数据库

数字媒体数据库系统是数字媒体技术与计算机数据库技术深度结合所产生的一种新型数据库,文献上更多地称之为多媒体数据库。它不仅指数据库中的信息涉及的数字、字符等格式化的表现方式,而且还包括数字媒体的非格式化表达方式。数据管理涉及对更为复杂的对象的处理。目前业界普遍使用的数据库系统,主要特点为:数据相对独立,同时会按照一定的格式统一存放于数据库中;用户通过客户端或云端的数据库管理系统实现对数据库的操作和控制,同时使用检索和归类整理功能。

由于数字媒体数据的特殊性,传统的数据管理技术并不适用,需要建立数字媒体数据库和数字媒体数据媒资系统进行管理。

数字媒体数据库系统内所包含的数据主要可以分为格式数据和无格式数据两类。格式数据结构简单,处理较为方便。用户通过调用关系数据库内的格式数据来检索无格式数据并获得结果。无格式数据(图像、视频、音频等)除了具有数据量较大的特性外,还具有复合性、分散性和时序性等特点。复合性是指多媒体数据是由多种数据组合而成的。分散性是指多媒体数据可以分布在不同的终端和设备上。时序性指的是多媒体信息之间普遍存在的联系多数与时间线有关。以上特点对数字媒体数据库的建设和管理提出了更高的要求。

目前运行中的数字媒体数据库主要包括以下三种实现方式：

第一种是从关系数据模型开始的数字媒体数据库。

关系数据库只能处理简单的格式信息，包括字符、数字等在媒体分类上属于符号媒体的信息，但无法处理图像、视频、声音等多媒体信息。简单的处理方式是在关系数据库内引入新的数据类型来描述多媒体数据，并通过运用新的技术手段解决对多媒体数据的管理问题。这种扩充关系数据库的方法较为容易实现，但是由于技术本身存在缺陷，这类数据库只能用于储存，无法提供内容的查询和检索。

第二种是面向对象的数据库。

计算机程序学中，面向对象是一种认识方法学，也是一种全新的程序设计方法和理念，指的是把数据及对数据的操作方法放在一起，作为一个相互依存的整体——对象。对同类对象抽象出其共性，形成类。类中的大多数数据只能用属于本类的方法进行处理。类通过一个简单的外部接口与外界发生关系，对象与对象之间通过消息进行通信。程序流程由用户在使用中决定。

对象即人将各种具体物体抽象后的一个概念，人们每天都要接触各种各样的对象，如手机就是一个对象。这种数据库设计方法倾向于从媒体的数据模型入手，采用面向对象的方法中的对象、方法、属性、消息、对象类的层次结构和继承特点描述多媒体数据模型。相对于第一代关系数据模型数据库而言，面向对象的数据库结构除了具有永久性、可存储管理性、并发控制性、可以查询等特点之外，还具有更易于掌握、支持更复杂的应用、可以存储大型的数据结构、可以直接调用对象、开发环境更为优良、可以与其他应用无缝对接等特点。

第三种是分布式超媒体数据库。

多媒体信息数据类型繁多，需要采用面向对象的方法来描述和定义系统的媒体类型，并支持用户自定义的扩展数据类型。多媒体信息不同于一般意义上的符号信息，用户接口需要按照多媒体的特点来设计，从而改变用户使用第一代和第二代数据库时形成的使用习惯和操作方式。媒体数据的复合、分离、时序、空间性质和直观的语义联系特点，使系统用户的操作不限于形式化的命令查询和表格浏览，而是通过丰富的超媒体形式进行浏览，开展基于媒体内容的查询。

多媒体数据不仅数据量极大,更重要的是,包含的信息量极为丰富。媒体数据内及其各种组合包含难以通过符号化方式描述的信息和信息线索。用户检索信息时,这些线索将是有效的检索条件。信息线索是在超媒体数据库中进行内容查询的重要选择条件,存在于媒体数据之中和媒体数据之间,允许使用用户自定义的特定词或者特定词组来进行描述,或通过计算机自动进行特征抽取,这与用户的经验、知识、特定的应用领域和上下文有关。

目前业界尚没有完善的数字媒体数据模型库,所以还没有出现标准的数字媒体数据库结构体系,现行的解决方案主要是扩展现有的关系数据库结构,一是扩展字段长度,二是将原有数据库改为面向对象数据库。当下数字媒体数据库即超媒体数据库缺乏坚实的理论基础,有些技术实现起来存在较大的技术难度,但是超媒体数据库的发展还是很快的,其中有些产品已经走向应用了。数字媒体数据库应该包括图像数据库、视频数据库、音频数据库、全文数据库等一系列的专业数据库类型,并能统一管理和使用这些专业数据库,但是目前离这一目标还有相当长的距离。

(2)数字媒体媒资系统

数字媒体媒资系统是数字媒体数据库系统不可或缺的应用层系统。现阶段,数字媒体媒资系统主要是利用基于文本的检索技术(TBR 技术),但是在使用中,利用文本描述的方式来描述数字媒体的特征,无法揭示和表达数字媒体信息的实质内容和语义关系。即便可以利用文字标签对数字媒体资源进行分类和标示,也难以充分揭示和描述资源中更具有代表性的特征,同时文本检索也存在极大的主观性。

基于内容的检索技术(CBR 技术)简单地说就是根据媒体信息的内容来检索,包含信息资源和检索两方面内容。理论上讲,基于内容的检索突破了传统的基于文本的检索的技术局限,可以直接对图形、音频、视频内容进行分析,抽取特征和特定语义,利用这些内容特征建立索引并以此进行检索。基于内容的检索方式是数字媒体媒资系统技术的发展方向。

一是基于文本的数字媒体信息资源检索技术

早期数据库的检索处理对象只有文本,我们现在使用的大量信息检索技术是建立在文本检索的基础上的。因此，对于数字媒体信息的检索也就采用了基于文本的信息检索技术，并且它仍然是当前最为基本、最为常用的一种数字媒体信息检索方式。这种基于纯文本的信息检索技术的建立流程是：首先，对数字媒体资源进行人工分析，并抽取反映该资源物理特性（如拍摄方式、分辨率、载体、文件大小等）和内容特性（如责任者、代表内容、主体信息、主题词等）的文本信息；然后，针对这些文本信息进行领域分类，或者提取关键词进行文字著录或标引，建立类似于文本文献的标引著录数据库，从而实现对数字媒体信息资源的检索。

在现实使用中，基于文本的数字媒体信息检索纯粹是以数据库内的媒体资源的外部特征作为检索入口的，它无法表现和揭示媒体信息的实质内容和语义信息。其主要缺陷为：对媒体信息资源进行人工关键字标引时，人工注释需要大量的人力；媒体信息数据量极大，难以涵盖所有的隐藏信息和线索且主观性极强；同时，对于音视频等时基资源，纯粹的手工处理是不可行的，必须使用计算机进行实时内容分析。

二是基于内容的数字媒体信息资源检索技术

基于内容的检索方式本质上就是从大量的媒体资源中提取特定的信息线索，同时再根据这些线索在储存于数据库中的大量媒体资源里进行检索，查找到具有相似特征的媒体数据，其中包括图像内的颜色、纹理、形状，视频中的镜头、场景、运动，声音中的音调、响度、音色等。

作为一种信息检索技术，它可以嵌入或者接入其他数字媒体应用系统内，如超媒体系统、移动媒体系统等，并在这些系统内提供基于数字媒体资源的检索和查询。

基于内容的图像检索技术可以直接从图像中获得可观的视觉内容特征，并以此来判断相关性和相似性，这类方法已经成为图像检索技术的研究主流。图像检索中包括静态图像和视频。静态图像的底层特征包括颜色、纹理、几何形状、灰度统计特征等，高级特征包括了人脸、表情、特定物体、景物特征等。视频所包含的信息最为丰富和复杂，其底层特征包括镜头切换类型、特技效果、摄像机运动、物体运动、代表帧等，高级特征包括描述镜头内容的事件等。

五、从竞争到融合的技术演进

(一)三网竞合的历史

随着信息技术的快速发展,人们对信息交流的要求已不再局限于单一的语音信息交流。随着数字技术的不断发展、网络传输速度的加快,包含语音、数据、图像的综合信息服务给人们提供了更加自然、生动、真切和有效的交流方式。

在我国,2001 年制定并通过的"十五"计划纲要中第一次明确提出促进电信、电视、计算机三网融合;2006 年制定并通过的"十一五"规划纲要中指出,应积极推进三网融合,加快发展宽带用户接入网,稳步推进新一代移动通信网络建设,建设集有线、地面、卫星传输于一体的数字电视网络,构建下一代互联网,加快商业化应用,制定和完善网络标准,促进互联互通和资源共享。三网融合是一种重要的产业融合现象。随着信息化的推进、网络的快速普及、电子信息技术的不断进步,三网融合的技术和体制障碍不断减少。世界各国纷纷将三网融合作为提升信息产业发展的新的增长引擎,并上升为重要的国家战略,其中有许多成功经验为我国全面推进三网融合提供了重要启示。

2010 年 1 月 13 日,时任国务院总理温家宝主持召开国务院常务会议,决定加快推进电信网、广播电视网和互联网三网融合,会议上明确了三网融合的时间表。

国内三网融合的定义是指电信网、互联网和广播电视网三大网络通过技术改造,实现宽带通信网、数字电视网、下一代互联网的融合,并能够提供包括语音、数据、图像等的综合多媒体通信业务。融合主要是指业务应用层面的融合,表现为:技术标准趋于一致,网络互联互通,物理层资源实现共享,业务应用层互相渗透和交叉,所有业务和技术基于统一的 IP 通信协议,最终融入行业监管政策和监管机构统一的国际大趋势。

互联网本质上是一种寄生性网络,不对底层做任何规范,没有自己真正的主干网,主要依托于其他基础网。互联网与电信网的融合已完全实现,互联网与广播电视网的融合也基本实现。所谓三网融合,并非仅限于网络的融合,其所涉及的范围十分广阔,最终将使三个产业链融合,即三业融合,这必将造就一个全新的产业。

近十年来,中国数字移动媒体产业发展的基本现实是:围绕三类网络体系自然形成了三个主力发展阵营。总体而言,这三个阵营一直在分立发展,相互竞争。也可以说,更多的是三网竞争,而不是三网融合。但是,从国家调整产业结构、推动产业升级的角度看,这种行业割据、分立竞争的现状不符合国家战略意图。因此,从国家自 2009 年高调重启三网融合工程的举措看,中国数字移动媒体产业的进一步走向必然会受到三网融合进程的影响。

根据国家的定义,三网融合是指电信网、广播电视网、互联网在向宽带通信网、数字电视网、下一代互联网演进过程中,其技术功能趋于一致,业务范围趋于相同,网络互联互通、资源共享,能为用户提供话音、数据和广播电视等多种服务。可以说,从国家发展战略层面看,三网融合既是必然趋势也是硬性要求。从国家对三网融合的整体部署看,基本涉及三个层面的融合预期:

1. 网络融合

目前,中国有线网络骨干网里程较短,数字化和双向化程度低,而且区域分割、互不连通;电信网接入带宽不足,且运营商之间网络资源分布不均。三网融合要求通过推进下一代宽带通信网、广播电视网和互联网等国家网络基础设施的建设,使广电和电信两张物理网逐渐走向同质化:架构相似、技术趋同、标准统一,最终实现互联互通。

2. 业务融合

目前,中国广电以音视频业务为主,电信以语音和数据业务为主,二者互不开放(采用许可证管理),互不准入。随着未来网络技术的趋同和融合,广电和电信业务也将逐步融合,并最终走向对等开放,即广电和电信均可经营视频、语音和数据业务。

3. 监管融合

当前,中国按不同产业部门来实施分业监管,即广播电视网络归属广电总局,电信网归属工信部,互联网由工信部、广电总局、文化部、国务院新闻办等共同监管。随着未来网络技术和业务经营的趋同,有望按功能重新划分监管范围:以"大文委"为代表的政府职能部门侧重内容监管,工信部则侧重传输网络监管,逐步实现新的融合监管格局。

(二)三网竞合的现状

以目前的情况来看,在数字移动媒体领域,三网融合在技术层面和监管层面有重重阻碍,业务层面的融合则超出预期。总的来说有以下几点:

1. 技术层面:行业博弈下的三网分立演进,竞争发展

从近几年广电、电信两大行业阵营在技术领域的发展水平看,电信阵营的技术体系在服务个人用户层面已经形成了明显的网络规模优势,在提供语音、数据等全业务运营的支撑能力和扩展能力上具有领先性;广电阵营的技术体系在服务车载移动媒体方面已经具备接入优势和较成熟的覆盖支撑能力,但在全程全网的联通性、运营个人业务和全业务的支撑能力上存在缺陷。

总之,在数字移动媒体领域,电信技术体系的综合优势强于广电技术体系。但是,由于广电、电信两大行业都希望在技术上取得三网融合的主动权,所以合作共建的行动少,独立自建的动作多,重复建设不可避免,分立竞争的格局没有改变。

2. 业务层面:市场主导下的内容资源共享,业态融合

三网技术体系共同升级演进,直接推动了三类网络业务支撑能力的趋同。随着无线广播电视网络的双向化改造,广电阵营也开始提供互动类业务;随着蜂窝通信网络的4G升级,电信阵营竞相提供流媒体类业务;随着无线互联网的普及,丰富的互联网业务开始应用到无线环境。三类阵营业务形态的差异在弱化,融合的趋势明显。

在业务领域,市场的资源配置效率和价值传导能力得到了提升,这直接推动了内容资源在不同阵营、不同网络间的跨网流通、整合共享,也促进了好的业务模式和运营经验在三个阵营间的充分借鉴、共享和再造。

3. 监管层面:体制约束下的管理冲突,监管权纷争

数字移动媒体的监管是跨行业、跨网的,这就给传统的监管结构造成了冲

击。不同行业的监管者,主观上都希望掌握更多的监管权,客观上就导致不同行业监管机构围绕监管权产生争夺和摩擦,比如广电和电信行业围绕内容制播权而产生的长期纷争。

从技术角度看,数字移动媒体的成型与发展、分化与融合都与网络传输技术体系有关。数字移动媒体的传输网络,从近十年的发展来看,并不是单一技术体系的演进,而是多网竞合、并行发展的过程;进一步分析,就是蜂窝移动通信网、无线广播电视网和无线计算机互联网三种主要的网络支撑技术体系的并行发展。因此,数字移动媒体又可以细分出三大阵营:一是依托蜂窝移动通信技术体系发展而成的蜂窝通信网型数字移动媒体(下文简称 A 类数字移动媒体);二是依托无线广播电视技术体系发展而成的广电网型数字移动媒体(下文简称 B 类数字移动媒体);三是依托无线互联网技术体系发展而成的无线互联网型数字移动媒体(下文简称 C 类数字移动媒体)。这三大阵营,与我们经常提及的"电信网、广播网和互联网"的"三网"概念相对应。

电信网、广播网和互联网无论从构造还是性能上看都存在差异,三大阵营的数字移动媒体的技术特点基本反映了三网的特性,简单来看:

A 类数字移动媒体的承载网是蜂窝通信网络,该网的特点是双向、窄带、对话音业务支撑保障能力强,运营商对网络管控力强,主流终端是手机和个人便携式电脑。这个阵营的技术演进方向是 NGN(下一代电信网)。

B 类数字移动媒体的承载网是无线电广播网络,该网的特点是单向、宽带、对音视频类多媒体业务支撑能力强,电台、电视台和网络公司是网络的主导控制力量,终端类型多元,以车载终端和手持终端为主。这个阵营的技术演进方向是 NGB(下一代广播电视网)。

C 类数字移动媒体的承载网是向无线域扩展的计算机网络,该网为分布式、自治型的全 IP 双向网络,目前多用于局域网服务,具备典型的互联网特征,终端以笔记本、手机为主。该阵营的技术演进方向是 NGI(下一代因特网)。

(三)从"老三网"到"新三网"

在互联网出现之前,国内已经存在三个主流的信息网络,分别以纸媒、广电和通信为代表。这三个阵营各自依托异质的基础网络、异质的服务与功能、差异化的用户认知、行政分立的行业管理和系统内的分工协作,形成了分立发展、秩序井然的传统信息网络版图。以纸媒、广电和通信为代表的网络也被称为"老三网"。

其中,电信、广电两大阵营基于各自技术、市场、行政以及用户各维度的发展预期,均产生了"以我为主、赢者通吃"的融合冲动。两网之间各自为政、各行其是的融合运动,在技术边界、市场边界、行政边界等关键领域内都引发了尖锐冲突,这必然引发对手的抵制和反制行动,难以弥合的分歧挑起了旷日持久的复制性竞争。电信、广电两网间的融合陷入僵局,唯有大变动才能推动融合和重构。

目前国内三网融合的总体进程磕磕绊绊,但从长期演进的现实路径来看,互联网在其中扮演了至关重要的角色,对三网融合的未来格局具有决定性影响(如图 4-4)。

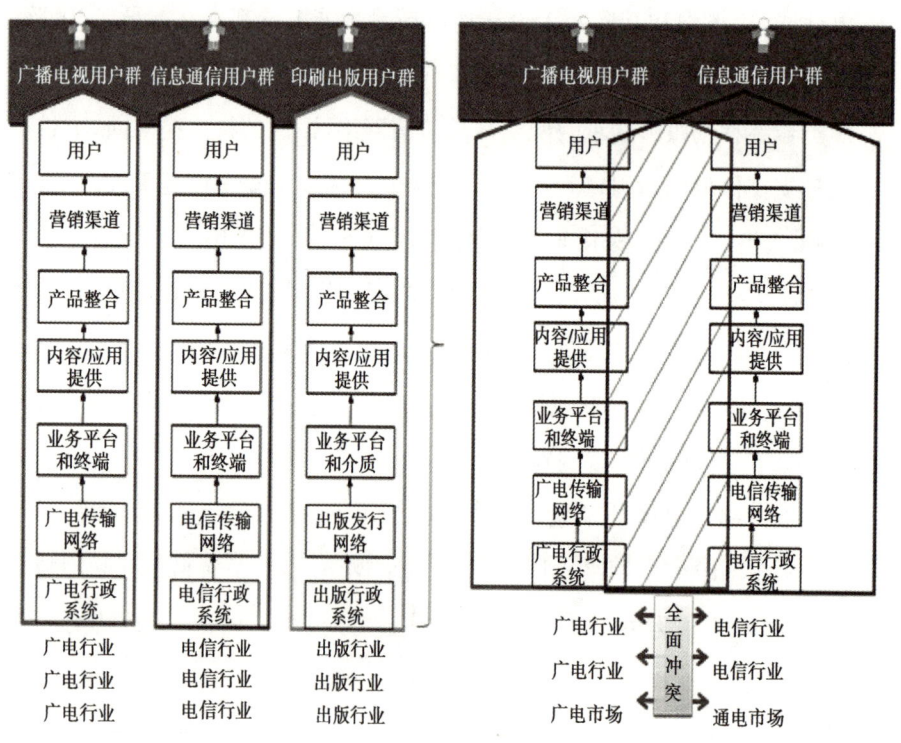

图 4-4 从"老三网"到"新三网"的冲突来源

随着互联网在中国的发展，传统三网都不同程度地受到了影响。20 世纪 90 年代中后期，国内印刷媒体受到全面冲击。互联网门户网站兴盛的背后是国内印刷媒体整体衰落的事实；进入 21 世纪，互联网开始冲击电信网，尤其是互联网即时通信业务和 IP 语音服务的长足发展，蚕食着电信网的固有优势市场，直接迫使国内通信运营商提前探索"互联网化"的战略方案；2008 年以来，随着互联网带宽能力的提升，流媒体业务在资本的驱动下获得全面发展，这就对广播电视网的传统优势市场构成了直接冲击。至此，互联网在实现自我演进的同时，也逐步实现了对国内传统三网的竞争、融合甚至是替代。

广电部门自 2000 年以来一直在发展数字电视，但进展缓慢，用户满意度不高，存在"事业单位，企业管理"和"条块分割"等体制问题。广电部门的优势是信道资源丰富，具有节目播出权并掌握内容；广电部门的劣势是只有单向网，条块分割，缺乏企业思维、运营能力和技术力量。广电部门提出了下一代广播电视网（NGB，Next Generation Broadcasting）的目标概念，提出成立国家有线电视公司，进行双向网改造，推出高清数字电视（HDTV，High-Definition TV）、3D-HDTV 等新业务，封杀网络电视（IPTV）。广电部门的发展策略是在有线电视数字化和移动多媒体广播电视（CMMB，China Mobile Multimedia Broadcasting）的基础上，以自主创新的"高性能宽带信息网（3Tnet）"关键技术为支撑，构建适合我国国情的"三网融合"的、有线与无线相结合的、全程全网的下一代广播电视网络（NGB），构建以自主知识产权技术标准为核心，可同时传输数字和模拟信号，具备双向交互、组播、推送播存和广播 4 种工作模式，可管、可控、可信、全程、全网的宽带交互式下一代广播电视网络。

金融危机过后，增加网络带宽和创新业务模式成为促进经济增长的手段之一，电信运营商的传统业务饱和、增长空间有限，急需新业务。电信部门的优势是具有双向网，可以做到全程全网，企业经营，技术力量强，资金实力雄厚；电信部门的劣势是接入带宽有限，无节目播出权。电信部门正在增加接入带宽，到目前为止，各大网络服务商已经基本具备在光纤入户区域提供 100Mbit－300Mbit 网络接入的能力，企业用户宽带可以达到 1000Mbit，高端企业能达到 10 Gbit。在拓展带宽的基础上，以双向网络为依托扩展服务、培养用户，继续向

(NGN)方向前进。

无线域扩展的计算机网络为分布式、自治型的全 IP 双向网络,目前多用于局域网服务,具备典型的互联网特征,终端以笔记本、手机为主。该阵营的技术演进方向是 NGI(下一代因特网)。从网络的物理构造看,互联网"寄生"在电信、广电的基础物理网上,电信、广电网络的升级演进,进一步夯实了互联网的底层基础;从传播机制看,互联网依托以 TCP/IP 为代表的全球统一传输协议,推动了全球范围内数字信息的全网传输流转,实现了海量信息的大汇流;从业务层面看,互联网应用服务市场,相较于国内的电信、广电、印刷出版这三个传统领域,市场管制较松,开放度高,进入门槛低,这直接刺激了资本和企业的争相进入。高度的市场化,推动了应用的丰富和不断创新。在这样的环境下,互联网成为以资本市场和 IT 厂商联合主导的高度市场化的产业,并形成了"应用为王"的产业竞争优势(如图 4-5)。

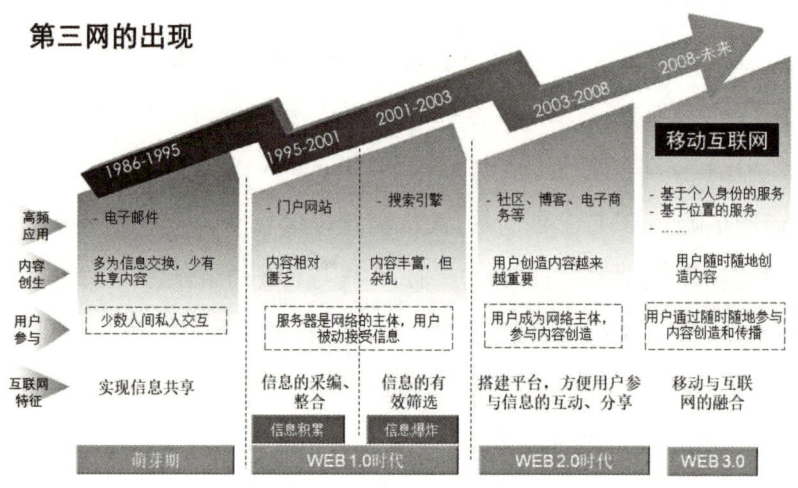

图 4-5 互联网成型演进的基本轨迹

六、移动互联网的关键技术体制

移动互联网可以分为终端基础设施(终端)、网络基础设施(网络)以及应用基础设施(业务系统)三个部分。以下是三大基础设施涉及的关键技术(如图 4-6)。

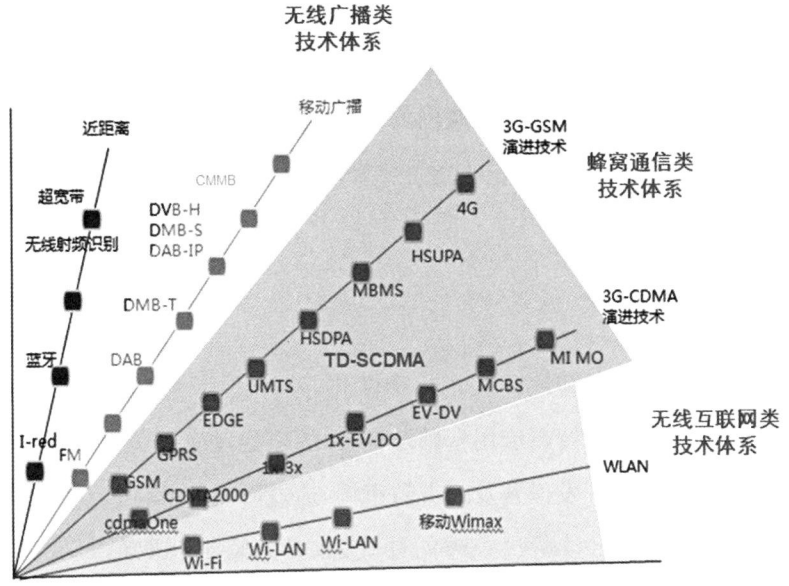

图 4-6　国内数字媒体三网技术演进路线图

(一)关键终端技术

　　未来,终端将集互联网、电信业务能力等多种功能于一身,手机智能化、应用导向化和娱乐化是移动通信终端发展的趋势,多功能终端设备和应用导向型设备发展迅速。

　　硬件层面的技术有:SOC 单芯片方案、省电技术、多模多待技术(涉及两网射频的互扰、两网协同等问题)、HSPA 技术、多种无线接入技术、多种输入技术(例如触摸滑屏输入、语音输入技术等)。

　　软件层面涉及手机操作系统、手机浏览器、手机客户端、跨终端的业务中间件、终端多媒体支持、终端 UI、终端应用安全。其中,手机操作系统、手机浏览器、手机客户端由于都具备一定的争夺产业链话语权的能力,成为奉行"得终端者得天下"的各参与方的首要目标。

(二)关键网络技术

　　移动互联网的网络基础设施分为无线接入网、移动核心网(分组域)、互联网的骨干网三大部分,其中无线接入网和移动核心网(分组域)属于移动通信网的范畴。从网络拓扑层次化的视角可将移动互联网的架构分为接入层、汇聚层、业务控制层、骨干层。移动互联网的安全问题是目前最突出的问题,从用户角度来看,当前移动互联网安全问题主要表现在三个方面:恶意软件侵害、恶意骚扰、隐私泄露。

(三)关键应用技术

移动互联网的各种应用正呈现出个性化、差异化、长尾化的特点。由于移动互联网的应用需要运行在应用基础设施上,所以建设应用基础设施的主要目标是通过业务的快速开发部署及时占领市场,通过可靠的认证授权来实现用户和业务的安全管理,而且通过合理的计费、收费策略来获取最大收益。基于OMA的业务开放框架基础,应用基础设施可以分为业务平台和支撑平台。业务平台从下到上包括三个层次:业务能力层、业务接入层和业务应用层;支撑平台包括业务控制域、业务支撑域、业务展现域。

七、相关技术演进历程的扩展学习

表 4-2　无线通信技术的发展历程

1873 年	英国人 J. C. 麦克斯韦从理论上预言了电磁波的存在,奠定了无线电通信的理论基础。
1887 年	德国人 H. R. 赫兹用实验的方法证明了电磁波的存在,证实了麦克斯韦的电磁场理论,为无线电的应用奠定了基础。
1895 年	意大利人 G. 马可尼进行了无线通信的实验,实现了接收摩尔斯电报码的通信;同年,俄国的 A. C. 波波夫也独立进行了用电磁波传送摩尔斯电报码的实验。
1897 年	马可尼进行的横跨布里斯托尔海峡的无线电通信实验取得成功,标志着无线电通信的诞生。
1899 年	清朝两广总督在广州督署、马口前山、威远各要塞及各江防巡舰上部署无线电机。
1912 年	中华民国临时政府接管清政府邮传部,改组为交通部,国际无线电报公会规定中国无线电呼号范围为 XNA—XSZ。
1920 年	中国签订《国际无线电报公约》。
1921 年	短波长距离无线电通信开始使用;中国签订《国际电报公约》。
1924 年	第一条短波通信线路在德国的瑙恩和阿根廷的布宜诺斯艾利斯之间建立。
1931 年	从英国多佛尔到法国加莱建立了世界上第一条微波通信线路。
1945 年	英国人阿瑟·克拉克在《无线电世界》杂志上发表了《地球外的中继站》一文。

续表

1947 年	美国贝尔实验室在纽约和波士顿之间建立了世界上第一个宽带模拟微波中继系统。
1964 年	国际卫星通信组织成立。
1970 年	中国第一颗人造卫星(东方红1号)发射成功。
1971 年	美国贝尔实验室提出蜂窝组网技术。
1973 年	摩托罗拉公司前高管马丁·库珀在曼哈顿研制成功世界上第一部蜂窝移动通信个人用手持机,重约1.13公斤。
1978 年	美国贝尔实验室研制成功先进移动电话系统(AMPS,IS-54),组成了蜂窝状移动通信网,提高了系统容量。
1982 年	欧洲邮电行政大会成立了"移动特别小组"(Group Special Mobile,GSM),提出GSM概念。
1987 年	美国摩托罗拉公司开发了一种LEO移动卫星通信系统——铱星系统,该系统于1998年正式投入商业运行。
1991 年	中国第一代模拟蜂窝手机YD9100研制成功。
1993 年	中国第一个数字移动电话通信网在浙江省嘉兴市开通。
1999 年	ITU-RTG8/1研究组在芬兰赫尔辛基通过包括WCDMA、CDMA2000以及中国的TD-SCDMA在内的IMT-2000系统无线接口技术规范(RSPC)建议,TD-SCDMA成为国际认可的3G标准。
2000 年	国际电联在加拿大的蒙特利尔成立了IMT-2000 and Beyond工作组。
2001 年	中国移动通信关闭TACS模拟移动电话网,停止经营模拟移动电话业务;华为公司成为世界第一家提供2.1GHz频段的CDMA2000系统设备的公司;中国移动用户超过1亿人,成为全球移动电话用户最多的国家。
2002 年	从5月17日起,中国移动GPRS系统在全国范围内投入使用,中国进入2.5G时代。
2008 年	国务院常务会议通过决议,同意启动3G牌照发放工作。
2009 年	中国正式下发3G牌照。
2013 年	中国正式下发4G牌照。

表4-3　互联网技术的简要发展历程

1969 年	ARPANET正式投入运行。
1970 年	夏威夷大学的诺曼·阿伯拉姆逊及其同事研制出ALOHA协议。
1972 年	BBN的汤姆林逊完成了第一个电子邮件程序。
1973 年	卡恩和瑟夫发表Internet和TCP协议的基本设计论文《分组网互联网协议》,TCP/IP协议诞生。
1978 年	DEC计算机公司营销人员向美国西海岸的大约400人发送了营销电子邮件,垃圾邮件出现。
1980 年	CCITT为数字电话制定了以"ISDN"命名的技术规范。
1984 年	域名服务出现。

1987 年	中国兵器工业计算机应用研究所架设了电子邮件服务器,并发送了电子邮件。
1988 年	莫尔斯蠕虫病毒出现,第一次网络病毒大规模爆发。
1990 年	中国的顶级域名 CN 完成注册。
1991 年	TIM Berner Lee 发明 www。
1994 年	中国国家计算机与网络设施工程连入 Internet 的 64K 国际专线开通,中国正式接入国际互联网,成为第 77 个被国际承认的真正拥有全功能 Internet 的国家;中国科学院高能物理研究所设立了国内第一个 Web 服务器,推出中国第一套网页;国家智能计算机研究开发中心开通曙光 BBS 站,这是中国内地的第一个 BBS 站点。
1995 年	以色列 VocalTee 公司研制出"Internet Phone",VoIP 产品出现;美国 Real Networks 公司开发出 Real Audio/Video Streaming 产品,网络电视的雏形出现;邮电部电信总局分别在北京、上海开通 64K 专线,开始向社会提供 Internet 接入服务,中国开始进入互联网商业化阶段;中国教育和科研计算机网(CERNET)示范工程建设完成。
1996 年	实华开公司在北京首都体育馆旁边开设了"实华开网络咖啡屋",是中国第一家网吧。
1997 年	中国最早的民营 ISP、ICP——瀛海威全国大网开通,门户网站网易开通;中国互联网络信息中心(CNNIC)成立。
1998 年	第一个 P2P 应用 Napster 诞生;IETF 发布了第一个与 IPv6 有关的 RFC 文件——RFC1752。
1999 年	招商银行成为国内首个实现全国联通"网上银行"的商业银行。
2000 年	中国移动互联网(CMNET)投入运行,中国移动正式推出"全球通 WAP"服务。
2003 年	国务院正式批复启动"中国下一代互联网示范工程"——CNGI。
2007 年	首次将互联网、手机等新媒体作为独立转播平台列入奥运会转播体系。
2008 年	全球网民数量超过 15 亿,中国网民数量达到 2.5 亿,位居全球第一。

表 4-4　计算机技术简要历程

1642 年	帕斯卡制造出第一台机械计算机——加法器。
1674 年	莱布尼茨制造出乘法器,进而提出二进制数的设计思想和运算法则。
1822 年	查理斯·巴贝奇制造出差分机,反映出最早的程序设计思想。
1834 年	查理斯·巴贝奇制造出分析机,是现代通用计算机的始祖。
1854 年	数学家乔治·布尔出版《布尔代数》一书,将"真""假"两种逻辑值和"与""或""非"三种逻辑运算的形式逻辑归结为一种代数。
1936 年	阿兰·图灵发表论文《论可计算数及其在判定问题中的应用》,第一次提出了图灵机的概念。
1944 年	霍华德·艾肯研制出"马克 1 号"机电式计算机。
1946 年	第一台数字电子计算机——ENIAC 诞生;格蕾丝·霍普发现第一个计算机 Bug;冯·诺依曼及其团队提出设计报告《电子计算机逻辑设计初探》,标志着电子计算机时代的开始。

续表

1950 年	阿兰·图灵发表论文《机器能思考吗》,提出检验机器智能的"图灵测试",奠定了人工智能的基础。
1951 年	冯·诺依曼领导的团队完成的 EDVAC 计算机,是第一种采用"存储程序"设计思想完成的计算机,第一次验证了计算机的逻辑划分,其构型被称为冯·诺依曼机,即存储程序式计算机,现在的大多数计算机仍然采用的是冯·诺依曼型计算机。
1953 年	第一台大型科学计算机交付使用,其型号为 IBM701,由于使用卡片输出和输入,它又被称为卡片机;电流重合法磁芯存储器第一次被安装在计算机上。
1957 年	FORTEAN 语言正式提出,算法语言也相继出现,操作系统的雏形开始形成。
1958 年	第一台商用晶体管计算机 MCR304 交付使用。
1960 年	第一台小型晶体管计算机 IBM1401 交付使用。
1962 年	世界上第一个电子游戏程序《空间大战》在麻省理工大学诞生。
1964 年	IBM360 系列计算机研制成功,以与 IBM 以前的机器相容作为特点,正式提出了 IBM 兼容机的概念,基本奠定了兼容计算机的标准。
1965 年	美国科学家道格拉斯·恩格尔伯特发明了鼠标。
1968 年	美国科学家道格拉斯·恩格尔巴特发明多重平铺窗口人机交互界面,成为现代系统窗口概念的始祖。
1971 年	Intel 公布第一种微处理器——Intel4004,计算机进入了微型计算机时代。
1974 年	Intel 微处理器 8080 投入市场,引发了第一次微电脑热潮;微软成立。
1977 年	Apple II 诞生,其结构与现代 PC 已经基本一致。
1981 年	IBM 5150 诞生,奠定了计算机开放设计的标准;MS-DOS 操作系统,即微软磁盘操作系统面世。
1985 年	Windows 1.0 面世,成为世界上第一个图形界面操作系统,本质上仍然是 MS-DOS 操作系统。
1991 年	Windows 3.0 面世,被称为软件技术的一场革命,奠定了 Windows 操作系统的技术基础。
1993 年	Intel 第五代微处理器 Pentium 正式面世。
1995 年	Windows 95,成为有史以来最为成功的桌面操作系统。
2001 年	Windows XP 正式发布,截止到 2012 年,Windows XP 系统一直保持着全球操作系统占有率第一。2014 年 8 月,Windows XP 退役。
2012 年	Windows 8 发布,支持平板电脑和一般 PC,微软 Windows Phone 8 操作系统也与桌面 Windows 系统实现了同步。

表 4-5　手机发展的简要历程

1973 年	摩托罗拉公司前高管马丁·库珀在曼哈顿研制成功世界上第一部蜂窝移动通信个人用手持机,重约 1.13 公斤。
1983 年	Ameritech 公司的高管鲍伯·巴内特拨通了美国有史以来第一个商用手机电话,它的型号为 DynaTAC 8000X。它是由摩托罗拉生产的。
1987 年	第一台手机进入中国市场,其型号为摩托罗拉 3200。

1991 年	英国 ARM 公司在剑桥成立,ARM 微处理器占据了 75% 以上的市场份额。
1999 年	第一台折叠手机摩托罗拉 328c 诞生;第一台触摸屏手机摩托罗拉 A6188 诞生,采用龙珠 16MHz CPU。
2000 年	第一款支持 WAP 上网技术的手机——诺基亚 7110 诞生;第一款内置摄像头的手机—— 夏普 J-phone 诞生。
2001 年	第一款支持蓝牙功能的手机——爱立信 T39mc 诞生。
2002 年	第一款旋转屏手机——摩托罗拉 V70 诞生。
2003 年	第一款双屏手机——三星 SGH-A288 诞生。
2005 年	Symbian 系统推出。
2006 年	第一款内置硬盘的手机——诺基亚 N91 诞生。
2007 年	苹果公司推出 iPhone 系列产品。
2008 年	Android 系统推出。
2010 年	iPhone OS 改名为 iOS。

第五章　移动媒体的产业特点

■ 本章重点

用产业的视角对移动媒体进行考察,更加全面、系统地理解移动媒体的产业特点。

首先从产业经济学的角度明确产业的概念、产业的分类和产业链的概念;与此同时,介绍产业组织的主流模型(结构、行为、绩效),包括规模经济与竞争效率。在基本概念明晰之后,引入数字移动媒体的概念和产业介绍,主要包括三个部分:数字移动媒体产业的概念、数字移动媒体产业链、数字移动媒体产业组织的基本特点。

数字移动媒体的核心价值是帮助人类实现随时随地随身交换信息、使用信息。这一价值的实现,需要充分调动社会经济资源和生产能力,需要政府、企业和消费者全面参与、协力创造分享。因此,厘清数字移动媒体的各个关键构成力量、参与力量,明确各参与角色之间的依存互动关系,是我们深入理解数字移动媒体的重要前提。

从产业经济学的角度看,数字移动媒体已经实现了产业化,形成了比较完整的产业链,并呈现出自成特点的产业组织特性。本章,我们将借用产业经济学的相关理论、观点和经验来分析数字移动媒体的产业概念、构成和组织特点。

一、基本概念

从历史的角度来看,产业经济学是在 20 世纪初期制造业兴起之后,作为一个独特的领域出现的。[①] 产业经济学又称为产业组织或产业组织理论,是第二次世界大战后迅速发展起来的应用型经济学科。自 20 世纪 80 年代以来,产业经济学的研究对象伴随着人类社会经济情况的变化而得到了进一步的扩展,已不仅仅局限于单纯的制造业。在我们进一步深入了解产业经济学的概念之前,首先要做的就是厘清一些基本概念。

(一)企业和产业

1.企业的概念

企业一般是指以营利为目的,运用各种生产要素(土地、劳动力、资本、技术和企业家个人能力等),向市场提供商品或服务,实行自主经营、自负盈亏、独立核算的具有法人资格的社会经济组织。企业通过各种生产经营活动创造物质财富,提供满足社会公众物质和文化生活需要的产品服务,在市场经济中占有非常重要的地位。

企业同时也是一个历史概念,它是生产力发展到一定水平的产物,是商品经济的产物。其含义随商品生产的发展而发展。现代生产力的发展水平,决定了企业是国民经济的基本单位。社会经济生活的状况,即生产、交换、分配、消费的状况,在很大程度上取决于企业的生产经营状况。

企业一词中,"企"表示企图,"业"表示事业。企业顾名思义就是企图事业,但专用于商业领域,表示企图冒险从事某项获取利润的事业,而企业作为一种组织是指"应用资本赚取利润的经济组织实体"。企业概念反映了两层意思:一是企业经营的目的一般是追求利润,即根据投入产出进行经济核算,获得超出投入的资金和财物的盈余;二是企业是具有一定经营性质的实体。

① 伊特韦尔,米尔盖特,纽曼. 新帕尔格雷夫经济学大辞典[M].陈岱孙,译. 北京:经济科学出版社,1996:867.

从基本概念上来看,可以归纳为以下三点:

(1)企业是在社会化大生产条件下存在的,是商品生产与商品交换的产物;

(2)企业是从事生产、流通与服务等基本经济活动的经济组织;

(3)企业在本质上属于追求盈利的营利性组织。

2.产业的概念

产业(industry)一词,在不同的场合和不同的语言环境下有不同的解释。在历史学和政治经济学的理论中,它主要指"工业",例如,我们在通常意义上使用的"产业革命""产业工人"等;在法学理论中它主要指"不动产",如我们经常所说的"私有产业""私人产业"等,一般指个人所拥有的土地、房产、工厂等具有明确私人产权界定的财产。从狭义上看,由于工业在产业发展中占有特殊位置,经济发展和工业化过程密切相关,故产业有时指工业部门。从广义上看,产业指国民经济的各行各业。从生产到流通、服务以至于文化、教育,大到部门,小到行业都可以称为产业。

本书中所研究的产业是广义的产业,泛指国民经济的各行各业,是具有某种同类属性的、相互作用的经济活动组成的集合或者系统。[①]

在社会主义经济学理论中,产业主要指经济社会的物质生产部门,一般而言,是指由利益相互联系的、具有不同分工的、由各个相关企业所组成的业态总称。尽管它们的经营方式、经营形态、企业模式和流通环节有所不同,但是它们的经营对象和经营范围是围绕着共同的产品而展开的,并且可以在构成业态的各个行业内部完成各自的循环。

从学界的角度来看,目前学界认为产业经济学研究的产业"问题"既包括了产业组织理论研究的范围,也包括了产业关联、产业结构等内容。也就是说,产业经济学的具体研究对象包括了产业(市场)内部企业之间的相互作用和市场结构、产业本身的演变规律、产业之间的关联和互动以及产业在地区之间的分布规律等内容。

---

① 唐晓华,王伟光.现代产业经济学导论[M].北京:经济管理出版社,2011:2.

(二)价值链和产业链

1.价值链的概念

创造价值是企业的使命。企业的价值创造是通过一系列活动完成的,这些活动可分为基本活动和辅助活动两类,基本活动包括内部后勤、生产作业、外部后勤、市场和销售、服务等;而辅助活动则包括采购、技术开发、人力资源管理和企业基础设施等。这些互不相同但又相互关联的生产经营活动,构成了一个创造价值的动态过程,即价值链。

著名经济学家迈克尔·波特在其著作《竞争优势》中,第一次系统阐述了价值链的概念。他认为:"每一个企业都是用来进行设计、生产、营销、交货等过程及对产品起辅助作用的各种相互分离的活动的集合。所有这些活动可以用一个价值链来表明。"这一系列相互联系的经济活动都是创造价值的活动,所以产品的价值创造过程遍布于这些相互联系的经济活动的每一个环节,形成了一个价值链。

价值链在社会经济活动中是无处不在的,企业内部各个单元之间存在价值链,产业上下游关联的企业与企业之间也同样存在价值链。价值链的各环节之间相互关联,相互影响。一个环节经营管理的好坏可以影响到其他环节的成本和效益。价值链上的每一项价值活动都会对企业最终能够创造多大的价值产生影响。

波特的价值链理论认为:"企业与企业的竞争,不只是单一环节的竞争,而是整个价值链的竞争,而整个价值链的综合竞争力决定了企业的竞争力。""消费者心目中的价值由一连串企业内部物质与技术上的具体活动与利润构成,当企业与其他企业竞争时,所呈现的是内部多项活动在进行竞争,而不是单独的某个活动的竞争。"

价值链就是由一系列能够满足顾客需求的价值创造活动组成的,这些价值创造活动通过信息流、物流或资金流联系在一起。

2.产业链的概念

产业链是产业经济学中的一个概念,是各个产业部门之间基于一定的技术经济关联,并依据特定的逻辑关系和时空布局关系客观形成的链条式关联形态。产业链是一个包含价值链、企业链、供需链和空间链四个维度的概念。这四个维度在相互对接的均衡过程中形成了产业链。这种"对接机制"是产业链形成的内模式,它作为一种客观规律调控产业链的形成。

产业链的本质是描述一个具有某种内在联系的企业群结构,它是一个相对宏观的概念,存在两维属性:结构属性和价值属性。产业链中大量存在着上下游关系和价值的相互交换,上游环节向下游环节输送产品或服务,下游环节向上游环节反馈信息。

在经济学上,产业链可以分为两种:接通产业链和延伸产业链。

接通产业链是指借助某种产业合作的运作方式将一定地域空间范围内存在的断续的产业部门(通常是产业链的断点或孤环形式)串联起来。

延伸产业链是指将一条既已存在的产业链尽可能地向上下游拓展延伸。产业链向上游拓展一般使得产业链进入到基础产业环节和技术研发环节,向下游延伸则进入到市场拓展环节。产业链的实质就是不同产业的企业之间的关联,而这种产业关联的实质则是各产业中的企业之间的供给与需求的关系。

从历史的角度来说,产业链的形成是历史发展的必然结果。随着技术的不断进步、迂回生产程度的提高,生产过程被划分为一系列有关联的生产环节。社会分工和交易的日趋复杂化使经济组织在经济中通过何种方式连接不同的分工与交易活动成为日益突出的问题。企业组织结构随着分工的发展而呈现递增式增加趋势。因此,搜寻可以节省交易费用并进一步促进分工的企业组织结构,就可以深入挖掘生产活动的潜力。这种搜寻最佳企业组织结构的动力和实践也就成为产业链形成的历史条件。

从本质上而言,产业链的形成源于产业价值的实现和创造,在这个过程中,产业链成了产业价值实现与增值的根本途径——任何产品只有通过最终消费才能实现,否则所有中间产品的生产就都不能实现。同时,产业链也体现了产业价值的分割。

我们可以简要地理解:企业自身的价值创造活动的动态过程,可以抽象为价值链;进入同类经济活动领域的企业之间的价值交换与传递的动态过程,可以抽象为产业链。

（三）产业划分标准

从概念上来说，产业可以包括介于微观经济细胞（企业和家庭消费者）与宏观经济单位（国民经济）之间的若干"集合"。现代经济社会中存在着大大小小的、居于不同层次的经济单位。企业和家庭是最基本的，也是最小的经济单位；整个国民经济是最大的经济单位；介于二者之间的经济单位是大小不同、数目繁多的。因具有某种相同属性而组合在一起的企业集合，又可看成是国民经济按某一标准划分的部分，这就是产业。产业就是生产物质产品的企业的集合体，包括工业、农业、交通运输业等，一般不包括商业。

在工业革命之后，工业超过农业成为国家生产和提供就业的主要部门。工业发展打破了过去的重商主义和封建制度主导的经济结构，许多科技上的突破和进展也促进了新产业的出现与发展。工业国家开始实施资本主义经济政策，资本家以铁路和轮船连接以往难以到达的世界市场，公司有能力扩大到昔日闻所未闻的规模并赚取数之不尽的财富，工业占世界经济的比重从此远远超过了农业。

20世纪30年代，英国经济学家阿·费希尔在其著作《安全与进步的冲突》一书中提出将第一、第二产业以外的所有经济活动统称为第三产业的理论。之后，英国经济学家克拉克·科林·格兰特计算了20个国家的各个产业部门的劳动收入和生产货物与服务的价值总和的时间序列数据后，第一次提出了三级产业分类的理论，并在其著作《经济进步的条件》一书中做了系统的阐述。至此，三次产业分类法得以推广并逐步获得承认。经济学界将此分类法命名为"克拉克大分类法"或"三次产业分类法"。

由于各国情况并不相同，经济学家在引用这个概念的时候往往会进行变动和补充，延续至今的分类方法主要有以下三种：

（1）传统分类法。即完全符合"克拉克大分类法"的分类方式，主要在澳大利亚和新西兰等国家使用。在这种分类法中，第一产业包括农业、畜牧业、渔业、林业、矿业；第二产业包括制造业、运输业；第三产业包括商业、金融业、房地产业、服务业等其他社会经济产业。

（2）日本分类法。即 1974 年版的日本《经济白皮书》中所使用的分类法。在这种分类法中，第一产业包括农林业、渔业、养殖业；第二产业包括矿业、建筑业、制造业；第三产业包括商业、金融业、房地产业、运输业、通讯业、电力、煤气和自来水等。

（3）现代分类法。即美国经济学家西蒙·库兹茨在《近代经济成长率——结构与扩张》一书中所使用的分类法。在这种分类法中，第一产业包括农业、渔业、林业、采集业；第二产业包括矿业、制造业、建筑业、电力、煤气、自来水、运输、通讯；第三产业包括贸易、金融业、服务业、商业、政府和国防。

在中国，产业的划分基本延续了现代分类法，但依照中国国情进行了相应的调整：

第一产业为农业，包括农、林、牧、渔各业；

第二产业为工业，包括采掘、制造、自来水、电力、蒸汽、热水、煤气和建筑各业；

第三产业指除了第一、二产业外的其他行业，包括交通运输、仓储和邮政业、信息传输、计算机服务和软件业、批发和零售业、住宿和餐饮业、金融业、房地产业、租赁和商务服务业、科学研究、技术服务和地质勘查业、水利、环境和公共设施管理业、居民服务和其他服务业、教育、卫生、社会保障和社会福利业、文化、体育和娱乐业、公共管理和社会组织、国际组织。这其中共分为 4 个层次：

（1）流通部门。包括交通运输、邮电通讯、商业、饮食、物资供销和仓储等业。

（2）生产和生活服务部门。包括金融、保险、地质普查、房地产、公用事业、居民服务、旅游、咨询信息服务和各类技术服务等业。

（3）提高科学文化水平和居民素质服务的部门。包括教育、文化、广播、电视、科学研究、卫生、体育和社会福利等业。

（4）为社会公共需要提供服务的部门。包括国家机关、党政机关、社会团体以及军队和警察等。

(四)产业组织分析

产业组织理论主要研究不完全竞争条件下的企业行为和市场结构问题，是微观经济学的重要分支,但又不完全等同于微观经济学。微观经济学的研究对象是企业和消费者,主要通过理论分析给出消费者均衡和生产者均衡的条件;产业组织理论侧重于应用,主要研究市场中企业之间的相互作用和结构问题,主要包括市场结构、企业行为、企业绩效三个方面的内容,其中企业行为包括了价格行为、研发行为、并购行为、进入退出等多个方面。此外,产业组织与产业布局、产业集群以及全球价值链有着紧密的联系。

产业组织,指生产具有密切替代产品或服务的企业集合,这其中也包括产业内企业间的市场关系和组织形态。这一概念有两层含义:

第一,产业内企业间的市场关系,是指同类企业间的垄断、竞争关系。它表现为产业内企业间垄断与竞争结合程度不同的四类市场结构,即完全竞争型、完全垄断型、垄断竞争型和寡占垄断型。它反映了产业内不同企业的市场支配力差异、市场地位差异和市场效果差异。

第二,产业内企业间的组织形态,是指同类企业相互联结的组织形态,如企业集团、分包制、企业系列等。这些不同的产业组织形态既植根于企业间技术关联的专业化协作程度,又取决于产业内企业间垄断与竞争的不同结合形态。

绝大多数的经济学家认为,与其他经济学分支类似,亚当·斯密[①]的《国民财富的性质和原因的研究》中的市场竞争和分工理论、马歇尔[②]的《经济学原理》中的产业组织概念和规模经济思想,是产业组织的主要理论基础。1940 年,克拉克[③]发表了著名的《有效竞争的概念》一文,首先提出了"有效竞争"的概念,将竞争与规模经济联系了起来,而梅森[④]在之后对该问题进行了分析和总结,提出了两个具有可操作性的竞争标准——市场结构标准和市场绩效标准。1959 年,

---

① 亚当·斯密(1723 年 6 月 5 日—1790 年 7 月 17 日),经济学的主要创立者。他于 1759 年出版的《道德情操论》获得学术界极高评价,1768 年出版了著作《国民财富的性质和原因的研究》,简称《国富论》。

② 阿尔弗雷德·马歇尔(Alfred Marshall,1842—1924),近代英国最著名的经济学家,新古典学派的创始人,剑桥大学经济学教授,是 19 世纪末和 20 世纪初英国经济学界最重要的人物。

③ J. M. 克拉克(John Maurice Clark,1884—1963),现代美国经济学家,J. B. 克拉克之子。1884 年 11 月 30 日出生于美国马萨诸塞州。他认为,完全竞争的假设在理论上否认市场经济的特征是动态的和经常变化的,在实践上有悖于经济生活中根本不可能存在的前提,因而是达不到的,应该用更适合于动态的市场实际的"有效竞争"来取代它。此外,他的研究还为后人对福利经济学中私人成本与社会成本的研究和"次优"理论的研究开辟了道路。

④ 埃德沃德·梅森(Edward Sagendorph Mason,1899—1992),现代美国经济学家。

贝恩①出版了《产业组织》一书，标志着产业组织理论体系的基本形成。SCPO分析范式认为，产业结构决定了产业内的竞争状态，并决定了企业的行为及其战略，最终决定了企业的绩效。

传统的产业组织理论侧重于研究市场结构(market structure，S)、厂商行为(firm conduct，C)和市场绩效(performance，P)及其之间的关系，这种范式虽然现在已经不被过分强调了，但是大部分的研究依然是根据这种框架展开的。

在1970年之后，对于SCP的研究进入了全新的阶段，"新产业组织学"出现。"新产业组织学"的一个重要特点是更加侧重于理论研究，并将博弈论、交易费用等分析方法引入了产业组织理论，SCP分析范式的重要程度进一步弱化。在这一阶段，产业组织理论得到了极大的发展，形成了许多学派，如哈佛学派、芝加哥学派、奥地利学派、新制度学派和新产业组织理论学派等，各个学派的组织理论基础、方法论、研究重点和主张、著作都存在差异。

而现在我们所熟悉的主流产业组织理论的SCP分析框架是谢勒②在贝恩的理论的基础上发展而来的，他在研究市场行为与市场绩效的基础上，加入了宏观、微观环境的影响，进一步完善和发展了产业组织理论。这种产业组织理论将原本单向的S→C→P的关系修正为双向的S↔C↔P关系，从而在一定程度上弥补了传统产业组织理论研究的不足。S、C、P之间的相互关系构成了产业组织理论研究的主要内容。

伴随着全球化趋势和技术进步速度的加快，产业经济现象变得更为复杂，产业组织的研究不断深化，前沿领域包括信息时代的"模块化"产业组织结构、产业集群和产业基地、全球价值链、产业演化等。

二、数字移动媒体产业的概念

国家"十二五"规划纲要明确提出，"新一代信息技术产业将重点发展新一

---

① 乔伊·贝恩(Joe Staten Bain，1912年7月4日—1991年9月7日)，现代美国经济学家。主要著作包括《定价、分配与就业：企业制度经济学》《产业组织》《新竞争的壁垒，它们在制造业中的特征与后果》。
② 谢勒(Frederic M. Scherer，1932至今)，现代美国经济学家，主要著作为《产业市场结构和经济绩效》一书，对产业组织经济学作了系统的论述，特别是论述了"基本情况—市场结构—行为—绩效"的关系，最终形成了哈佛学派的"结构—行为—绩效"分析范式，对后来产业组织理论的发展产生了重要的影响。

代移动通信、下一代互联网",将移动互联网列为战略性新兴产业。移动互联网因此成为各地区、产业界、技术界和投资界争抢产业资源和产业话语权的战略要地。在这样的竞争态势下,数字移动媒体作为移动互联网产业体系内沟通和交流的重要枢纽,其产业结构也势必得到进一步调整。在竞争和发展共存的态势下,厘清数字移动媒体产业的概念就是我们进一步理解和发展数字移动媒体产业的基础。

根据第二章我们对数字移动媒体的定义,结合产业经济学对产业的界定,我们可以得出数字移动媒体产业的概念:数字移动媒体产业是以互联网技术和通信技术为基础,通过移动终端,采用无线通信方式获取业务和服务,向社会和市场提供随时随地的信息交换与应用的企业集群。它横跨通信、互联网以及终端、软件、应用和服务等多个领域,涵盖网络、应用、终端、用户四大结构层次,是以终端、软件、应用三大层面的生产活动为主体的产业集合体。数字移动媒体的核心价值是帮助人类实现随时随地随身交换信息、使用信息。这一价值的实现,需要充分调动社会经济资源和生产能力,需要政府、企业和消费者全面参与、协力创造。

2014 年 2 月 27 日,中共中央网络安全和信息化领导小组建立,标志着信息化发展成为中央关注的重点工作。在领导小组的第一次全体会议上,习近平主席强调,要把我国从网络大国建设成网络强国。会议审议通过了《中央网络安全和信息化领导小组 2014 年重点工作》文件。未来,更多的政策法规会随着产业的发展而不断推出。

2014 年 5 月 5 日,工信部联合国家发改委发布《关于电信业务资费实行市场调节价的通告》,对所有电信业务资费实行市场调节价格。2014 年 5 月 14 日,《关于实施宽带中国 2014 专项行动的意见》提出,要大力发展 TD-LTE,建立高速无线网络,争取在 2014 年底前实现 300 个以上城市的网络覆盖,为用户提供高速、便捷、实惠的 4G 无线宽带服务。电信业网络是中国移动互联网的基础,也是中国数字移动媒体产业的物理承载网络。电信服务资费的市场化、宽带建设的加速为进一步提高网络覆盖率和用户活跃度,促进移动互联网的全面发展提供了可能性。

截止到 2014 年,我国移动互联网市场的整体规模达到 2 134.8 亿元,同比增长 115.5%,预计到 2018 年整体移动互联网市场规模将突破万亿元大关。一方面,伴随着智能终端的大规模普及,移动端的"人口红利"开始体现,用户开始习惯使用移动网络进行消费;另一方面,电商、游戏、广告等传统 PC 经济领域已经开始适应移动端的发展,在已有商业模式的基础上,适用于移动端的发展模式也开始出现,应用和服务不断涌现,客户和服务两个层面的环境都被不断"催熟"。

移动购物、移动游戏、移动广告成为移动互联网领域的三大支柱,数字移动媒体产业始终贯穿其中。

自 2013 年中国移动购物行业进入快速发展期之后,2014 年移动购物领域继续"百家争鸣",针对消费者的浏览访问环节、购物环节、支付环节、物流环节已经完全建立,其中浏览访问环节和购物环节成为媒体化趋势最抢眼的两个环节,各类营销活动此起彼伏。2014 年间,中国移动购物市场总规模达到 9 297.1 亿元,较 2013 年增长幅度达到 239%。据艾瑞咨询预测,2018 年中国移动购物市场交易规模将超过 4 万亿元。与此同时,移动购物市场总额在网络购物整体市场中的占比也不断提升,2014 年达到 33%,相比 2013 年增长了 19%。移动互联网的普及、移动购物场景化设计的日趋完善、移动支付体验的提升、各个电商和关联企业的移动端布局的合理化都是推动中国移动购物市场快速发展的重要因素。在大数据的帮助下,不同终端的使用差异也开始被移动购物提供商所察觉,这更加有利于移动购物提供商提供符合移动终端购物体验的产品。

2014 年,中国移动游戏的市场规模高达 276 亿元,同比增长 86%。移动互联网和移动终端的普及带来的人口红利目前依然是移动游戏市场发展的核心动力。而伴随着人口增长速度的放缓,中国移动游戏市场的增长率也开始同步下降,在经历了 2013—2014 年的渠道和平台大战之后,已经获得丰富游戏运营经验的从业者开始将主战场转向运营,并开始通过挖掘运营的深度以增加用户的消费。与此同时,IP 成为市场内资本争抢的目标,在精细化运营口号的带领下,移动游戏开始与动画、影视剧、电影等进行深度整合,借助 IP 上位已经成为移动游戏市场所关注的一条"捷径"。随着分发渠道的逐渐固定,移动游戏的准入门槛也开始逐渐提高,大型企业的产业链延伸的优势开始逐渐显现,中小型企业的竞争压力陡然增大。

移动广告已经成了移动互联网市场的第二大支柱。借助于移动游戏、移动购物、移动搜索和其他移动媒体的发展,移动广告在 2014 年获得了较大的发展,市场规模超过 296.9 亿元,同比增长 122％,创造了增长率连续三年超过 100％ 的记录。艾瑞咨询预测,在 2016 年,我国移动广告的市场规模将超过 1 000 亿元。程序化购买成为 2014 年广告媒体和广告主所关心的新亮点。程序化购买的产业链也逐渐形成,新的移动广告的投放方式进一步让广告主建立了信心,刺激了移动广告市场的进一步增长;而伴随着移动广告市场的整体成熟,市场的明朗化和有序化带来的整体环境的优化为大广告主的进入打消了疑虑,品牌广告主的投入也将成为移动广告进一步发展的助力。

正如上文所言,移动互联网是承载移动媒体的物理网络,移动互联网的整体发展对移动媒体的发展有着决定性的影响;与此同时,由于移动互联网的特殊情况,移动媒体的整体产业结构始终贯穿于移动互联网产业,移动媒体是移动互联网不可或缺的生态圈组成部分。

三、数字移动媒体产业链

信息时代是融合的时代,是技术与信息、服务融合的时代,是不同产业互相进入的时代。在这个时代,数字移动媒体产业参与主体的多样性是一个显著的特征。总体来看,数字移动媒体产业的运行,必须处理好三个大环节:第一是实现信息产品的创造,第二是实现信息产品的流通,第三是实现信息产品的使用。这三个环节是移动媒体实现最基本的产业经济功能的基础。

按照这条线索,我们可以把数字移动媒体产业的结构划分为"产业上游":数字信息、数字内容及其应用服务提供者(应用层);"产业中游":数字信息及其服务无线传输分发的支撑者(软件层);"产业下游":数字信息产品终端的提供者(终端层)。

如果进一步细分,我们会发现数字移动媒体的产业链构成其实更加复杂。产业链主要包括终端制造商、电信运营商、信息服务提供商、内容提供商、牌照审核方、芯片厂商、终端操作系统厂商、业务平台开发商、应用开发商等。这些力量分别归属于终端层、支撑软件层和应用层。

其中,应用层是指基于移动互联网产业提供移动互联网服务的应用程序的产业集合,主要包括娱乐类、商务类、沟通和工具类以及其他类别的应用,主要参与力量包括内容提供商(CP)、运营商、服务提供商(SP)和分销商。应用层是直接接触移动媒体用户的功能承载层,用户与移动媒体的接触主要也是通过应用层的各类服务和应用来实现的。

支撑软件层主要包括智能终端操作系统(OS)、移动中间件、移动数据库、移动安全软件,主要的参与力量包括独立软件开发商(ISV)、服务提供商(SP)、互联网厂商和应用商店。移动媒体实现自身功能的主要组件都在支撑软件层之中,支撑软件层构成了移动媒体的实现本体。其中操作系统是指管理移动硬件设备资源、控制管理其他程序和设备并为用户提供交互操作界面的系统软件集合。移动中间件是一种独立的系统软件或者服务程序,存在于客户机/服务器的操作系统之中,管理网络内的整体计算机资源和网络通信。目前参与中国互联网产业链中间件环节的有 Sybase、Oracle、IBM、中国移动等厂商。

在移动安全领域,卡巴斯基、奇虎、腾讯、金山等把在传统互联网和传统 PC 领域积累的经验优势移植到移动互联网领域之后占据了先机,具有明显的技术优势和用户基础。在移动媒体的底层数据服务方面,Sybase、IBM、Oracle、微软较为领先,是主要的服务和软件供应商。

终端层是指为移动媒体服务提供硬件基础设备的产业集群,是移动媒体的物理承载层。目前的智能终端主要包括智能手机、平板电脑、电纸书或其他 MID 类电子终端和已经初露锋芒的移动穿戴式设备,主要的参与力量包括芯片厂商、设备制造商、元器件外围商、系统集成商、OEM 商和独立设计公司(IDH)。终端层在整个移动互联网和移动媒体的产业链条上处于强势地位,该层面产生的产业价值占整个移动互联网产业价值的 80% 以上。

此外,还有一股重要的宏观力量不容忽视,那就是政府部门和产业联盟。他们承担起竞争规则制定者的角色,成为主导产业竞争格局的新主体,也是产业技术标准竞争的主导者。政府部门和产业联盟还在法理上承担着对移动媒体内容进行监管的角色,这一点我们将在第八章中进行详细的讨论。

对于整个数字移动媒体产业链而言,应用、带宽、资费、终端和政策是制约产业发展的关键因素,移动互联网是数字移动媒体的整体支撑。

图 5-1 就比较全面地反映出了数字移动媒体产业链的整体结构。

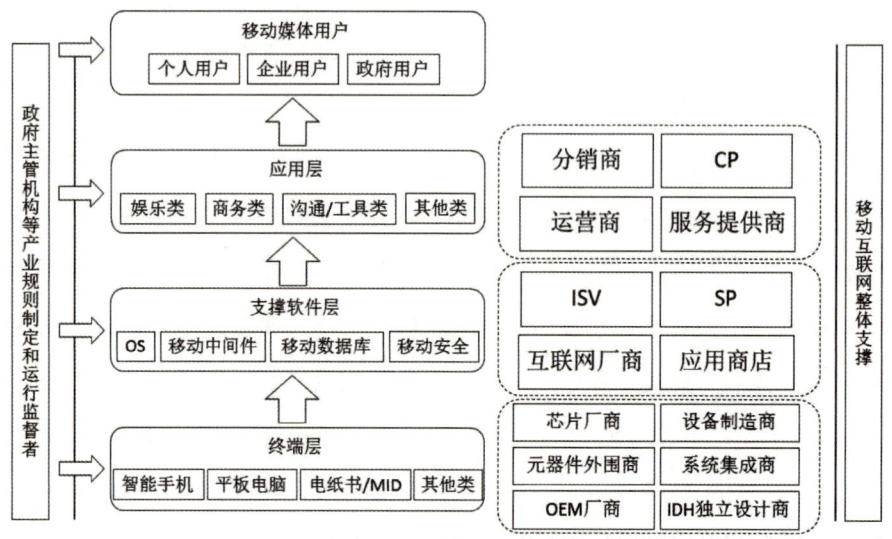

图 5-1 移动媒体产业结构图

(一)产业链关键力量

1. 内容提供商

内容提供商是指提供大量且实用信息的服务提供商。内容提供商提供的商品就是网络内容服务。在加入了互联网因素和技术之后,内容提供商是指为互联网网站提供新闻、音频或者视频内容的机构或者企业。内容提供商可以分为三类:一是专业的内容提供机构,主要指可以提供影视、新闻、音乐资源的专业制作公司和可以提供应用、软件的开发商等;二是直接参与版权和应用交易,掌握着版权资源,代理应用,但自身并不生产内容的专业公司;三是提供影视、新闻和音乐资源,自身具有应用开发能力的个人。内容提供商区别于服务提供商之处是内容提供商直接为用户提供他们可以直接消化和消费的数字化资源和内容,例如视频、新闻、图片、游戏等,用户可以通过订阅、搜索、购买等多种方式获得内容。

2. 服务提供商

服务提供商指的是依托于移动互联网,为用户提供信息类无形服务或线下有形服务的服务商。服务提供商所提供的商品是用户可以在线上或线下使用的服务。在移动互联网领域,服务提供商区别于内容提供商的主要特点在于服务提供商并不直接提供内容,而是提供有利于用户生活、工作、娱乐的信息或直接服务,例如 LBS 服务、天气信息、餐饮引导、旅游信息、数据服务等。

与内容提供商不同的是,服务提供商必须以应用作为载体提供服务,换言之,服务提供商在某种意义上也可以被视为应用开发商。伴随着 O2O 的日趋火热,线上支付购买、线下提供服务的商业模式也随之建立。在 LBS 服务和移动支付的短板被补全之后,O2O 已经成为服务提供商所争相追捧的目标,形形色色的服务开始进入到人们的生活中。

支撑软件层的服务提供商(SP)所提供的服务更为底层化,与应用层的服务提供商不同,支撑软件层的服务提供商主要是依靠软件和平台为商业用户提供服务,服务目标往往是其他商家。移动营销和移动广告的服务也往往出现在这个层面上,例如移动广告平台的出现,就是移动营销和移动广告在支撑软件层的表现。

3. 运营商

这里的运营商指的是拥有骨干和核心网络资源,通过提供虚拟网络服务来进行运营的无线网络运营商、固定网络运营商和数字广播网络运营商。在第四章中我们讨论了我国"三网融合"的进程问题和从"老三网到新三网"的历史变迁。目前我国的网络运营商中依然存在着三方力量,即以电信企业为主体的、脱胎于无线和有线电话网络的移动无线网络,以广电为主体的、脱胎于有线电视网络的无线网络,还有以互联网企业为主体的、以 Wi-Fi 为主要产品形态的无线网络。目前在市场内处于核心位置、占据最大份额的网络是以电信企业为主体的移动无线网络,其主要运营商包括中国移动、中国网通和中国联通。以广电为主体的无线网络由于技术条件等的限制,已经从自主铺设和建立无线网络转向了依托占据优势的有线电视网络,在无线网络端依托电信运营商建设4G 视频直播中心,整合已有资源和商业视频网站内容,实现多媒体内容跨网络、跨平台、跨终端的传播。

4.互联网厂商

互联网厂商在移动媒体产业链中指的是依托于移动互联网进入移动媒体产业链的企业。在国内主要指的是利用技术或者用户优势、由传统互联网转向移动互联网的互联网公司,其中以 BAT 为代表。百度利用搜索引擎在传统互联网发展期积累了大量的资源;阿里巴巴通过淘宝、阿里巴巴等网站积累人气;腾讯则是其中的佼佼者,该公司利用 QQ 在中国互联网发展的过程中积累了大量的用户资源,其产品生态圈也最为完整。在全新的移动互联网环境下,这三家互联网巨头在移动互联网领域纵横驰骋,跑马圈地,将传统 PC 端的优势延展到了移动互联网领域,无论是布局还是对当前的影响都远远超过其他互联网公司和创业公司。百度不再是单一的搜索服务商,阿里巴巴也不再是单一的电商公司,腾讯更不再是单一的即时通信公司。对于现今的互联网厂商而言,一家公司的业务覆盖到移动互联网业务的所有领域已经不再是痴人说梦,互联网厂商正在或已经通过融资、并购、收购、兼并等多种手段实现自身业务生态圈的部署。

5.应用商店

应用商店是承担应用分发任务的产业集合,在产业链中起到"入口"与"索引"的作用,主要包括应用商店提供商及开发者,主要参与者是运营商及部分平台操作系统开发者。对应用商店的争夺在某种意义上也是对移动互联网和移动媒体入口的争夺。应用商店的商业模式源于苹果在推出 iPhone 时所展现出的"终端＋业务"的盈利模式,这也是目前移动互联网和移动媒体的主要商业模式之一。应用商店带来的商业模式促进了一个新的产业的诞生。中国市场内的移动应用商店主要依托于 Android 的开放平台的支撑,并广泛采取了先提供Android 版本,再向苹果平台移植的策略。目前,中国移动媒体市场内应用商店的来源主要包括终端厂商、电信运营商和独立服务提供商,其中一半以上的移动应用商店由电信运营商负责运营。

6.操作系统(OS)

终端操作系统指的是为智能终端提供软件操作平台、软件运作空间和运作环境的软件平台。目前主要的操作系统为 Android、iOS、Windows Phone,这三种操作系统占整个产业和市场的 80%。Android 操作系统占据了 OS 产业环节份额的首位,这是由 Android 系统的开放性决定的。国内众多互联网企业和手机厂商在自己的终端中预装自身二次开发的 Android 版本也变相增加了 Android系统的份额;苹果的 iOS 系统属于封闭操作系统,对开发者和消费者都设置了一定的壁垒,但在苹果产品的高销售份额与产品体验的支撑下,iOS 操作系统的表现仍然不俗;Windows Phone 系统脱胎于微软曾经推出的手机系统 Windows Mobile,而在微软 2012 年 5 月正式关闭 Windows Mobile 系统开发之后,Windows Phone 已经成了微软唯一的、平台化的手机操作系统,在 UMP 平台的刺激下,Windows 桌面与移动终端"大一统"的趋势已经显现,能否顺利将数以亿计的 Windows 用户转化为 Windows Phone 的用户,将是摆在微软面前的巨大挑战。

7.终端制造商

终端制造商所代表的实际是包括芯片厂商、设备制造商、元器件外围商、系统集成商、OEM 厂商、IDH 独立设计商等在内的子产业链的集合。对于消费市场而言,终端制造商所生产的直接产品就是智能终端。除了传统的智能手机、平板电脑、电纸书之外,目前的终端制造商正在伴随着传感、人机交互技术的发展,向可穿戴、家居、车载等诸多领域转移,众多与智能手机、平板电脑、电纸书处于同一平台内的智能终端和智能传感器开始频繁出现,泛智能终端的概念成为终端制造商的新指向,成为移动智能终端发展的下一个爆发点。与此同时,伴随着智能终端市场的高度成熟,终端制造子产业链[①]内的上下游寡头趋势更为明显,这种寡头化的趋势,使得终端技术与应用创新被少数上下游企业所垄断。

---

① 智能终端产业链由上游元器件企业、中游整机生产企业(代工企业)、下游移动互联网应用企业组成。

8.牌照审核方/政府运行监督者

政府层面上对于移动媒体的监管是伴随着移动媒体的产生而存在的,这对于抵制移动媒体的庸俗化、犯罪合理化起到了较大的作用。移动媒体是近年来随着移动新媒体发展产生的全新事物。对于全新事物,无论是政府还是业界都需要有一定的适应过程,目前政府针对移动媒体的监管正在不断完善。如今,对于移动媒体的监管主要采取分制监管的政策,即将移动媒体领域划分为若干板块,因业制宜。与此同时,采用"许可证"认证的形式限制准入,在注册资金方面也有极其严格的限制,这一政策取向延续了我国对于媒体产业市场的严格控制政策。我们将在第八章中进行更为详细的讨论。

(二)产业链的变动趋势

在经历了多年的狂飙猛进式的发展之后,移动互联网发展进入新的时期,移动媒体的发展也开始放缓,用户、终端、网络、应用、投资已经到达了临界点,规模、范围已经不再是受到关注的重点,取而代之的是深耕细作、创新求变,内涵式的发展将成为未来三到五年——整个"十三五"时期中国移动媒体发展的重点。在这个大背景下,上文中我们所提及的产业链中的各方势力也将做出相应的调整以适应这种涉及全产业链条的变化。

移动媒体产业链是将移动互联网作为物理承载层而存在的,并在此基础上得以发展延续。在目前的移动互联网领域,移动终端、移动应用、运营商三大主要力量都面对着更为广阔的市场,同时也面临着更加严峻的挑战。对于运营商而言,更多的市场意味着更多的用户,同时也意味着更为多样化的用户需求;对于移动终端企业而言,一方面传统智能终端的扩张已经处于极限状态,在近年就会开始收缩,另一方面,全新的移动终端设备形态开始展现,新的扩张领域得以显现;对于移动应用而言,用户对于移动应用的依赖程度有增无减,用户的使用偏好也得以形成,在应用市场爆发的同时,危机也若隐若现,缺乏核心开发能力和核心竞争力是中国移动应用企业的硬伤。

对于移动媒体而言,当我们回到传播和媒体的根本概念的时候,我们会逐渐从移动媒体领域"乱花渐欲迷人眼"的乱象中抽离出来,回到对于信源和信道的本质思考上来。无论技术或者市场如何发展,移动媒体的本质是不会改变的,依然是服务于传播信息、构建沟通桥梁。

从我们之前所讨论的信息论的角度出发,有效的信息传递建立在两个维度的基础上:一是更少的干扰;二是更简单的传达。移动媒体相对于传统媒体,甚至相对于传统互联网而言,已经做到了更少干扰和更简单传达,而伴随着移动互联网产业的进化,移动媒体产业链的变动势必也会更加有利于信息的传播和传递。

从高速发展转向稳健发展。尽管移动媒体产业链各个环节的增长速度并不相同,有些仍然保持着两位数以上的增长势头,有些仅有个位数的增长,但是从移动媒体产业链的整体来看,已经发生了明显的改变。这一点在内容服务商和服务提供商上表现得尤为突出。2013 年,移动应用市场中的移动应用增长率高达 103%,2014 年增长 76%,2015 年的增长率只有 58%。与此同时,2014年,移动 O2O 市场增长率高达 504.3%,2015 年下降到 211.9%,高速狂飙带来的空心化、同质化的恶性竞争态势,已经让不少 O2O 企业退出了市场竞争或与对手合并。[①] 尽管移动购物交易额 2015 年同比暴涨 123.2%,达到 2.1 万亿元,但其中最为重要的第三方支付业务在 2014 年的增长率为 391.3%,2015 年增长率大幅下跌至 67.4%。[②] 尽管从行业整体来看,细分领域中还存在爆发性增长的部分,但是受承载着移动媒体业务的移动互联网发展速度全面放缓的影响,平稳发展将成为移动媒体各产业环节发展的"新常态"。

从粗放扩张转向精耕细作。无论是早期的应用商店争夺用户,还是服务提供商、内容提供商的"烧钱换市场",随着进入市场的资本的减少[③],规模扩张的势头将不复存在,烧钱买用户的成本将越来越高。对于移动媒体而言,目前已经存在的媒体渠道几乎占满了用户的日常生活,很多领域内出现了严重同质化的竞争态势,用户时常面临着信息爆炸以及难以接收和选择信息的局面。如何

---

① 官建文,唐胜宏,王培志.迈入转折期的移动互联网[M].官建文,唐胜宏,许丹丹.移动互联网蓝皮书:中国移动互联网发展报告(2016).北京:社会科学文献出版社,2016:8-9.

② 艾瑞咨询:2015 移动支付同增 70% 增速下降[EB/OL].(2016-03-30)[2016-05-17].http://www.ebrun.com/20160330/170802.shtml.

③ 2015 年,移动互联网融资案例增速由 56% 下降到 17%,融资金额增速由 220% 下降为 69.44%。

继续在用户的生活中下沉，转向垂直领域，以用户需求为导向，构建个性化、精细化、纵深化、定制化的媒体平台将成为新的发展热点。O2O 服务与媒体的结合，让到店消费、到家服务和出行服务都成为获取信息的途径，到店消费、到家服务和出行服务的特殊场景，又让以场景决定信息获取的移动媒体找到了新的发展空间，场景化的信息获取将成为新的需求热点。独特的场景需要独特的消费信息，与场景相融的咨询信息、服务信息、广告信息将信息源、服务提供商、广告主与用户需求精准对接，同时延伸到现实消费与购买之中。与此同时，可穿戴设备的初露锋芒让移动媒体的服务可以摆脱终端的限制，直接延伸到场景中。这将大幅度提升用户获取信息、接收信息的速度，多种数据的打通和串联也将让信息的到达更为精准。

　　从要素整合转向平台融合。在传统媒体向现代媒体过渡的过程中，我们可以很清晰地看到由节目、频道向平台转变的思路。百年媒体 BBC 已经正式取消了频道编制，转而采用了与公司类似的部门制，以进一步加速信息流通，更好地提供内容。在移动媒体领域也是一样，移动互联网的特性让它并不只是简单的应用工具或信息渠道，而更应该是一种服务于全产业、全社会的基础设施。作为移动互联网与媒体深度融合的产物的移动媒体，将会是产业结构优化和产品形式创新的结合体，单一的要素将被平台融合所代替，传统的独立平台将会被一个规模更大、接收渠道更多、用户范围更广的新平台所取代。从用户层面来说，移动媒体将赋予用户一个完全数字化的网络平台，这个平台中既可以有政府机关、大众媒介，又可以有影院、商店、书城、医院、学校，这个平台将是完全开放的。在这个基础上，任何一个要素都有可能将应用作为入口进入平台之中，为用户提供服务。与此同时，在应用、要素背后的机构和个人也都将通过移动媒体直面用户，直面公众。对于移动媒体而言，这样的一个平台将会是强大的数字化传播平台。在这个平台之中，不再有 PC 端和移动端的区分，不再有电视、互联网、广播的区别，移动媒体将集生产力、传播力、舆论力、影响力和经营能力为一体，融内容、互动、经营、管理于一身，在自身承担媒体角色的同时，融合并入更多社会服务甚至是其他媒体的能力。

　　平台化趋势明显。移动媒体继承了移动互联网的多样性和开放性，如何面对用户不再是一个只有单一回答的问题,但对于一个媒体而言,如何面对用户、到达用户、将信息传递给用户则是生死攸关的问题。以平台化为导向,建立直面用户的平台成为移动媒体的进化趋势。无论是移动广告平台、程序化购买,还是移动营销平台、应用商店,在移动互联网时代,平台化有助于媒体增加用户黏性,同时扩大影响力。产业链之间的相互渗透、相互融合已成为现实,单独占据产业链的一环已经不足以满足媒体的需求,而且会出现被边缘化或小众化的风险,对于一个媒体而言,这种边缘化和小众化无异于"走钢丝"。确实,细分市场赋予了小众化和边缘化一定的发展潜力和成功可能,但这种潜力和可能性是建立在不稳定的消费和信息需求的基础上的。在已然细分的市场环境下,需要小众化的传播媒体,但与此同时,这种小众化绝不会成为主流。平台化赋予了媒体整合内容服务资源并同时打包输送的能力,最终通过内容、服务、信息、广告影响和改变用户行为。

云端化、一体化成为主流。曾几何时,媒体之间是相互隔离的,在数字化浪潮的冲击下,一切媒体资源都被还原为 0 和 1。而在当下,移动媒体的云端化和一体化不失为另一次范围更大的数字化浪潮。作为移动互联网的伴生产物的云计算,与移动互联网在本质上是相生相长、互相配合的,云计算为计算资源集中处理提供了后台,移动互联网的每一个接入终端都成了计算资源接入和获取的前端和传感器。伴随着无线网络的快速普及,速度和宽度的问题都将得到解决,计算资源的接入问题也将不再是问题,云端的概念也会进一步得到深化,向着更丰富的形式、更广泛的应用、更强大的功能迈进。集成了云服务的终端将拥有跨终端的操作系统平台、浏览器、搜索引擎,网络内容聚合、软件开发和应用系统。在智能终端的跨平台功能实现的同时,对于移动媒体而言,这也代表着新的革命。社交网络、移动游戏、移动视频、LBS 服务、移动支付等应用服务将依托于云服务,与 PC 端、固定端连接在一起,无缝使用将成为现实,移动媒体也将获得进一步的发展。

第六章　移动媒体业务

■ **本章重点**

　　移动媒体业务成型演进的基本路线、移动媒体业务的类型

　　在第五章的讨论中,我们认为用户和产品是移动媒体生存的关键。从实质上而言,媒体自身不会对用户进行直接的干预,移动媒体所能做到的就是让产品、技术、服务对用户产生影响。

　　在第一章里提到的"硬终端＋软形态"已经成为移动媒体领域被广泛接受的形式。终端作为媒介,提供基础的、物理层面的交互界面;应用和服务作为媒体的承载物,为移动媒体最终的信息传播和交换提供了平台和渠道;终端的物理形式和技术形式一方面为应用与服务提供了实现的可能和基础技术支撑,另一方面也限制了服务和应用的提供,二者相辅相成。值得我们关注的是,这种"硬终端＋软形态"的移动媒体形式并非是现在才出现的,在移动终端最早出现的时候,这种类似于绑定的业务形态就已经出现了。

一、移动业务的演变历史

　　在第四章中,我们对移动媒体所应用的技术进行了讨论,其历史从移动终端出现开始,一直延续到现在。在移动终端发展的早期,其所能承载的功能是极为有限的,无论是早期的手机还是PDA,其基本功能都是极为单一的。

以最普遍的手机为例，最早出现的"手机"及其雏形，其功能只能满足于移动通信，其本质与现在意义上的手机的相似之处就只有功能而已，与其说它是手机，不如说是一台微型化了的无线电报机。

1978 年底，美国贝尔实验室研制出了先进移动电话系统（AMPS），1983 年在芝加哥投入商用，标志着第一代蜂窝移动通信系统正式启用。由于其信号在调制前为模拟信号，所以也被称为模拟移动通信系统。

在这之后，真正意义上的民用和商用"手机"才开始出现。1990 年，最早诞生的泛欧 GSM 系统[①]规范完成了，并在 1991 年 7 月正式投入使用。与第一代蜂窝信号系统相比，GSM 系统采用了全数字传输技术，数字调制、数字语音编码也成为技术标准体系的组成部分。1992 年，高通公司提出 CDMA 技术标准体系，1998 年正式开始商业运营，CDMA 标准也随之成为第二种第二代蜂窝移动通信系统标准。

而在互联网得到普之后，移动与数据结合的移动数据通信成为移动通信发展的必然趋势，但由于 TDMA[②] 的 GSM 技术在其诞生时具有局限性，最大传输速度仅为 9.6kbps，存在数据传输速度缓慢的问题。为了在通信体系内引入新的数据业务以满足用户的需求，GSM 系统在运行中后期经历了从高速电路交换数据业务（HSCDS）、通用无线分组业务（GPRS）到增强数据率 GSM 服务（EDGE）的演进过程；与此同时，CDMA 标准也得到了改进，IS-95B 和 IS-95HDR 的投入使用也赋予了 CDMA 系统进行互联网连接的能力。

这两套标准所进行的一系列技术革新的最终结果是在第二代蜂窝通信技术系统的基础上实现了网络浏览、大规模文件传输、数据库更新和电子邮件同步处理等功能。

---

① Global System of Mobile Communication，全球移动通信系统。1982 年欧洲邮电行政大会成立"移动特别小组"，正式提出 GSM 的概念，1991 年后开始正式投入使用，属于第二代移动通信系统。

② 时分多址（Time Division Multiple Access，TDMA）是把时间分割成互不重叠的时段（帧），再将帧分割成互不重叠的时隙（信道）与用户一一对应，依据时隙区分来自不同地址的用户信号的多址连接。这是通信技术中基本多址技术之一，是一种将无线电频率分成不同的时间间隙来分配给若干个通话的数字传输技术。

　　这一时期的移动终端更多地开始具备了信息处理的能力,这也难怪在 PDA
发明的早期,所有的厂商都将 PDA 理解为"可以打电话的电子记事本＋计算
器"。从我国的实际情况来看,这一时期的电信运营商已经开始通过业务为客
户提供上网服务,如中国移动的"移动梦网"业务。与此同时,伴随着移动终端
的进一步发展,操作系统的概念开始在移动终端领域出现,互联网公司开始以
电信运营商为渠道,将 PC 端的业务延伸至移动终端领域,例如腾讯 QQ 在
2003 年就成功引入了手机移动客户端。这一时期,尽管各方力量都已经逐渐开
始参与到移动互联网领域中了,但掌握核心资源、在产业链条中起核心作用的
依然是电信运营商。这时可以形成媒体元素的服务或应用尚未在体系内出现。
移动服务商开始通过手机报①、彩信广告等技术形式为民众、机构提供媒体服
务,但在各类基于 WAP 的网络业务发展的同时,原本已经速度低下的网络更加
不堪负荷。

　　在 1999 年 11 月 5 日的赫尔辛基会议之后,3G 技术正式进入商用领域。
十年之后的 2009 年,中国的 3G 元年正式到来。在这十年间,基于 GPRS 和
CDMA2000 的互联网体验已经越来越无法满足用户的需求。于是,3G 技术顺
理成章地成了各大电信运营商解决网速慢的最佳方案。就在 2009 年,中国移
动、中国网通、中国电信都为自己的移动互联网业务建立了子品牌,同时投入大
量资金,试图建立生态圈。国内第一家移动应用商店②、第一款正式从国外引进
的智能手机(如图 6-1)③、第一款国内电信运营商自主研发的终端④……在 2009
年,诞生了中国移动互联网历史上的很多个第一。与此同时,电信运营商也
开始积极布局生态圈,应用商城、飞信、邮箱、无线音乐随身听、手机导航等业
务也初现雏形。

①　2004 年 7 月 18 日,北京好易时空公司与《中国妇女报》共同推出了国内第一家手机报——《中国妇女
　　报·彩信版》。
②　2009 年 8 月 17 日,中国移动应用商店 MM(Mobile Market)上线。
③　2009 年 10 月 30 日,中国联通宣布与苹果公司就引进 iPhone 达成协议并在世贸天阶举办首销仪式。
④　2009 年 8 月 31 日,中国移动发布了自主研制的智能移动操作平台——OPhone。

图 6-1　中国联通 iPhone 上市首销仪式

从宏观上看,这一时期移动互联网的产业链已经开始发生变化,产业链条中的主要力量正从单独的电信运营商逐渐转变为电信运营商、互联网厂商。伴随着移动互联网领域的发展,传统互联网厂商开始将更多的力量倾注到移动互联网领域,随之而来的是更多的服务从 PC 端移植到了移动终端,这种移植也带动了应用商店的火热。尽管这一时期 3G 已经开始投入使用,但从用户的整体情况来看,依然处于积累和行为培养的过程之中。这时期,承载移动媒体业务的应用服务已开始出现,移动游戏、移动社交、移动即时通信、移动阅读等多种服务开始进入人们的生活之中,并扮演着媒体的角色。

当 2013 年 4G 牌照正式下发时,积累了五年的用户热情和产业链力量就随之以井喷的形式呈现出来。随着移动互联网的应用条件和基础服务不断优化,用户规模、渗透率和移动网络的覆盖范围都得到了显著的提升。传统互联网企业开始充分利用现有资源,结合移动互联网的特性,抢占移动互联网优势地位;终端制造商这一时期也开始发力,以"移动终端＋操作系统"的形式进行整体战略布局,以深度定制和匹配的操作系统与终端打造产业链;国内移动运营商在这一时期将目光转向了终端,利用网络和入口优势,与终端厂商合作推出定制机,以增强用户黏性,同时发展智能终端和移动互联网用户数量。在这一时期,移动应用、移动支付、移动社交、移动电子商务、移动搜索、即时通信工具、手机安全、移动浏览器等各种类型的服务都出现在了用户的视野之中,产业链的核心组成逐渐开始向互联网厂商、移动运营商、终端厂商三方鼎立的局面靠拢,并最终形成了目前的局面。

当我们分析上述案例时,会发现一个有趣的现象:从移动互联网业务的角度来看,在第一代蜂窝移动通信系统时代,所有的业务都是由移动运营商提供的,包括短信和语音业务;在第二代蜂窝移动通信系统开始启用之后,更多的力量开始进入这一领域,尽管多数的增值业务依然是通过移动运营商提供,但这一时期,传统媒体、互联网公司都开始介入移动互联网领域;而进入3G 和 4G 时代之后,尽管移动运营商依然在投入大量的资源来构建自身的移动应用生态圈,但是由于移动互联网自身所具有的开放性特征,各方力量也都意识到了移动互联网与移动媒体的价值,最终形成了移动运营商、互联网公司和移动终端生产商三方鼎立的局面,通过应用提供服务也不再是三方中任何一方的专利。

从整体来看,移动互联网领域的业务存在一种从单纯以电信运营商为核心向以参与到移动互联网领域的力量为主的多核心转变的倾向,这是由移动互联网领域自身的开放性和多样性所决定的。掩盖在业务核心偏移之下的是移动互联网自身的改变,它从单纯的通信网络逐渐进化为可以承载社会服务和社会资源的底层网络,成为社会不可或缺的组成部分。在此基础上,各类服务也开始进入移动互联网的领域之中。

二、移动媒体业务介绍

在第一章中,我们讨论了移动媒体和移动应用之间的关系。随着移动互联网的发展,在移动互联网中存在的多种提供服务的移动应用将开始承担媒体的角色。在这个过程之中,传统意义上对于媒体的定义逐渐变得模糊,媒体和媒体之间的区别也在逐渐弱化;但与此同时,根据应用扮演媒体角色的不同、所提供服务的不同,不同的移动媒体又会表现出不同的形态。在移动互联网领域,我们已经很难将移动媒体从众多服务和业务之中抽离出来,与其说存在一个单独的移动媒体服务类别,不如说移动互联网的部分业务已经开始承载移动媒体的功能,并在整个产业链、服务链中扮演媒体的角色以进行沟通与信息传递。

目前在移动互联网领域,移动应用服务在概念范畴上应该具备三个要素,即移动性、互联网以及服务化。其中移动性要素指的是使用地点的非固定化、连接无线化、终端便携化、使用场景化等特点;互联网要素指应用和服务都必须是基于互联网或者移动互联网的,自然也包括了从传统桌面向移动端的延伸;服务化的概念较为模糊,主要含义为移动应用服务必须根据需求的形式提供,以需求为基础,对产品模式、业务模式、商业模式和创新模式都存在较为具体的限定。

接下来我们将对这些目前已经逐渐媒体化或展现出媒体化潜力的业务进行分析。

(一)移动社交

早在 2002 年,世界上第一家大型社交网站 Friendster(如图 6-2)的出现就已经拉开了社交网络的序幕,之后社交网站在世界范围内获得了高速的发展。2004 年,扎克伯格创办了举世闻名的 Facebook;2005 年,我国的社交网站人人网建立。

从历史上来看,我国社交网络的发展可以分为三个阶段。

2000－2006 年被认为是移动社交的创始阶段。这个阶段的主要特征是运营商主要依靠增值服务进行业务推广。这个阶段的产品形态极为单纯,同时产品也很匮乏,主要产品代表是腾讯移动 QQ,主要业务是提供以文字交流为主的社交服务。

2007－2010 年是移动社交的尝试阶段。这一阶段的主要特征是电信运营商开始介入移动社交领域,中国移动推出的"飞信"是其代表产品。与此同时,传统的社交网站——人人网、开心网——开始了向移动社交网络的转型,但是

图 6-2　Friendster 的登录页面

这种转型缺乏明确的方向。

2011 年至今是移动社交的高速发展阶段。这一阶段,以米聊、微信、陌陌等为代表的专业移动社交应用纷纷登上舞台,微信规模急速扩张。与此同时,伴随着移动网络的发展,传统的社交网络如人人网、开心网纷纷推出自己的社交应用,微博也借助移动互联网发力,使用微博移动客户端也成了现在用户使用微博的主要方式。

从整体态势上看,移动互联网的全面发展与智能手机的高度普及深刻改变了既有的网络社交生态,从 PC 端和传统互联网向移动互联网的自然迁移让移动社交成了新的市场增长点。以人人网、开心网等为代表的传统社交网络正在向移动社交网络转型;以微信、陌陌等为代表的移动社交网络正在全力抢占用户资源,同时也借助技术和平台的优势竞相开发新的融合应用,自身开始向平台级应用转变。

从应用上看,移动社交所覆盖的应用大致可以分为四类:第一类是基于传统社交网站的移动社交网络,以人人网为代表;第二类是基于产品、服务提供商的社交网络,微信和陌陌都是此类的代表,也是目前移动社交网络的主流代表;第三类是基于移动终端的移动社交网络,例如小米手机内嵌的"米聊";第四类是电信运营商开发运营的社交网络,如中国移动的飞信、中国联通的"新乐园",等等。

从市场的角度来看,2014 年,腾讯 QQ 下载量超过 35 亿次,稳居第一;微信以近 24.8 亿次的下载排名第二;QQ 空间以 13.6 亿次位居第三;新浪微博排名第四;陌陌排名第五。总体来看,腾讯系应用依托巨大的用户基础呈现出一家独大的趋势,新浪微博、陌陌、百度贴吧、人人网等其他应用位列第二阵营,竞争激烈。

早在 2013 年,微信的用户就已经达到 3 亿,发展到这一规模只用了不到两年时间,其速度令人瞠目结舌。与高速发展相伴的是微信恰到好处和有节奏的产品迭代,在每次产品升级之后,功能的增加为微信用户的增长提供了强大的助力,尤其是"查看附近的人"和"摇一摇"成为微信的全新爆发点,使每日新增用户数达到数十万,确立了其在移动社交市场的优势。截止到 2015 年第三季度,腾讯财报表明微信及 Wechat 月活跃用户总计(MAU,Mouthly Active User)高达 6.5 亿人,同比增长 9.1%,可以说是用户规模扩张最快的移动社交媒体。

伴随着技术的发展,微信的版本迭代也在继续,从最初的简单即时通信工具到社交应用,从移动支付到移动游戏,从公共平台到城市服务,目前的微信已经发展成一种汇聚多种功能的"超级媒体",构建在单一平台上的功能逐渐增加。2017 年 1 月 9 日,微信小程序正式发布,在此基础上,微信允许用户在不安装客户端的情况下,通过微信扫二维码等方式调用原客户端 App 的功能,同时也允许开发者在平台上公布自己的小程序(如图 6-3)。这赋予了微信更大的拓展性,某种程度上,也在影响着我们对于微信的移动媒体的定义。

图 6-3　微信小程序界面

相对于微信的高速增长，QQ 空间显得不温不火，但仍在较长时间内保持着大量的用户。截至 2015 年第三季度，QQ 空间月活跃用户数保持在 6.35 亿，在同类社交媒体中一直保持着高度的领先。QQ 空间在功能设置上集合了当下多种社交媒体的功能，包括上传照片、发布状态、评论、分享转发、看视频、听音乐等；与 QQ 之间的密切关系又让游戏、购物、理财等多种功能得以通过 QQ 空间进行扩展和延伸。以图片应用为例，仅仅在 2015 年，在 QQ 空间内每天就有 6.5 亿张图片上传。[①]

而经过 2011 年的井喷式发展，从 2013 年开始，新浪微博的用户量和使用率都开始下滑，但是与之相对的是，相关统计显示，2015 年微博的活跃用户、高黏性用户都有所增长。[②] 值得注意的是，尽管微博的用户数量开始减少，但是伴随着微博的功能开发和用户沉淀，2015 年微博已经开始赢利，截止到 2015 年第三季度，微博当季度已经赢利 1 390 万美元。根据新浪的财报，微博的总盈利中，广告营收和增值服务营收是主要的来源，广告占据了较大的份额，而相对而

---

① 你的社交圈子变了，为什么 QQ 空间依然活跃［EB/OL］.［2016－05－13］. http://news. iresearch. cn/zt/250905. shtml.

② 苗伟山，周逵. 2015 年中国社交媒体发展报告［M］. 崔保国. 传媒蓝皮书：中国传媒产业发展报告（2016）. 北京：社会科学文献出版社，2016：198.

言,增值营收则更为稳定。①

随着移动社交的广泛应用,国内的移动社交呈现出更为多元化的发展特征。如何满足用户在不同场景的娱乐、工作和生活等多方面的需求成为移动社交媒体的全新发展方向。综合类的移动社交媒体继续保持了用户多、功能多样的优势,以微信、QQ 为代表的平台化趋势更为明确,微信和 QQ 也是目前移动社交媒体的主要阵地;多场景化的需求也激发了新型垂直类社交的发展,因领域不同、应用场景的差异化,呈现出多元化的发展势头,如 YY、KK、陌陌②、无秘、秒拍③、领英、微人脉,等等。

伴随着社交行为的,往往是获取信息的行为。目前的移动社交媒体(微信、QQ 和微博等)在个体用户获得新闻渠道的过程中扮演着重要的角色,在调查中占比接近半数。④ 社交新闻传播目前已经在新闻传播的过程中占据了优势,"无社交,不新闻"的传播时代正在到来。用户的行为正在"强迫"所有传播者在平台上平等地和用户进行"对话"。空间位置、线下关系正在成为移动社交媒体和新闻传播的全新联系纽带。

(二)移动游戏

移动游戏是移动应用服务中内容生产和消费量最大、消费面最广、技术密度最高的领域,是集成了视频、音频、文本和互动操作的多媒体内容的移动应用服务。某种意义上,移动游戏是与移动终端最匹配的移动应用服务。

截至 2015 年,我国游戏用户已经达到 5.34 亿人,移动网络游戏用户规模达到 3.96 亿人,同比增长 10.9%⑤;移动网络游戏市场实际销售收入达到

---

① 2015 年前三季度的新浪微博的收入中,广告营收平均占比 82.9%,增值运营收入前三个季度均值为 1 867 万美元。
② 陌陌是一款基于地理位置的移动社交产品,由北京陌陌科技有限公司开发,2011 年 8 月正式投放。截止到 2016 年 3 月,月活跃用户数达 7 230 万。
③ 秒拍是一款基于社交短视频分享的应用,由炫一下(北京)科技有限公司开发,2011 年 8 月正式投放。
④ 彭兰. 2015 年中国移动媒体发展报告[M]. 崔保国. 传媒蓝皮书:中国传媒产业发展报告(2016). 北京:社会科学文献出版社,2016:159.
⑤ 陈信凌,罗楚颖. 2015 年中国网络游戏产业发展报告[M]. 崔保国. 传媒蓝皮书:中国传媒产业发展报告(2016). 北京:社会科学文献出版社,2016:166.

514.6亿元人民币①,占整个网络游戏市场的36.6%。经过2014年的全面爆发之后,2015年移动游戏的增长速度开始放缓,精品化成为推动移动游戏市场稳定发展的重要因素。

从产业链的角度来看,我国移动游戏产业链已经建成,其中的主要力量包括移动游戏研发商、移动游戏发行商、移动游戏渠道商和移动游戏支撑服务环节。移动游戏研发商主要是指拥有产品版权、进行产品研发、依靠智力创作游戏内容的产业集群。研发商在获得游戏产品之后或者将产品代理给发行企业,或者将产品投入到移动游戏的分发渠道中进行自主运营,以此获得盈利。移动游戏发行商主要是指以代理上游研发厂商的移动产品,通过自身的渠道发行能力、推广能力进行产品的推广和运营的产业集群。移动游戏渠道商主要是指我们所熟悉的应用商店,直接对接用户,是用户接触到的移动游戏业务的第一个环节,也是移动游戏研发商和移动游戏运营商所争抢的入口。在应用商店之外,微信、QQ等即时通讯工具也开始加入游戏平台。移动游戏的支撑服务环节主要是指负责对移动游戏的运营进行支撑的外围产业。游戏产业整体属于文化创意产业,文化创意产业作为依附型产业,需要依靠多个环节来实现自身价值,移动营销、移动广告、移动支付对于移动游戏而言都有着极为明确的支撑作用。

从渠道上看,移动游戏的主要渠道有以下几个:①官方的应用商店:iOS系统对应的App Store和Android系统对应的Google Play。②第三方应用商店:以360手机助手、91助手、金山手机助手等为代表。这些第三方应用商店占据了行业内大部分的市场份额。③超级应用:目前国内市场的超级应用以微信为代表,2013年8月,微信推出了游戏中心,进行游戏的分发和运营,凭借微信自身强大的用户基础,市场份额扩大极快。④电信运营商:在3G和4G发展的过程中,三大运营商都设立了手机游戏基地,这些手机游戏基地依赖于电信运营商的网络渠道,这种渠道有着天生的优势。⑤移动游戏相关的垂直媒体:以口袋巴士、多玩等为代表。在传统PC端积累了大量人气的垂直媒体在移动游戏时代,其价值得到了放大。⑥线下预装渠道:终端厂商的线下预装某种意义上

---

① 中国音数协游戏工委,伽马数据,国际数据公司. 2015年中国游戏产业报告[R/OL]. (2015-12-31)[2016-01-15]. http://cda.cgig.com.cw/Report/2015/repor_2015_12_1.pdf.

是中国市场所特有的业态,在 Android 系统的开放性基础上的深度定制系统为移动游戏预装提供了可能性。

目前我国移动游戏市场主要的产品类型包括单机游戏、休闲游戏和网络游戏三类。

移动单机游戏以容易上手、可玩性较强为优势,渗透率达到 23.8%,成为目前移动互联网第五大使用类型。从整体上看,移动单机游戏还承担着协助移动游戏引流的重要作用。其主要包括以下三种类型:休闲益智类、动作竞技类和射击冒险类。

移动休闲游戏从本质上来看是介于单机游戏和网络游戏之间的游戏类型。在实际运作过程中,微信游戏平台、中国电信爱游戏等依托于社交应用和超级应用的游戏平台是目前移动休闲游戏的主要代表。与强社交的结合赋予了移动休闲游戏更强的用户黏性,用户通过社交、网络视频等平台获取移动单机游戏已经成为常态。

移动网络游戏是目前创造营业收入的主要游戏类型,其商业模式基本延续了 PC 端网络游戏产品的收费方式,即通过用户间竞合来刺激用户消费,对移动终端的硬件和网络环境都有较高的要求。其主要类型包括以下三种:卡牌类[1]、格斗类和 MMORPG 类[2]。

值得注意的是,技术的发展为移动网络游戏提供了更多的可能性,以 AR 技术为先导的新型显示技术已经开始逐步商用。在移动网络游戏领域,"AR[3]＋LBS[4]＋SNS"构成了全新的移动网络游戏组合,为用户提供了崭新的游戏体

---

[1] 卡牌类包括搜集类游戏。

[2] MMORPG(Massive[或 Massively]Multiplayer Online Role-Playing Game),大型多人在线角色扮演游戏。

[3] 增强现实(Augmented Reality,简称 AR),是一种实时地计算摄影机影像的位置及角度并加上相应图像的技术,这种技术的目标是在屏幕上把虚拟世界融入现实世界并与玩家进行互动。这种技术最早于 1990 年提出。随着随身电子产品运算能力的提升,增强现实的用途越来越广。

[4] Location Based Services,基于位置的服务。它是通过电信移动运营商的无线电通讯网络(GSM 网、CDMA 网)或外部定位方式(GPS)获取移动终端用户的位置信息(地理坐标或大地坐标),在地理信息系统(GIS,Geographic Information System)平台的支持下,为用户提供相应服务的一种增值业务。它包括两层含义:首先是确定移动设备或用户所在的地理位置;其次是提供与位置相关的各类信息服务。亦指与定位相关的各类服务系统,简称"定位服务",另外一种叫法为 MPS(Mobile Position Services),也称为"移动定位服务"系统。

验。2016 年 7 月 7 日，任天堂①、口袋妖怪公司和 Niantic，Inc.②合作开发、制作的《精灵宝可梦 GO》正式发布，其凭借着怀旧情怀与崭新的游戏体验，在全球范围内引燃了一场"宠物小精灵"的"大火"。游戏的实际玩法与其他平台的精灵宝可梦并无太大差异，但在作为游戏核心的抓捕部分，引入了 AR 技术，进行实景捕捉，同时在游戏的地图部分，引入了实景地图，允许玩家在实际的地图上进行移动。在美国，甚至出现了有组织的玩家成群结队地在有可能出现稀有宝可梦的地点反复徘徊，以期获得稀有品种的情况。

这种从线上走向线下的尝试在国内也有范例，网易出品的移动网络游戏《阴阳师》在游戏中内置了基于玩家所处的地理位置地图的 PVE 玩法，允许玩家根据所处的地理位置采取不同的行动，玩家可以获得奖励或与其他玩家互动。在 2017 年元旦游戏的活动中，《阴阳师》(如图 6-4)在北京和广州两地尝试性地开展了 LBS 线下活动，即将游戏内奖励与玩家地理位置挂钩，在北京和广州两地的《阴阳师》活动摊位附近，有可能提高获得奖励的几率。这次活动在社交网络上引起了极大的反响，大量玩家前往现实活动摊位以求获得奖励。除了传统的以游戏内活动聚集人气之外，这是第一次将这种人气从网络虚拟环境之中引入现实环境之中，玩家的交流不再仅仅局限于线上，为游戏黏性的增加提供了助力。

除了 AR 与 LBS 技术之外，HTML 5③ 技术也成了移动网络游戏的新宠。以白鹭、触控、layabox 等科技公司开发的针对 HTML 5 游戏研发的引擎为基

---

① 任天堂(英语 Nintendo)是日本一家全球知名的娱乐厂商，电子游戏业三巨头之一，现代电子游戏产业的开创者。任天堂始建于 1889 年 9 月 23 日，创始人山内房治郎。1949 年，山内溥从祖父山内房治郎手中接管任天堂骨牌工厂并成立新的公司。主营业务为家用游戏机和掌上游戏机的软硬件开发与发行。任天堂开发了游戏史上最热销游戏系列《超级马里奥》和《精灵宝可梦》，以及全球媒体综合评价最高的《塞尔达传说》系列。

② 原谷歌公司所属内部创业团队——Niantic Labs，开发了著名 LBS 游戏《Ingress》。2015 年 8 月从谷歌脱离，成为独立游戏开发公司。

③ HTML5 是 HTML 最新的修订版本，2014 年 10 月由万维网联盟(W3C)完成标准制定。目标是替换 1999 年所制定的 HTML4.01 和 XHTML1.0 标准，以期能在互联网应用迅速发展的时候，使网络标准匹配当代的网络需求。从广义上说，HTML5 实际指的是包括 HTML、CSS 和 JavaScript 在内的一套技术组合。它希望能够减少网页浏览器对需要插件的丰富性网络应用服务(Plug-in-Based Rich Internet Application，RIA)，例如 AdobeFlash、Microsoft Silverlight 与 Oracle JavaFX 的需求，并且提供更多能有效加强网络应用的标准。

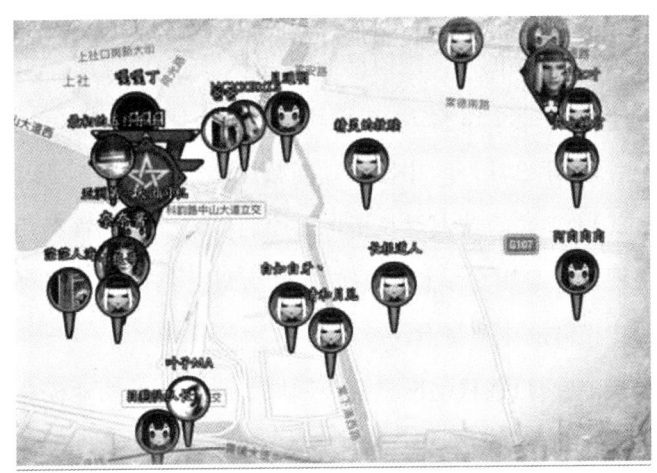

图 6-4　《阴阳师》的 LBS 系统界面

础,已经有越来越多的移动端浏览器、应用商店和现象级 App 为 HTML 5 提供入口,用户的导入和盈利成为可能。其目前与微信、QQ 等移动社交应用的绑定态势也加快了用户导入的速度,客观上扩展了用户基础。

与此同时,在 DOTA 2、星际争霸 2 等 PC 端游戏竞技化的引领下,大批移动网络游戏也都表现出了竞技化的趋势,如《王者荣耀》《炉石传说》《全民超神》《乱斗西游》等。而与竞技化相伴随的是,针对游戏直播的视频平台也成了网络游戏行业中极为重要的环节及各大风险投资机构的新宠。仅仅在 2014 年,就出现了斗鱼、战旗、龙珠等千万级的融资案例,而 2015 年更被称为游戏视频的直播元年,原本只在玩家之间传播的竞技视频,在一系列热火朝天的融资之后,真正涌入了大众视野,也打通了游戏玩家和网络视频用户之间的联系渠道,实现了移动游戏与移动视频领域的跨界,游戏玩家与网络视频用户的重叠倾向也随之增强,双赢的局面正在逐渐形成,在此基础上构建的全新直播业态也成为"粉丝"经济的新注脚,我们将在下文的移动视频中进行介绍。

(三)移动视频

得益于移动通信技术的发展和政策优势,在 4G 逐渐普及的当下,流量价格不断下降，移动视频服务将继续发展，用户数量也将持续增长。而在网络视频整体份额中，移动端视频的用户规模已经超过 PC 端用户规模。2014 年 12 月，我国移动视频用户达到 3.13 亿人，在移动终端网络使用者中，56.2% 会使用手机收看网络视频；截至 2015 年，中国移动视频用户总规模为 3.54 亿人，使用率为 59.7%，比 2014 年底的数据增长了 3.5 个百分点。移动视频用户的增长依然是整个网络视频行业用户增长的主要推动力量。年轻化、高学历、高收入成为移动视频用户人群的主要特点。

从商业模式上看，目前移动网络视频领域最为主要的商业模式依然是依靠广告进行变现。在 2013 年各大传统视频网站先后开始移动网络视频转移之后，移动视频广告市场就成了整个网络视频市场规模增长的核心推动力之一。仅 2014 年，移动视频广告市场的规模就达到了 32.1 亿元，相比 2013 年的 4.8 亿元，增幅高达 569%。与移动广告发展密不可分的是广告主的迁移。根据精硕科技的广告监测数据显示，截至 2014 年第四季度，广告主在 PC 端的视频广告投放曝光率占比已经下降到 70%，而在移动端则上升到了 30%。尽管从数字上看，依然是 PC 端领先，但在 2013 年初，移动视频广告的价值已经获得了充分认可，其变现能力也值得期待。据估算，2015 年整体网络视频广告市场为 200 亿—250 亿元，约占整个中国网络广告市场总规模的 10%，增幅超过 30%，是网络广告市场增幅最快的领域。

在市场领域，2014 年 4 月，优酷土豆与阿里巴巴建立战略投资与伙伴关系，BAT 三巨头之一的阿里巴巴开始在网络视频行业进行布局；2014 年 11 月，小米和顺为资本联合宣布入股爱奇艺，百度也追加了对爱奇艺的投资；同样在 2014 年 11 月，搜狐宣布收购视频网站 56 网，以补齐搜狐视频的内容短板。在资本追捧和政策法规完善的双重刺激下，新一轮的网络版权价格战也开始打响。自 2013 年底，腾讯视频、爱奇艺、搜狐视频、乐视等视频网站就针对热门节目展开了一轮"恶战"，投入采购的资金总额超过十亿元人民币，而面对越来越高的版权价格，各大视频网站也开始将更多的资源倾注到自制内容上。2014年，优酷、爱奇艺、乐视等视频媒体宣称在自制内容方面的投入高达 3 亿元人民币。2015 年,在资本的帮助下,爱奇艺、合一集团①、腾讯视频领跑的现状已经确立,三家都已经完全介入到了影视制作的全产业链之中,深挖 IP 内容。使用IP 内容统一开发游戏、动漫等各项业务成了新的业界热点。

值得注意的是,伴随着 4G 的逐渐普及,移动视频的市场也将进一步火热化,一直以来主要扮演着网络视频媒体重要内容提供方的传统电视媒体也开始涉足原本与之泾渭分明的移动网络视频领域。在电视台新媒体转型的压力和巨大利益的驱动下,以湖南卫视为代表的电视媒体开始参与到移动网络视频领域的竞争之中,通过支持自有网络视频产品"芒果 TV",以优质资源独播的形式建立起自身的独特优势,但这是否能帮助电视媒体在移动网络视频领域实现逆袭目前尚不明朗。

相对于优酷土豆、爱奇艺、搜狐等传统网络视频向移动网络视频转移的发展方式,乐视的发展方式更为独特。在影视内容版权方面占据优势之后,乐视在硬件终端的投入已经远远超过了其他移动网络视频和传统网络视频媒体,并凭借着从乐视盒子到超级电视这一系列终端产品形成了"平台+内容+终端+应用"的乐视生态布局,产业链更为完整,在目前移动视频产业链扩张和下沉的趋势下,占据了先机。

在经历了热点版权节目采购的热血拼杀之后,"网生"成了在线视频和移动视频领域的关键词。由视频网站推出的独家制作的节目内容被称为"网生"。在 2015 年期间,各大视频网站在自制内容方面的投入超过 20 亿元人民币,主要体现在自制剧的生产上。早在 2009 年,优酷就率先开始实施自制剧战略;2011 年,土豆实行"橙色盒子"计划,诞生了一批自制剧产品;2012 年,由搜狐视频推出的《屌丝男士》真正让自制剧成了受众普遍接受的节目形式;2013 年,优酷联合万合天宜推出《万万没想到》,第一季广告收入就达到千万级别,第二季第一集上线不到一周,广告收益突破 2 000 万元;2015 年,由《屌丝男士》发展而来的小成本电影《煎饼侠》成为票房黑马,3 天票房达到 4 亿元人民币。

---

① 合一集团(原为优酷土豆股份有限公司)是中国网络视频行业的领军企业,专注于视频领域,旗下拥有中国排名第一和第二的视频网站优酷和土豆。2015 年 8 月 6 日,优酷土豆集团更名为"合一集团"。2016 年 4 月,合一集团与阿里巴巴集团已完成合并交易,正式成为阿里巴巴旗下的全资子公司。

同年,爱奇艺和腾讯视频分别推出了 9 档和 6 档节目,TOP20 自制综艺节目单上的节目播放量平均达到 3.67 亿次。腾讯视频的《我们 15 个》凭借国内"网生"历史上绝无仅有的长达六个月的超长播放周期和腾讯平台的联合宣传优势,共获得超过 8 亿次的播放量;爱奇艺旗下的《我去上学啦》借助"台网联动"的宣传优势和超强的明星阵容,整体播放量跃居全年第二;《奇葩说 2》也凭借个性独特的辩手和"戳人眼球"的辩论话题,获得了累计 6.2 亿次的播放量。在目前的网络自制剧市场中,网络综艺已经占据半壁江山,凭借着互联网元素、移动视频媒体的普及和移动硬件及网络的发展,网络综艺的影响力和热度都已经开始不输于卫视综艺节目。据专业人士分析测算,网剧市场规模将在 2017 年达到 425 亿元人民币,其中版权市场达到 138 亿元人民币,衍生市场达到 287 亿元人民币。[①]

同时值得注意的是,2016 年 2 月 27 日,国家新闻出版广电总局电视剧司司长李京盛和网络视听节目管理司司长罗建辉在报告中强调了对于网络剧和网络自制节目的管理。伴随着审查的严格,整个产业也将开始主动调整原有的思路和操作方法。可以预见的是,网络剧和自制节目领域将会出现一轮"良币驱逐劣币"的情况,恶俗的、低质量的、题材触及底线的网络剧和自制节目将会被行业主动抛弃,优质 IP 与高制作水准将会是网剧未来的发展方向。

与此同时,伴随着技术的发展,多屏整合、程序化购买、大视频营销成了移动视频广告领域的新宠,移动视频营销与电商的结合成为新的亮点。2014 年优酷推出的"边看边买"和土豆"玩货"等视频购物产品的表现均可圈可点。

截止到 2014 年 11 月,全国共有 28 家省级以上(含省级)广播电视播出机构获准开办网络广播电视。传统广电机构转型进入移动视频领域,成为移动视频领域的全新力量。

在手机电视领域,央视与中国移动旗下的咪咕视讯合作,整合了央视、地方电视台及商业视频网站内容,建立了 4G 视频直播中心,以此为例,截至 2014 年底,央视旗下手机电视业务运营主体央广视讯与 351 家机构实现了内容合作,

---

① 谢晨.华创证券的传媒与互联网分析师网络剧行业深度报告[R/OL].(2015-07-21)[2015-09-10].http://mt.sohu.com/20150721/n417220004.shtml.

在手机电视端整合了 700 余家国内电视台的直播频道及 204 套广播频率资源。在建设国际一流的新兴主流媒体的总目标的带动下，"电视＋"与"互联网＋"成为央视业务的全新契合点。央视以新闻为龙头、以视频为核心、以用户为中心，力争走出一条具有央视特色、体现国际水平的媒体融合发展之路。其中对新闻的探索尤为引人注目，以"看得见"的新闻为基础打造的"微观系列"独家微视频产品成了央视的第一套为新媒体量身定制的新闻产品；2015 年的"9.3 胜利日"阅兵期间，央视通过为新媒体提供独家信号，利用"微观系列"独家微视频产品这个平台，使"微观大阅兵"这个产品在境内外播放总量超过 1 亿次。[①] 以湖南卫视为代表的省级卫视作为拥有诸多自产优势内容资源的强势传统媒体，在新媒体时代，已经认识到了优势内容保证下的自制平台的重要性。芒果 TV 的独播战略应运而生，自有版权在一段时间内不会向社会视频媒体分销，只在自主网络电视、移动电视、移动手机端等平台上播出。这一战略在优势内容的帮助下，成功实现了传统电视媒体向互联网领域的逆袭，收到了极佳的成效[②]，也得到了业界的高度关注。芒果 TV 的移动端以每月 10％、日均新增 30.3 万人的增速累计下载突破了两亿人次，积累 1 亿用户的时间比微信还少了 103 天。

　　2015 年在移动视频领域更加值得注意的还有视频网站在直播领域的投入和突破。在视频直播行业内，目前有两类已成为焦点：一类是以唱歌、跳舞、陪聊为主的直播内容，另一类是以游戏直播为主的直播内容。多数的直播视频平台都处于两者兼有的状态（如图 6-5），其中比较具有代表性的包括 YOUKU、Bilibili、斗鱼 TV、战旗 TV、熊猫 TV，等等。2015 年直播《英雄联盟》和《DOTA2》两款知名游戏的全球赛事成了电竞直播的助推器。

　　直播领域另一个需要关注的点是视频网站在音乐直播方面的进展。2014 年下半年，乐视音乐成功将张惠妹、莫文蔚、蔡依林等歌手的演唱会进行互联网同步直播；截至 2015 年底，乐视音乐进行了超过 300 场的音乐直播。而截止到 2015 年下半年，腾讯视频的 LiveMusic 板块的点播量超过 6 亿次，覆盖人数超

---

① 袁正明. 国家电视台的媒体融合创新. 2015 年 12 月 3 日在第三届中国网络视听大会上的发言。

② 在独播战略开始一年后，芒果 TV 的全平台日均活跃用户超过 3 500 万人，日点击量峰值突破 1.37 亿人。

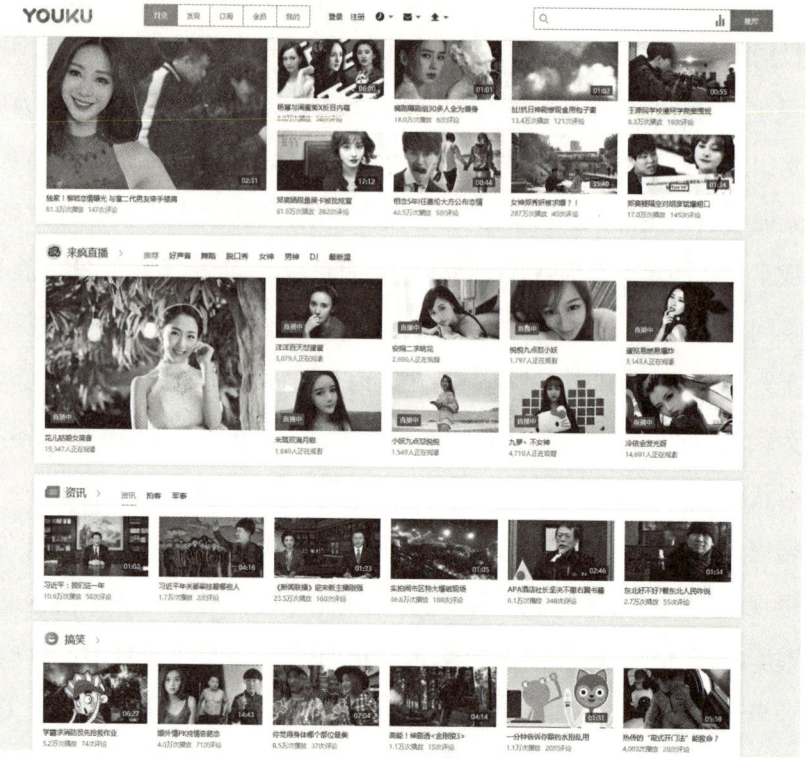

图 6-5　优酷旗下"来疯直播"在优酷主页

过4 000万人，直播了超过 55 场演唱会，BigBang、TFboys、华晨宇、张震岳等歌手的演唱会都登陆过腾讯视频的 LiveMusic 板块（如图 6-6）。

图 6-6　腾讯视频 Live Music 板块

(四)移动阅读、电子书、杂志

伴随着高速网络环境的持续建设、移动阅读终端的普及和移动阅读内容的规模化增长,我国电子阅读产业在 2015 年继续保持高速发展,内容资源和产业服务的市场竞争升级,优质内容和版权竞争带来的是产业格局的变化。截至 2015 年,中国移动阅读市场利润达到 101 亿元人民币,同比增长 14.3％,活跃用户数达到 3.28 亿人。根据调查,在受访用户中,使用移动端进行阅读的用户占比高达 77.2％,其中使用手机进行阅读的用户占比为 54.4％。根据易观智库的调查显示,在中国互联网细分应用市场中,社交网络用户渗透率为 93.1％,即时通信为 89.8％,紧随其后的就是资讯/阅读,为 59.1％。在实际的用户使用中,不仅仅是专业的移动阅读应用,用户使用的微信和微博等社交应用中也包含了大量的阅读内容,成为移动阅读的重要应用平台。移动阅读中的听书功能也和移动音频领域的听书内容存在重叠。

2015 年,主流阅读平台与出版社、原创文学网站的合作成效显著,阅读内容对用户有强大的吸引力。截至 2015 年底,原创文学网站"起点中文网"的移动端应用起点读书拥有的电子阅读内容达到 160 万册;QQ 阅读在整合了阅文集团的原创小说资源后,已经拥有 90 万册电子阅读内容资源;网易云阅读长期与出版社保持的合作关系带来了 60 万册电子阅读内容的积累;而后发的掌阅则加大了购买力度,2015 年掌阅宣布其应用已拥有 42 万册电子阅读资源。

值得注意的是,在各大阅读集团争先恐后地加大投入的背后,是互联网巨头之间的暗流涌动。其中最具有代表性的是阿里巴巴集团。2015 年 5 月 26日,阿里文学首次召开战略发布会(如图 6-7),宣布将以移动阅读为突破口,推出版权战略。此外,阿里文学还将与新浪阅读、塔读文学和长江传播达成深度战略合作协议,在微博自媒体平台、作品互动传播、新锐作者的联合签约、依托大数据的作品自制出版,以及影视和游戏 IP 衍生等多方面进行合作,通过多平台曝光增加对作者的吸引力。除了阿里文学之外,百度支持的百度文学和腾讯旗下的阅文集团也在积极布局移动阅读,围绕知识产权、借助移动阅读内容打通文学、游戏、影视等泛娱乐产业链,这将给各自旗下的视频、游戏、电影、电视剧、网剧等诸多其他产品带来新的机遇,互联网巨头正在通过 IP 建立一个泛娱乐的数字生态圈。

图 6-7　2015 年阿里文学战略发布会

从产业链的角度来看,自 2008 年我国开始投入专项资金并进行优惠政策扶持,在上海张江、重庆北部新区和杭州等地建设数字出版国家基地,希望这些基地能够在网络文学、网络游戏、电子书和数据库等方面发挥聚集效应。2015年以 BAT 为代表的互联网企业在数字内容产业方面的市场投入和竞争,标志着我国移动阅读产业从依靠政策扶持和基金支持正式转型为依靠大众消费市场。

移动阅读的产业链条更为复杂、产业图景更为多样,移动阅读应用 App、支付服务、终端设备、终端厂商、网络运营商、版权管理都已经相对完备,产业链各部分逐步贯通,这将使原本简单的移动阅读产业链走向良性盈利模式,并在未来更为稳定地发展。

在文字阅读领域,起点中文网、小说阅读网、纵横中文网、豆瓣阅读等网络平台,有北京出版集团、中国出版集团公司等出版集团加入;在有声阅读领域,有酷听、天方听书网等网络力量;在移动阅读应用 App 领域,有 QQ 阅读、掌阅、铁血读书等诸多应用;在支付服务领域,移动阅读的各方力量已经与苹果支付、支付宝、财付通、微信支付等多个平台连接了起来;在终端方面,既有专门的移动阅读硬件厂商参与,又有中国三大网络运营商的合作支持,它们既为电子阅读渠道提供支撑,又在其中积极布局;在版权管理方面,伴随着国家版权局、国家新闻出版广电总局、中国版权保护中心等各方力量的介入,BAT 方面资本力量的积极布局,移动阅读内容资源的 IP 核心正在逐步完善。

(五)移动音频

对用户而言,移动音频并不是什么新鲜事物。远在无线电广播的时代,在移动场景中听到耳机内传出的新闻和故事已经是一种非常普遍的消费习惯和消费形式。目前,移动音频市场主要以应用类服务为主,截至 2014 年底,移动网络音频类应用数量多达上千种,基于定制化、个性化的移动音频服务已经开始证明自己的巨大商业价值,市场营销的能力也在逐渐增强。2014 年,多家应用服务获得了资本的青睐,得到了千万级别的融资。

从市场来看,截至 2015 年底,中国移动电台用户总规模为 1.78 亿,自 2014 年以来,移动电台用户整体规模显著增长,亿级电台用户开始崭露头角,综合类音频应用快速崛起;截至 2014 年底,荔枝 FM 拥有 2 000 多万用户、60 多万名主播、600 多万期播客节目;截至 2014 年 10 月,蜻蜓 FM 获得了若干家电台的授权,聚合了新闻、综艺娱乐、商业财经、小说等三十多个类别的内容;截至 2015 年 3 月,考拉 FM 拥有多达 4 007 档音频节目、两万本有声读物,总时长超过 100 万小时。

从内容上看,目前移动音频应用的内容可以分为以下几类:

(1)传统广播电台类。这是以中央或者地方传统广播电台为主体开发的内容,这类内容依托于电台丰富的节目资源,以播出电台广播节目为主,允许用户实时收听或者点播收听电台广播节目。

(2)音乐类。这一类内容是目前最多的内容类型,如多米音乐、虾米音乐、豆瓣电台,等等。与传统广播电台类的音频应用不同的是,此类应用往往融入了社交元素,其包含的音频资源内容也正在从传统的音乐领域向其他领域拓展。

(3)UGC(User Generate Content)类。这类内容的最大特点是广播系统内存在的所有内容都是用户自己创作和上传的,每一个独立注册 ID 对应一名独立的主持人,节目形式不限、内容丰富。如荔枝 FM、喜马拉雅等平台上此类内容较多。

(4)听书类。这类内容的主要应用方式就是将各种文学艺术作品音频化,再提供给用户使用。

从目前的收听模式来看,在移动互联网大数据底层功能的支撑下,个性化推送成为节目收听的主流;与此同时,由于个性化推送需要一定的时间,点播订阅模式也依然是各类音频应用中的主要模式之一。

从目前的国内市场来看,在国内手机音乐电台累计下载量方面,酷狗音乐领先,累计下载量占比高达 26.7%,而 QQ 音乐、酷我音乐及天天动听分别处于第二、第三、第四位,占比分别达到 13.3%、11.4% 和 8.9%,处于第二阵营。

从内容上来看,移动电台可以分为纯音乐、综合、听书三类。艾媒咨询的统计数据显示,纯音乐类的移动电台以豆瓣 FM、酷狗 FM 为代表,后来居上的包括阿里音乐、酷我音乐、网易云音乐等。

在综合类移动电台中,2011 年成立的蜻蜓 FM 称得上是国内"元老级"的综合类移动电台,自推出以来一直在市场中处于领先地位。2015 年,艾媒咨询的数据显示,根据活跃用户分布,综合类移动电台呈现出四强争霸的局面,其中喜马拉雅 FM 后来居上,以 23.6% 的比率占据首位,蜻蜓 FM 占 22.7%,之后分别是考拉 FM 和荔枝 FM。

值得注意的是,到目前为止,移动电台的广告收入仍然是其主要的收入来源,并且还是以展示类、音频类的广告为主。单一的收入来源使几乎所有的移动电台目前都仍然处于"烧钱"的状态。为了改变这种情况,各大综合电台都在进行差异化盈利模式的探索。在引入了全球最大的中文数字阅读平台——阅文集团作为战略投资者之后,喜马拉雅 FM 宣布其打赏系统和分成系统上线。源自于已经较为成熟的收费阅读体系的收费视听体系的完善,对于正在"烧钱"的移动电台行业而言有着特殊的含义。考拉 FM 在 2014 年初收购了 LBS 产品路况电台,这款 App 可以根据听众当前的位置,给出路况的语音播报。考拉 FM 所期望的商业模式是在音频中插播周边美食、景点介绍、打折信息等。

除插播广告之外,移动电台的另一种目前常见的广告形式是植入,由主播将广告植入到节目内容里,植入广告可以匹配节目内容,也被称为电台的"原生广告"。

而对于移动电台整体而言,伴随着物联网和车联网的发展,移动电台的商业潜力将不限于手机端,在车载、航空、可穿戴设备、家装终端都会存在移动电台的发展空间。在车载市场,蜻蜓 FM 和考拉 FM 都已经与汽车厂商建立了合作关系。蜻蜓 FM 已经有超过 300 万辆的预装量,合作品牌包括福特、沃尔沃、宝马、奥迪等超过 50 个品牌。在可穿戴设备方面,三星手表直接与蜻蜓 FM 合作,使用蜻蜓 FM 内的内容。喜马拉雅 FM 自主研发了舒克智能童话故事机、听书宝等产品,拓展了使用场景。

(六)移动电视(公共视听载体)[①]

移动电视目前已经覆盖了楼宇电视、户外大屏、公交地铁移动电视等领域。截至 2014 年,移动电视领域总收入为 106.7 亿元人民币,比上年增长 17.4%,包括楼宇电视、超大 LED、公交地铁电视等在内的各个市场都获得了较大的增长。一方面,技术上的进步为产品创新、提升媒体价值提供了可能;另一方面,通过终端进行 Wi-Fi 布局的争夺推动了业务革新,竞争使市场进一步扩大。截至 2014 年,商业楼宇电视广告市场规模为 41.41 亿元人民币,继续保持着市场内的领先地位。在移动互联网继续发展的影响下,商业楼宇市场主体成为公共视听载体领域最为灵活和具有创新力的组成部分。以分众传媒[②]为代表的企业在通过与 360、阿里巴巴等企业合作布局 O2O,探索全新的商业模式;建设和推广 Wi-Fi 热点,围绕用户的生活轨迹搭建生活圈营销平台。公交地铁移动电视广告市场规模达到 23.94 亿元人民币,相较去年增长 32.19%,围绕在公共场景

---

① 这里的移动电视主要指公共视听载体类,不包括广电类的移动视频服务,这类服务将被归于移动视频中进行讨论。

② 分众传媒诞生于 2003 年,在全球范围首创电梯媒体,创始人江南春。2005 年成为首家在美国纳斯达克上市的中国广告传媒股并于 2007 年入选纳斯达克 100 指数。2015 年分众传媒回归 A 股,市值破千亿,成为中国传媒第一股。作为中国第二大媒体集团,分众传媒营收超百亿的关键在于开创了"电梯"这个核心场景。截至 2016 年 6 月 30 日,分众电梯媒体,覆盖 120 个城市,共有 110 万张电梯海报、18 万台电梯电视,城市主流人群的日均到达数量为 5 亿人次,被誉为"中国最具品牌引爆力的媒体平台"。

内铺设 Wi-Fi 热点,以实现全程网络覆盖。以华视传媒为代表的传媒企业在 2014 年纷纷与中国联通、华为、深圳光启等企业合作打造适用于公共交通系统的 Wi-Fi 体系。

从产业链上看,移动电视领域的参与力量主体包括平台集成商、内容集成商、广告集成商。其中,平台集成商主要是指集户外广告资源开发、广告投放于一体的服务厂商,利用不同的终端构建广告联播网络,目前的平台集成商的业务范围主要覆盖楼宇电视、户外屏幕、公交地铁移动电视等领域,典型的企业包括楼宇电视领域著名领军企业分众传媒,户外屏幕领域的香榭丽,公交地铁移动电视领域的华视传媒①、巴士在线②,等等。内容集成商是指为公共视听载体提供内容的服务厂商,主要指广电机构旗下有相关运营牌照的内容服务商,代表厂商包括中央电视台移动传媒(CCTV 移动传媒)、北广传媒集团等,其内容来源于央视或省级卫视热点内容及传媒集团自制内容等。广告集成商是指将各个广告主资源进行整合再进行投放的服务厂商,主要形式包括线下代理和线上信息对接平台等形式。线下代理主要采用省级代理、地区级代理等形式,进行媒体资源的分发,代表企业包括越美文化、优扬、万易传媒等;线上信息对接平台主要是以网络平台的形式实现媒体资源与广告主的直接对接,代表企业包括易牌网等。

从商业模式上看,移动电视领域的主流商业模式依然以广告为主,广告的价值会受媒体资源、内容平台、广告产品、客户资源的影响。以覆盖能力为核心竞争力和价值的公共视听载体广告,其覆盖面越广,广告触达率就越高;购买转化越高,广告效果越好。伴随着技术的发展,广告形式的丰富、广告服务的个性化、整合投放等营销方式的创新也逐渐在向移动电视领域延伸,能否有效使用

---

① 华视传媒成立于 2005 年 4 月,拥有中国最大的户外数字电视广告联播网。联播网采用数字移动电视技术,支持移动接收,播出实时的丰富精彩的电视节目,让随时随地看电视成为现实。覆盖中国最具经济辐射力的 30 余座城市,拥有电视终端 16 万个,占据中国车载无线数字信号发射电视终端总量的 76.8%;覆盖国内已开通地铁电视终端总量接近 100%,并延伸至香港;覆盖受众接近 4 亿,成为中国户外数字移动电视行业的推动者和领导者。

② 巴士在线是中国领先的新媒体及移动互联网公司。2003 年创建于江西南昌,分别在北京、上海、南昌建立了三个业务总部,拥有 22 家子公司,集团旗下拥有中国最大的公交移动 Wi-Fi 和公交移动电视网络;通过自有的发明专利技术和中国 22 个主要城市的公交公司开展合作,在公交车内安装车载移动 Wi-Fi 热点和移动电视播放系统,每天向近 1 亿用户提供媒体和移动互联网服务。

这些新的理念和技术成为移动电视平台能否掌握广告主的关键。

　　与此同时值得注意的是,O2O 模式伴随着技术的进步开始成为移动电视领域新的商业模式,这种模式通过技术手段将品牌宣传、活动推广、优惠促销等信息与建立在移动电视终端基础上的 O2O 平台对接,用户通过扫描二维码、连接免费 Wi-Fi 热点等方式,将自己的移动设备直接连接到线上商家以获取各种服务和信息,最终形成互动和消费。在这种链接线下和线上的 O2O 模式下,原本作为单方面信息传递者的移动电视的角色发生了改变,成为支撑线上线下交易的信息平台,以满足用户获得信息、社交、购物等多方面的需要。

第七章 移动媒体营销

■ **本章重点**

移动媒体价值链、移动媒体盈利模式、移动媒体市场规模、移动媒体经营成本、移动媒体分配机制、移动媒体营销推广、移动媒体市场服务

移动营销本质上是指在移动设备上进行的或者有移动设备参与的,通过移动设备自身或者通过移动设备所搭载的业务及应用所实现的移动营销活动。移动设备包括智能手机、平板电脑及其他可通信的移动设备,移动业务及应用包括在移动设备上搭载的软件和服务。移动媒体营销并不局限于移动广告,任何符合上述定义,在移动智能终端上发生,并通过移动终端所搭载的软件和服务实现,目的在于帮助企业或团体实现与消费者和用户沟通的活动都可以被划归到移动媒体营销的范围之中。移动广告是移动媒体营销中发展较为成熟、企业目前投入最多的一种实现形式。

一、移动媒体营销和移动营销的发展历史

自移动互联网诞生之初,其在各个领域的商务应用探索就从未停止,在这一过程中,诞生了 LBS、移动 SNS、移动浏览器、移动阅读等多种应用,最终形成了移动互联网领域目前的丰富业态。移动互联网与营销之间有效关系的首次建立的标志则是 2006 年美国人奥马尔·哈姆伊创建手机广告系统 AdMob。

这让全世界看到了"颠覆传统营销模式和消费模式"的全新机遇。

从历史的角度来看,实际上移动营销早在 2G 网络建立初期就已经出现了。这一时期的主要表现形式为使用短信或彩信进行信息的推送,这种方式一直到现在还在使用,例如许多会员制的商场或店铺会定期向会员发送短信、促销信息、优惠券等。但是这种短信营销的方式很快就被滥用了,并引发了危及用户信息安全、影响用户体验等问题,甚至导致了"假基站"的犯罪问题,所以短信营销已经不再是移动营销的主流。

从移动互联网发展历史的大视角来看,我国移动媒体营销的发展可以大致分为三个阶段:

(一)2007—2010 年,早期阶段

在这一阶段,基于移动网页的广告开始产生,以 AdMob 为代表的国外移动广告平台逐渐被业界所认识,类似的模式也开始在国内出现。但这一时期的移动营销受到当时的市场成熟度和技术条件的限制,无论是市场规模、媒体数量还是营销手段还非常稚嫩。

(二)2010—2012 年,发展阶段

随着 3G 的逐渐推出,智能手机的普及速度也随之加速,人口红利带来的移动应用的增加刺激了移动应用产业的发展,移动应用内嵌广告也成为常态,为内嵌广告提供服务的移动应用广告平台也随之起步。这一时期的移动广告依然集中于应用内嵌广告,广告主一般为网络用户或应用开发商,只有极少数的大品牌广告主愿意尝试移动媒体营销和移动广告。

(三)2013 年至今,高速发展阶段

4G 元年给中国移动市场带来了上亿的新增用户,移动互联网的用户数量反超传统互联网,移动互联网的环境也出现了巨大的变化。一方面,技术和网络的通畅带来了应用的多元化,大量应用开始渗透进用户的生活,移动互联网产业链条上的诸多力量围绕应用和服务展开了一轮又一轮的争夺;另一方面,受众的迁移也强制性地导致了广告主的跟随,用户对互联网接入习惯的改变成为扭转广告主的移动营销和移动媒体营销观念的决定性因素。与此同时,伴随着移动媒体营销的快速发展,技术体系开始得到发展,针对移动广告物料、投放和监测的行业标准也开始出现,行业整体开始走向规范化和规模化,加之资本的大量涌入,移动媒体营销逐渐向规模化发展。

截止到 2014 年底,中国移动广告市场规模接近 300 亿元,同比增长122.1%,增长率已经连续 3 年超过 100%,称其为爆发性增长也并不为过。而伴随着智能终端的普及和不断演进,移动互联网资费的不断降低,移动应用与服务的日趋场景化、生活化,移动媒体营销的发展将会进一步在横向和纵向上得到拓展。

与我国相比,美国移动互联网广告市场在 2006 年就已经宣告建立。在经历了十余年的发展之后,美国移动互联网广告走过了市场导入期,步入了成长期。大量的传统广告主和传统互联网广告主都开始转向移动媒体营销领域。在市场利好的驱动下,移动媒体营销的形式日新月异,移动互联网广告的形式也日趋丰富。2010 年,苹果公司以 2.75 亿美元收购移动广告公司 Quattro Wireless,并在其技术体系基础上创建了移动广告网络 iAD。同年五月,互联网巨头谷歌正式收购 AdMob,收购价高达 7.5 亿美元,并开始以 AdMob 为核心构建自己的移动广告网络,以对抗苹果的 iAD 网络。互联网巨头在移动互联网营销领域的拓展成为处于成长期的美国移动互联网广告市场上的一个新亮点。

从全球规模上看,美国互联网市场研究公司 eMarketer 在 2015 年初发表的一份报告中指出,2014 年全球移动广告收入达到 314.5 亿美元,在未来四年,这种发展趋势将继续保持,预计在 2018 年,全球范围内的移动广告营收将会超过1 500亿美元,其中1 180亿美元将会来自移动广告。

二、移动媒体营销与移动营销的特点

相对于传统营销而言,移动媒体营销和移动营销所具有的最大特点就在于营销活动发生的位置。对于移动媒体营销而言,基于移动智能终端设备的联网性、私密性的特点,借助移动互联网技术和移动营销平台的帮助,广告主和广告公司第一次获得了向受众传达几乎实时、基本相关、完全个性化的信息的可能性,更为重要的是,这种几乎实时到达的信息的反馈也是实时的。对于营销和广告来说,这种近乎"面对面对话"一般的信息交换方式在某种意义上是最为理想的信息交换模型。

而在实际操作过程中,移动媒体营销自身所拥有的四大核心特征——精准性、互动性、位置性和长尾性成为其区别于传统营销的特点。

精准性源于移动互联网的技术支持,一方面,用户所使用的终端类型、操作系统、移动国际身份码等标准信息都可以被获取;另一方面,用户的网络行为被广泛记录,应用安装列表、媒体使用行为、网络浏览记录等非标准化信息都经过大数据处理和沉积,成为描绘用户行为、使用时间的路径,甚至可以为用户进行形象侧写,在这种情况下,实现直接针对个人的营销活动和广告投放已经不再是梦想,而是正在发生的现实。

互动性源于承载移动媒体角色的移动应用和移动服务的封装特性,移动应用和移动服务自身的服务性需求要求其允许用户在不离开应用活动界面的情况下最大限度地调用系统和硬件功能,最大限度地实现具有一致性的、流畅的用户体验。在这种情况下,各个应用和互动环节就给移动媒体营销和直接的移动广告带来了各种可能性,直接拨号、查看地图、分享视频、阅读文本、在线问答、免注册登录等,都成了移动媒体营销的可能形式。

位置性源于作为移动媒体物理承载层的移动智能终端所与生俱来的位置属性,GPS 定位系统与 Wi-Fi 环境下的精确定位让任何联网的设备都可以反馈用户的精确地理位置信息,运营商不但可以根据当前用户所处的地理位置推送周边的营销活动,更可以通过数据积累和深度挖掘,进行更为精准的目标受众定位,用以指导广告和其他营销活动的进行。而在 LBS 与社交应用结合之后,这种基于位置性的营销和广告活动也搭上了社交的快车,一时间优势明显。

长尾性源于移动应用大规模出现之后的同质化现象和优质移动应用缺乏的矛盾,一方面,长尾效应带来了更为广泛的流量分布、更多的用户使用时间和频次,由此也带来了更大规模的广告主投入;另一方面,优质移动应用的稀缺带来了营销和广告活动价格的激增,长尾性的特征又使得媒体营销价值评估和广告投放技术的发展难度进一步提升。

在实际操作的过程中,移动媒体营销与传统互联网营销基本是相辅相成的,但由于其差异化价值体现的不同,营销活动产生的效果也并不相同,各有偏向性。营销活动发生的环境不同是二者最为根本性的差异点,移动环境下用户的注意力会更为集中,传统互联网环境下广告形式会更为丰富;受众群体存在差异,移动互联网用户在用户规模上已经超过了传统互联网用户,年轻群体对于移动互联网的依赖性已经远远超过其他人群,而传统互联网领域中使用者的分布较为平均;场景不同,相对于传统互联网环境,移动互联网应用的最大特点在于场景化的设计,承载媒体功能的应用与生活场景的结合使得移动媒体营销可以随时随地进行,在二维码、语音等全新交互形式的帮助下,线上和线下的活动也可以随时打通,这赋予了移动媒体营销更多的可能性。

三、移动营销的分类

在我们之前的讨论中,对于移动媒体的功能主要由移动应用和服务承载已经有了较为深刻的认识。然而在众多的应用和服务之中,对移动媒体营销和移动营销进行梳理,是我们进一步理解移动营销的必由之路。下面我们将通过技术类型分类和营销目的分类两种方式对移动营销的类别进行简单的整理。

(一)按照技术类型区分

移动营销按照技术类型可以分为短信彩信营销、移动网页营销、移动应用/业务营销和新型移动营销几个大类。各个类别所依托的技术并不相同,短信彩信营销依托于电信运营商的增值服务,移动网页营销以移动浏览器作为入口、以移动网站运营商作为内容提供者,移动应用/业务营销是最为主流的营销手段,依托于移动应用和移动业务,新型移动营销则是目前新技术频出的环境下处于初步探索阶段的营销手段。

1.短信彩信营销

短信彩信营销又被称为推送类营销。这类移动营销手段出现的时间最早,也是目前应用范围最广、发展最为成熟的营销方式,但是由于自身的营销形式存在问题,滥用严重,目前通常被应用于通信、银行、零售等行业的客户管理,并不主要应用于商业营销活动。

2. 移动网页营销

移动网页营销指的是基于手机网站(WAP)的营销活动,包括在 WAP 网站中投放广告、企业自建 WAP 网站进行营销活动等。从模式上来说,这种营销模式与传统互联网营销模式基本一致,是直接将传统互联网营销模式移植到移动互联网领域的表现,模式本身并没有进行太多调整,只是设备环境从电脑变成了手机,营销环境整体从大屏变成了小屏。这种营销方式最早出现于 GPRS 和 CDMA2000 网络时期,属于成型较早的营销方式,也是移动媒体营销探索时期的产物。尽管移动网页营销目前仍然受到广告主的认可,也保持了一定程度上的市场稳定,但从长远来看可能不会有较大的增长。

3. 移动应用/业务营销

移动应用/业务营销指基于移动应用和业务进行的营销活动。在移动互联网发展的早期,这种基于应用的营销手段主要被移动互联网行业内部使用,其主要用途包括应用开发者的互相推广、利用积分墙等方式激励用户下载等。随着移动互联网的发展,各方力量角逐下的移动应用也开始市场化,广告主和广告公司的力量也逐渐进入这种营销方式之中。移动应用/业务营销是一个很大的范畴,如果按照移动应用/业务的种类来分,可以进一步细分为移动搜索营销、移动视频营销、移动社交营销、移动音频营销等。能够承载媒体功能的移动应用/业务就拥有了进行移动营销的能力。而伴随着移动互联网的进一步发展,移动应用/业务也更进一步地进入到了用户的生活之中,应用的数量有增无减,移动应用营销将成为未来移动营销市场规模化发展的主要领域。

4. 新型移动营销

新型移动营销指通过二维码、增强现实、语音分享等创新技术形式实现的营销,这种营销类型的一大特点是依赖新技术。目前这类营销方式还处于初步探索阶段,只在中小范围的营销活动中使用。

(二)按照营销目的分类

移动营销按照营销目的可以分为移动广告、移动社会化营销、移动自媒体等。移动广告是最为主要的营销目的和营销形式。移动社会化营销目前已经被视为整合营销在移动互联网环境中的延伸,也是整合营销的重要组成部分。移动自媒体是企业或广告主进行自我宣传的阵地。

1. 移动广告

与传统广告类似,移动广告的主要目的是向受众传达品牌信息,这是移动营销中比重最大的一部分。与传统互联网广告类似,移动广告的表现形式非常丰富,包括文字链广告、横幅广告、开屏/插屏广告、视频贴片广告、原生广告等多种形式。其中文字链广告、横幅广告是源自传统互联网的广告形式,也是较早出现在移动营销领域并获得广泛认可的广告形式。开屏/插屏广告和视频贴片广告会直接占满整个屏幕,较容易吸引用户注意,同时由于其自身形式上的优越性,动态的画面和音乐赋予了其更强的表现力,所以是目前最受广告主欢迎的移动广告形式。原生广告的出现较晚,但形式上更为灵活,用户体验也被认为较原有广告形式更好,被视为移动广告的目标演进形态之一。

2. 移动社会化营销

移动社会化营销的概念源于整合营销概念中的社会化营销的概念,其根本目的是让品牌和广告主与受众产生互动,通过互动提升品牌形象和受众的品牌忠诚度。在移动互联网的环境下,移动社会化营销的重点由单纯的互动转向随时随地的沟通,品牌与广告主主动"降低身段"同受众直接进行随时随地的交流成为一种趋势。与此同时,移动社会化营销的独特价值还在于与社交网络结合,通过受众之间的人际活动和关系,在营造身份认同感的同时,也利用这种互动形式扩大品牌的传播范围。

3. 移动自媒体

移动自媒体从形式上看包括品牌的移动官网、移动商城、官方移动应用、微博、微信公众号等。这种自媒体除了向用户传达品牌信息、与用户进行互动之外,还可以作为入口,为用户提供各类相关的品牌服务。与此同时,由于移动自媒体自身所携带的会员制属性,移动自媒体自身也存在着聚拢人气、充当平台的可能性,为线上或线下服务提供了天然的群体区分。

　　纵观整个 2014 年,在所有的移动媒体营销种类和营销方式之中,有两种媒体的表现值得我们关注,分别是移动视频和移动社交。

　　移动视频营销建立在一个较为庞大的移动视频广告市场上,2014 年其市场规模高达 32.1 亿元。移动视频营销的高速发展与大数据背景下相关应用的积极表现、与数据处理和整合相关的科学监测评估标准的建立是密不可分的,二者都为移动视频营销的广告主提供了更多的信心。视频广告这个概念在广告发展的某一时期完全可以用电视广告替代,二者的表现形式基本一致,被认为可以使用同一个广告素材进行多媒介投放,而在电视媒介之外可以投放视频广告的媒介,就可以被认定为传统媒介的补充。从原理上说,这样会有效提高视频广告的利用率和到达频次。而在移动互联网的环境下,我们需要对之前的思路进行反向思考,在移动视频取得大发展的当下,如果将原本"电视＋其他"的跨屏幕形式扩展为"电视＋智能终端＋桌面电脑＋其他"的全新跨屏形式的话,单一广告的利用率和到达率也将得到极大的提高,在基于数据分析的广告效果监测评估优化系统的帮助下,广告主能够科学地评估营销投入效果,更有效地利用移动视频广告进行营销。

　　移动社交营销的走红在某种意义上可以理解为移动社交媒体流行和发展的副产品。在由传统互联网移植到移动互联网的"微博"风靡一时之后,完全由互联网厂商为移动互联网所打造的"微信"已经在短短两年之内成了最大的社会化媒体平台。除此以外,基于地理位置的陌陌、基于工作人际关系的钉钉、基于声音的唱吧、基于短视频的美拍等也都纷纷出现,移动社交媒体领域一时之间出现了"百家争鸣"的局面。在移动社交营销的实际操作之中,广告主和广告公司与用户一样,使用微博、微信等平台建立官方账号,以账号作为平台与用户直接互动,通过内容积聚人气,通过人际传播取得营销效果,一时间利用"两微一端"成了广告主竞相使用的移动社交营销策略。而在新技术的支撑下,移动社交媒体的功能也得到了进一步扩展。2014 年的 HTML5 技术就是其表现之一。伴随着 2015 年微信等移动社交媒体进一步向用户和广告主双方开放功能和权限,移动社交营销的形式也必将更为丰富,广告主的广告投入预计也会有可观的增长。

四、移动营销的发展趋势

(一)大数据魔法——程序化购买

程序化购买是与传统的通过媒介进行人力购买相对的广告购买方式,即广告主通过数字平台自动地完成广告购买,主要依靠需求方平台(DSP,Demand Side Platform)实现购买行为。在传统的广告购买流程中,广告主需要提前制订广告预算框架,而后通过媒介购买公司进行媒体排期,而排期和合作方式一旦确定,以现在的广告运作流程来看,变动就会较为复杂,时效性也较差。而程序化购买的最大特点在于赋予了广告主更为灵活可变地进行广告投放、投放时间安排和预算分配的能力,广告主可以通过程序化购买平台直接对自己的广告投放进行修订,这有利于提升广告的投放效率,减少因为沟通而产生的时间成本。

对于中国市场而言,移动广告程序化购买是一个新鲜事物,其首次现身中国市场是在 2012 年,但当时能够用于程序化购买的广告资源较少,整体市场规模较小,产业链条上的各方力量还保持着观望态度。2013—2014 年,伴随着移动互联网产业的高速发展和移动视频广告业务的拓展,在资本的保驾护航下,产业链各个环节都出现了坚实力量。各个平台之间也开始了逐一对接,其中移动需求方平台、移动广告交易平台、移动供应方平台、移动数据管理平台成为构成程序化购买平台的基本子板块。随着程序化购买各个流程的日趋顺畅,广告主对于这种新生事物的接受度也在不断提升,市场从培育期进入了发展期。

对于广告主而言,程序化购买不仅节约了沟通成本、减少了沟通和实现环节、提供了扁平化的购买路径,更重要的是,程序化购买带来的高反应速度、快节奏、灵活投放方式为广告主充分利用,从用户数据中挖掘出的信息提高了移动营销的精准性,为优化营销效果提供了可能性和渠道。这种数据优势在程序化购买中是双向的,一方面,广告主和广告公司会利用大数据积累的用户信息有效调整自身的广告和营销策略,并将这种调整通过程序化购买实现;另一方面,程序化购买自身也依赖于大数据积累的用户信息以对用户进行有效的"Tag"分类,通过标签识别特定目标受众,向广告主进行推荐,从而优化广告主和广告公司的投放行为。这种双向的数据优势的叠加将毫无疑问地提高广告主的营销效率。

(二)从硬广到原生广告

对于移动媒体营销而言,硬广无疑是应用最多同时也是最受欢迎的广告形式,但在实际使用的过程中,从业者们发现,如果直接移植传统互联网的硬广到移动媒体中,会对用户体验造成极大的干扰,呈现效果也并不让人满意。因此,广告主更多地转向了开屏/插屏广告和视频贴片广告。而伴随着移动媒体营销概念的发展,原生广告的概念于 2013 年出现在了学界和业界面前,为移动媒体广告带来了新的发展契机。

原生广告概念的发起人 Dan Greenberg 对于原生广告的定义是:"一种让广告作为内容的一部分植入实际页面设计的广告形式。"总体来看,原生广告的核心特点为广告内容化和用户相关性的结合。

原生广告并没有特定的表现形式,对于原生广告而言,表现形式就好像变色龙的保护色,可以根据媒介的形式而自然改变,可以是微博、新闻、图片、视频,甚至是 HTML5 编码的小品或者程序,这将允许用户在保持深度产品沉浸的同时接触广告和营销内容,并在不自觉的情况下通过与内容、场景的交互使广告达到目的。与此同时,原生广告对于内容的要求极高,内容必须是与用户有关的、对用户有价值的,这无疑需要大数据平台的实时支持。而这种广告形式在国外已经获得了一定的成功,美国移动广告公司 NativeX 表示,原生广告的点击率比非原生广告高出 220%,这一数据非常惊人。

目前在国内,原生广告也开始融入移动媒体的开发之中,如新浪微博就开始在微博用户信息流中加入广告主推广微博,今日头条、凤凰网、知乎、有道词典等多种服务和应用也开始引入原生广告产品。而在 2015 年,微信朋友圈正式引入原生广告形式,宝马中国、VIVO智能手机、可口可乐、海南梨花岛地产等品牌纷纷上阵,一时间朋友圈内刷屏无数,取得了极强的宣传效果,原生广告也借助微信在中国移动营销市场上占据了一席之地。

(三)从终端到终端

在目前移动互联网的大环境之中,终端早已不再是单纯的手机、Pad、平板电脑三件套,伴随着微电子技术和人机交互技术的发展,更多的移动设备开始进入市场。可穿戴设备、车载设备甚至是无人机都成了大众能够消费得起的终端设备。如果说车载设备和无人机还比较"高冷",那么可穿戴设备就显得足够"接地气"了。仅仅在2014年,国内市场上就已经诞生了数百款智能可穿戴设备,形态包括智能手表、智能手环、头盔、服装等,使用范围涵盖运动、健康、商务、医疗等。可穿戴终端的出现在某种意义上扩展了智能手机的功能,以智能手机作为控制核心、以可穿戴设备作为传感器终端的形态即将出现。可穿戴技术为企业了解和服务消费者提供了一条全新的更为有效的途径,而如何利用这个途径,目前还有待研究。

第八章　移动媒体监管

■ 本章重点

移动媒体监管的必要性、移动媒体监管的参与者、移动媒体监管的领域和措施、监管面临的挑战

移动互联网的高速发展让中国成了全球最大的信息消费市场,也让移动互联网成了最活跃的创新领域。而在高速发展的过程中,一系列问题也随之出现。总体来看,这些问题大多表现为两类:一是安全,个人、社会以及国家安全在移动互联网环境下受到了越来越严峻的挑战;二是治理与监管,移动网络空间的虚拟性决定了其管理的难度。与此同时,伴随着移动互联网与智能终端的普及,这种虚拟网络空间与现实的交汇点越来越多,对于现实世界的影响也在不断扩大,虚拟空间成了现实空间的延伸和反映。这种紧密的联系也使得以往对传统互联网的治理和监管措施在移动互联网普及的情况下并不适用,对移动互联网的治理和监管措施亟待更新。

一、目前移动互联网和移动媒体所面临的问题

从技术和历史发展的角度来看,网络的脆弱性是伴随着计算机网络一同产生的,再有想象力的互联网发明者也无法预见现在互联网和移动互联网有如此广泛的运用范围。互联网拥有无数的节点,这是由网络自身的特性决定的,这

也是网络稳定性的重要基础,但这也是网络容易受到攻击的环节。由于作为网络应用层的主要组成部分的软件本身很难十全十美,它需要根据时间的推移不断完善。无论是传统互联网还是移动互联网,绝对安全的网络都是不存在的,互联网自身的底层协议和组成软件都造成了互联网的"先天性安全缺失"。传统互联网所常用的依靠"打补丁"修复受攻击节点的方法无异于简单的"头疼医头,脚疼医脚",并不能从源头上解决受攻击问题。源于传统互联网的移动互联网继承了传统互联网在安全方面的弱势,并且由于其自身特点,地址、账号、身份、财产信息、医疗数据等个人信息和关键数据都让移动互联网在存储和传输方面面临着更大的风险。目前,移动互联网所面临的最大的问题莫过于安全问题。

移动互联网目前所面临的安全问题主要包括智能终端漏洞、恶意代码、个人隐私信息失窃、恶意订购增值业务、钓鱼欺诈、DDOS 攻击等多种形式。从问题所在的平台区分,可以分为终端安全问题和业务安全问题两部分。

(一)终端安全问题

终端安全问题指的是移动智能终端所存在的安全问题,主要包括系统破坏、恶意吸费和隐私窃取三个方面。其中恶意吸费和隐私窃取是目前最为主要的终端安全问题。

恶意吸费指的是黑客和恶意开发者将具有恶意吸费功能的病毒安插在各种应用之中,在终端安装之后,强行消耗用户的资费或直接扣除用户资费。这种病毒在安卓平台上居多,主要被植入第三方应用商店的移动游戏应用之中,在用户使用后就会造成流量流失,从而造成客户损失。目前,恶意吸费已经成为一个由黑客、第三方厂商、软件企业等共同构成的黑色产业链。

隐私窃取指的是黑客通过系统漏洞、植入木马等技术手段,实时监控或窃取用户存储在移动终端上的信息。这种隐私窃取通常以账号、密码、身份信息等敏感关键信息为主要目标,在窃取后由黑客转卖至所谓的"社工库",以赚取暴利。

（二）业务安全问题

移动互联网的发展带来了移动应用的多元化，移动终端的进化也推动了移动应用的发展。目前移动互联网产业链中的各方力量基本上都开发了自己的应用商店供用户选择。这在方便用户进行选择和使用的同时，也潜伏着安全隐患。一方面，恶意网站利用软件漏洞趁火打劫，以伪装成合法的安全软件提供商的方式向用户提供虚假的安全软件，从而感染更多移动终端、损害更多用户的利益；另一方面，社交网站和微博也成了网络犯罪的新媒介，攻击者故意在社交网站上发布含有攻击内容的链接，使用户的终端感染木马，由于 SNS 及微博的信息传播具有极强的时效性和广泛性，这种"多米诺骨牌"效应使得通过社交网站和微博进行的不法活动成效极为显著，越来越多的违法者开始选择这种方式进行攻击。

与此同时，在移动内容服务领域，利用移动互联网、机顶盒、电视棒进行盗版侵权、非法盗用应用开发商的应用自行发布、未经允许引入国外音视频内容、利用即时通信工具进行色情淫秽表演等情况，也让本已纷纷扰扰的移动互联网内容领域更为混乱。

而在移动媒体领域，由于移动社交媒体的普及和发展，以往爆发于传统互联网领域的舆论现象也开始快速向移动互联网领域迁移。由于移动互联网自身的特点，在移动互联网使用人数激增的前提下，移动互联网的舆论发酵和动员能力激增，在一些突发公共事件和社会矛盾疏导的薄弱环节，移动舆论现象呈现出短期、高烈度爆发的趋势，由此引发的人群高密度聚集、偶发事件等已经给社会带来了惨痛的教训，如上海外滩踩踏事故、昆明火车站恐怖袭击、多地女子搭车失踪案件等。此外，在传统互联网中就已存在的网络谣言也随着移动互联网的发展在移动媒体上蔓延开来，"微信谣言"成了重灾区。从微信的传播规律上看，已经无法对"微信谣言"的传播轨迹进行线性估算，任何一条微信在经过转发之后就已经生成了几何级的数据量和转发可能性，"一人造谣，千人转发，万人传阅"已经成为"微信谣言"的现实情况。而基于微信自身构建的强关系性，"微信谣言"经常利用这种强关系性带来的信用资本骗取信任，畅通无阻，进而获得进一步的传播和转发。

二、对移动媒体进行监管的必要性

自 2014 年以来,我国的移动互联网和移动媒体问题频繁发生。2014 年 1 月 21 日,国际互联网节点出现故障致使我国网络大面积出现瘫痪;3 月,携程网用户身份证、银行卡等信息或遭泄露;5 月,800 万以上的小米论坛注册用户手机号与设备信息泄露;8 月,名为"XX 神器"的手机病毒开始通过网络大面积传播,近百万台手机受到感染。仅仅在 2014 年上半年,我国新增移动互联网恶意程序超过 36.7 万个,并且正以每天 2 000 多个的速度增加,其中扣费程序占 62％以上,超过 300 家应用商店存在恶意程序。①

移动互联网的复杂性是一把双刃剑。脱胎于传统互联网的移动互联网继承了传统互联网内容的复杂性。一方面,互联网和移动互联网已经成为对政治、经济、文化等各个领域都至关重要的信息基础设施,渗透到了社会的各个层面,拓展了社会个体获取信息的渠道,带来了生产和工作效率的提高;另一方面,色情产业、网络攻击、黑客、病毒、网络恐怖主义也随之而来,移动互联网不仅继承了传统互联网的这些问题,更为严重的是,移动互联网的技术和标准使这些问题变得更加隐蔽的同时也更为致命。

移动媒体的开放特性拓展了受众获取信息的渠道。信息社会没有秘密,一切都会暴露在众目睽睽之下,传统意义上的政府与公众之间的信息沟通渠道已经开始发生变化。受众获得政府信息的方式已经从被动走向主动,这种主动性配以移动媒体的开放性特征向政府传统意义上的公关行为和信息披露行为提出了挑战;在此基础上,抱持着目的的政治和敏感谣言也在通过移动互联网蔓延,利用公民对于与自身相关的政府信息的主动需求,以图造成社会影响和政治影响,这种不计后果的谣言已经开始对社会造成极大影响;移动互联网正在深刻地改变着互联网的国际边界,原本依靠 DNS 和防火墙起到一定保护作用的网络隔离已经失效,移动互联网正在成为国外黑客乃至非军事行为的入口,

---

① 数据来源于国家互联网应急中心于 2014 年 9 月发布的《2014 年上半年移动互联网环境治理报告》。

某些被特意制造出来的移动应用也起到了推波助澜的作用。

移动媒体成为低俗文化和不良内容的传播渠道。庸俗化的内容成为网络社会取向的直接表现，网络文化也被庸俗化的资料所包围，这种庸俗化的取向导致网络社会的价值取向庸俗不堪；移动媒体中存在较多有害信息和不良信息，其中以破坏文化传统、伦理道德，有伤风化，影响青少年身心健康的内容居多，还包括更多污蔑、诽谤、出口伤人、恶毒攻击等违反道德、法律的言论和虚假的广告等。

三、我国移动互联网监管的历程

相对于我国的其他媒体而言，移动互联网和移动媒体都是新生事物。对于新生事物，无论是社会，还是政府，都需要一段"适应期"。要注意的是，在这段适应期中毫无作为是不行的，所谓的"适应期"，更多的是磨合。在移动互联网和移动媒体发展的过程中，其取得的成绩显而易见，但与此同时，也出现了所谓的"适应期"阵痛，因此对移动媒体进行监管势在必行。

在 2014 年之前，我国的互联网和移动互联网监管事务多样，监管主体分散且复杂。

2000 年国务院颁布的《互联网信息服务管理办法》中第十八条规定"国务院信息产业主管部门和省、自治区、直辖市电信管理机构，依法对互联网信息服务实施监督管理。新闻、出版、教育、卫生、药品监督管理、工商行政管理和公安、国家安全等有关主管部门，在各自职责范围内依法对互联网信息内容实施监督管理"；第二十四条规定"互联网信息服务提供者在其业务活动中，违反其他法律、法规的，由新闻、出版、教育、卫生、药品监督管理和工商行政管理等有关主管部门依照有关法律、法规的规定处罚"。

从中可见，中国网络监管在宏观上实行的是分级和属地管理，同时在具体的微观监管活动中，各个政府部门分工承担对应的监管职责。

2006 年，中宣部、当时的信息产业部、国新办等十六个国家部委联合组成了"全国互联网站管理工作协调小组"，颁布了《互联网站管理协调工作方案》，文件明确了与互联网站监督管理相关的部门的类型、职责和工作协调制度。其中规定：在协调小组统一协调下，互联网行业部门（信息产业部），专项内容主管部门（包括国务院新闻办公室、教育部、文化部、卫生部、公安部、国家安全部、商务部、国家广播电影电视总局、新闻出版总署、国家保密局等），前置审批部门（包括国务院新闻办公室、教育部、文化部、卫生部、国家广播电影电视总局、新闻出版总署、国家食品药品监督管理局等），公益性互联单位主管部门（教育部、商务部、中国科学院、总参谋部、通信部等），企业登记主管部门（国家工商行政管理总局）应认真落实互联网站管理职责，加强沟通，密切合作，在发挥各部门职能作用的同时，加强信息通报和管理联动，各部门发现违法违规网站和有害信息，在依法查处的同时，及时通报协调小组相关成员单位，相关成员单位积极予以配合，形成管理合力，对网站实施齐抓共管。

中共中央宣传部对互联网意识形态工作进行法规协调和指导。互联网行业主管部门负责互联网行业管理工作。具体承担互联网站管理协调工作，依法对基站电信运营商、互联网接入服务提供商、互联网信息服务提供者、域名注册服务机构进行日常行业监管，指导互联网行业协会工作。前置审批部门负责互联网信息服务各自主管服务项目的前置审批，对网站相关专项内容进行监督检查和审核，并向同级互联网行业主管部门提供年度审核意见。部级前置审批部门应当明确审批范畴，健全审批流程，建立网站内容日常监督管理办法，并将全国负责前置审批工作的部门、人员、联系方式（名称、通信地址、邮政编码）等通报信息产业部，如遇变动应及时通报。国务院新闻办公室负责互联网意识形态工作，具体协调互联网意识形态管理，统筹宣传文化系统网上管理。公安机关负责互联网站安全监督，依法处罚和打击网上违法犯罪行为；国家安全机关负责对互联网站涉及国家安全事项的信息内容进行监督检查。公安机关、国家安全机关和国家保密工作主管部门提供年度审核意见。公益性互联单位主管部门负责对所主管的公益性互联单位（包括中国教育和科研计算机网、中国国际经济贸易互联网、中国科学技术网、中国长城互联网等公益性互联网络运行维护单位）进行日常监管。公益性互联单位主管部门应严格按照"谁主管谁负责"的要求，切实承担起公益性互联单位的管理责任，督促所主管的公益性互联单位履行相关互联网接入服务的责任和义务，配合互联网行业主管部门和专项内容主管部门对接入其互联网络内的网站实施管理。

自 2008 年之后，互联网市场进一步扩大，移动互联网也初现峥嵘，对互联网和移动互联网的监管也更加复杂。许多新的政治主体伴随着市场范围的扩大而被逐渐吸纳入网络监管活动之中，网络监管体系也随之进一步扩大。

2011 年，国家互联网信息办公室正式成立，成为我国网络信息内容的专门管理机构，标志着在互联网正式进入我国近 20 年之后，国家网络监管体系的成熟。而此时，恰逢 3G 网络发展进入高潮期，4G 网络已经"犹抱琵琶半遮面"了，是移动互联网产业即将崛起的时期。

2014 年，党的十八届四中全会提出了依法治国的伟大战略决策，通过了《中共中央关于全面推进依法治国若干重大问题的决定》。而伴随着移动互联网和媒介融合的加速，针对移动和传统互联网的立法工作已经取得了重大突破，在移动媒体和移动舆论中推进"依法治网"成为共识，这些立法工作的启动使近年来网络失序、无法可依的局面得到了整体性的改善。

2014 年 1 月，国家新闻出版广电总局发布《关于进一步完善网络剧、微电影等网络视听节目管理的补充通知》，进一步规范了网络视频行业引进剧、微电影等内容的管理。

2014 年 2 月，中央网络安全和信息化领导小组宣布成立，习近平总书记担任组长，标志着 2014 年我国移动互联网监管的起步。

2014 年 2 月，中宣部等九个部门在全国范围内部署开展了针对非法生产、销售和使用"伪基站"设备违法行为的专项整治行动。

2014 年 4 月，"净网 2014"行动打击利用互联网制作传播淫秽色情信息的行为。

2014 年 5 月 27 日，国家互联网信息办公室联合工业和信息化部、公安部等部门，开展了针对移动即时通信工具的专项治理行动，严厉打击在移动即时通信公众信息领域传播虚假、暴力、恐怖、欺诈、色情信息等违法违规行为；要求移动通信工具使用者开设公众账号时需要服务提供者审核；非新闻单位公众账号发布、转载时政新闻须经过批准。

2014 年 6 月，"剑网 2014"行动开始，打击移动网络应用中出现的未经许可转载、非法传播他人作品的侵权盗版活动,重点规范了移动智能终端应用软件商店、网络电视棒、电视机顶盒等网络载体的版权经营行为。

2014年8月,国家互联网信息办公室发布《即时通信工具公众信息服务发展管理暂行规定》,俗称"微信十条",对即时通信工具服务的提供者、使用者的服务和使用行为做出了明确规定,规定中还对时政类新闻的发布和转载提出了要求,要求对通信工具传播中的"八类违规行为"进行查处。

2014年10月,最高人民法院发布《关于审理利用信息网络侵害人身权益民事纠纷案件适用法律若干问题的规定》,规定中明确指出,利用微博、微信及其他自媒体等转载网络信息需承担相应连带责任,明确了网上公开个人隐私信息承担侵权责任的要点。《电信法》《电子商务法》《个人信息保护法》《互联网信息服务法》《电子政务法》等法律也在制定之中。

2014年10月,国信办和国家新闻出版广电总局发布《关于在新闻网站核发新闻记者证》的通知,严厉查处假记者和有偿新闻行为。

2015年1月,国家互联网信息办公室依据发布的《即时通信工具公众信息服务发展管理暂行规定》关闭了"这不是历史"等133个歪曲党史、国史的微信公众账号。

2015年2月,国家互联网信息办公室正式发布《互联网用户账号名称管理规定》,规定账号管理按照"后台实名,前台自愿"的原则,对账号的名称、头像和简介等,对互联网企业、用户的服务和使用行为进行了规范,涉及"在博客、微博、即时通信工具、论坛、贴吧、跟帖评论等互联网信息服务中注册或使用账号的名称"。

对于移动媒体和移动互联网的治理才刚刚开始,各方力量不会轻易放弃对网络空间的争夺,对政府监管部门来说是如此,对黑色产业链的既得利益者而言也是如此。这决定了对移动媒体和移动互联网的治理将会是一个长期的、艰巨的任务。

致力专业核心教材建设　提升学科与学校影响力

中国传媒大学出版社陆续推出

我校 15 个专业"十二五"规划教材 162 种

播音与主持艺术专业（10种）

广播电视编导专业（电视编辑方向）（11种）

广播电视编导专业（文艺编导方向）（10种）

广播电视新闻专业（11种）

广播电视工程专业（9种）

广告学专业（12种）

摄影专业（11种）

录音艺术专业（12种）

动画专业（10种）

数字媒体艺术专业（12种）

数字游戏设计专业（10种）

网络与新媒体专业（13种）

网络工程专业（11种）

信息安全专业（10种）

文化产业管理专业（10种）

传媒人书店　　　　传媒人书店　　　微博关注我们　　微信关注我们　　访问我们的主页
（For IOS）　　　（For Android）

本书更多相关资源可从中国传媒大学出版社网站下载

网址：http://www.cucp.com.cn

责任编辑：吴　磊　　特约编辑：陈　默　　意见反馈及投稿邮箱：cucpoffice@cuc.edu.cn

联系电话：010-65783283